Karl Moritz

Deutsche Balladen

Analysen für den Deutschunterricht

FERDINAND SCHÖNINGH · PADERBORN

Herstellung: Ferdinand Schöningh, Paderborn. Q
ISBN: 3-506-72814-8

Inhalt

Einleitung

Das Wort Ballade finden wir im romanischen und germanischen Sprachraum, jedoch in unterschiedlicher Bedeutung. Das italienische „ballata“, das provenzalische „ballada“ und das französische „la ballade“ bezeichnen ein von den Tanzenden selbst gesungenes kurzes strophisches Lied. Das englische „ballad“ benennt dagegen ein volkstümlich-episches Lied, das „in sprunghafter Weise auffallende Ereignisse darstellt“[1], so besonders die Chevy-Chase-Ballade (Hetzjagd-Ballade; to chevy = hetzen, chase = Jagd; Beispiel: „Robin Hood“; in der deutschen Dichtung: „Die Jagd von Winchester“ von L. Uhland). Auch wird die Bezeichnung vom keltischen „balade“ (gesprochen: walad) abgeleitet, einem „erzählenden Lied im volkstümlichen Ton“[2]. In Deutschland begegnet das Wort Ballade gelegentlich im 16. Jh. für die französische Ausprägung; im 18. Jh. ist es üblich als die Übersetzung des englischen „ballad“. In der Folgezeit umgreift „Ballade“ sowohl die lyrischen Gedichte französischer Art als auch die volkstümlich-epischen des englischen Typs. Für beide Formen tritt in der Aufklärung daneben der Name „Romanze“ auf, der anfangs nur die komische Stilart meint (z. B. bei Gleim und Hölty), sodann bis zu Fontane hin mit der Ballade synonym verwandt wird[3].

Bereits dieser kurze Hinweis zur Wortgeschichte der Ballade ist verwirrend und trägt wenig bei zu ihrer Gattungsbestimmung angesichts der Fülle geschichtlich gewordener balladischer Formen.

Seit dem 13. Jh. finden wir die Volksballade, die stofflich auf dem germanischen Heldenlied fußt, wie es z. B. das jüngere Hildebrandslied bezeugt. Aufgezeichnet wird sie im 14., 15. und vor allem im 16. Jahrhundert. Vom Rationalismus Gottschedscher Prägung wird sie jedoch verächtlich beiseite geschoben, bis man sich in den Tagen Herders wieder an sie erinnert. Nach der Blütezeit der Volksballade erfolgt ein rascher Abstieg über Räuber-, Schauer- und sentimentale Liebesballade bis hin zum Zeitungslied und den Moritaten der Jahrmarktbänkelsänger, an die Wedekind und Brecht anknüpfen und die sie zu raffinierten Effekten führen.

Als der in Deutschland erwachende Irrationalismus die Aufmerksamkeit auf die menschlichen Triebkräfte und die übersinnlichen Erscheinungen lenkt, findet die Volksdichtung und mit ihr die Ballade erneut Beachtung. Durch Hölty und vor allem durch Bürger entsteht die deutsche Kunstballade (1773/74), erreicht schnell ihren Höhepunkt bei Goethe und Schiller, erfährt in der Romantik unter dem Einfluß von Volkslied und Volksballade eine liedhafte und stimmungsgeladene Ausprägung, zieht sich über Ludwig Uhland, Annette von Droste-Hülshoff und August Graf von Platen durch die erste Hälfte, mit Conrad Ferdinand Meyer, Theodor Fontane und Detlev von Liliencron durch die zweite Hälfte des 19. Jahrhunderts und endet epigonal bei Börries von Münchhausen, Lulu von Strauß und Torney und Agnes Miegel zu Beginn unseres Jahrhunderts.

Damit sehen namhafte Forscher wie Wolfgang Kayser und Walter Müller-Seidel das Ende der deutschen Kunstballade, wenn sie auch die Fortführung auf neuen Wegen bei Dehmel, Rilke, Heym, Holz, Britting, Gertrud Kolmar, Wedekind, Kästner und Brecht nicht übersehen, die sie jedoch als bloße „Nachklänge" abtun. Denn „die Zeit der Ballade in den uns geläufig gewesenen Formen ist gewesen. Wenn man sich des Begriffs in neuerer Dichtung noch bedienen wird, so wird es in einem veränderten Sinne geschehen"[4].

Sicherlich ist die „nordische" Ballade in der überlieferten Form bei den Schriftstellern unserer Tage nicht mehr denkbar. Unsere „beliebteste und nationalste Dichtungsart"[5] ist uns heute fragwürdig geworden. Weit verbreitet ist „das Unbehagen am Lauten der Heldenritte, am Forcierten der dynamischen Rhythmik und der Lautmalereien in den Geister-, Ritter- und Heldenballaden, das Unbehagen am Pferd- und Schwertfetischismus der Ballade zumal des 19. Jahrhunderts"[6].

Auch ist sicher richtig, daß infolge der Verstädterung die Natur heute anders empfunden wird als früher und demzufolge die naturmagischen Balladen zumindest der Großstadtjugend nicht leicht zugänglich sind. „Denn längst sind die Dämonen aus der Undurchdringlichkeit der unbegriffenen und schauerlichen Natur von einst ins Dickicht der gesellschaftlichen und politischen Systeme abgewandert. Nicht mehr in den Büschen, Wäldern und Wassern hausen die Dämonen; sie haben an den Schreibtischen Platz genommen und üben von hier aus ihren geheimen Terror"[7].

Junge Poeten suchten nach neuen Ausdrucksmöglichkeiten, für die man die weitmaschige Bezeichnung „Erzählgedicht" wählte, das dem englischen „narrative poem" nachgebildet ist. Als bedeutendster Erneuerer ist Brecht zu nennen, der parallel zum epischen Theater eine epische Lyrik schuf, in der die Fabel eine große Bedeutung hat. Wichtig erscheint die Beziehung zur modernen Epik: „Die Neuerungen der modernen Epik haben im Erzählgedicht zahlreiche Entsprechungen gefunden. Die Sachlichkeit und Genauigkeit der Berichterstattung, die Hinwendung zum Alltäglichen, die Tendenz, möglichst ohne das große Ach und Oh der Beschwörung auszukommen, das Aussparen des Dramatischen, der negative Held, die Verwerfung der Chronologie: all das, was der moderne Epiker für unumgänglich hält, begegnet uns auch im Erzählgedicht. Manches Poem wird sich auf den ersten Blick nur durch die Versgliederung von bloßer Prosa abheben. Wer jedoch genauer hinschaut und hinhört, wird nicht umhinkönnen, auch im saloppsten Text das Gedicht zu entdecken: am offenen oder versteckten Rhythmus, an der Wortwahl, vor allem aber in der Konzeption, die in jedem Fall poetisch ist"[8].

Daneben sieht Karl Riha andere Formen der Erneuerung im Couplet, das mit Raimund und Nestroy bereits zwischen 1820 und 1860 auf der österreichischen Bühne beginnt, in Chanson, Bänkelsang, Moritat und Song, die um die Jahrhundertwende bei Arno Holz und Frank Wedekind einsetzen und bei Brecht ihren Gipfel erreichen. Diese Formen sind für Riha die eigentliche moderne Ballade. „Die Suche nach neuen inhaltlichen oder formalen Möglichkeiten der Ballade reicht von der Kabarett-Poesie des ersten Jahrhundertjahrzehnts bis zur ‚Gebrauchslyrik' der zwanziger Jahre, von Morgensterns Groteskpoesie und der expressionistischen Lyrik vor dem ersten Weltkrieg bis in die unmittelbare literarische Gegenwart, so daß man in der Tat von einer Geschichte der modernen Ballade sprechen darf. Bunt und vielfältig tritt sie das Erbe einer literarischen Gattung an [...]", die „auf dem dreifachen Sockel der naturmagischen Ballade Goethes, der moralisch-historischen Ballade Schillers und der durch die sogenannte Volksballade beeinflußten Romanzendichtung der Romantiker"[9] fußt.

Der Einfluß des Bänkelsangs ist in verschiedenen Epochen deutlich zu erkennen. Bereits Gleim (1719—1803) ließ sich in seinen Romanzen von ihm anregen, strebte allerdings mehr nach Witz und sprachlicher Glätte als nach Gefühlsweichheit, weniger zu einer Moral als zu einer Pointe, die er mit Ironie und Parodie erreichte. Achim von Arnim und Clemens Brentano lernten 1806 auf ihrer Rheinreise den Bänkelsang kennen und dachten daran, durch diese volkstümliche Kunst Wirkung auf das Volk auszuüben. Bänkelsängerische Elemente finden wir bei Chamisso, Wilhelm Müller, Hoffmann von Fallersleben, Kopisch, Simrock, Freiligrath, Geibel bis hin zu Fontane und Strachwitz. „Die Literatur steht in neuerer Zeit überall dort in engerer Beziehung zum Bänkelsang, wo sie auf der Suche nach neuen, ursprünglichen Formen ist, wo sie politisch-soziale Tendenzen verfolgt und die Kleinkunst (Brettl, Kabarett, Chanson) pflegt. In den meisten Fällen kommt alles zusammen. Dominierend sind dann Zeitschilderungen und Zeitkritik. Gerade für sie eignen sich die Reduktion der Geschehnisse auf den Menschen heftig berührende Situationen, die vereinfachende Darstellung, der erzählerische und dadurch stark oratorische Vortrag sowie die geringwertige Form des Bänkelsangs gut. Wo es um soziale Probleme geht, spricht mit, daß die Bänkellieder meist von einfachen Leuten handeln. Auch der Expressionismus verwendet Elemente des Bänkelsangs. Hier liegt die Verbindung außer im sozialen Moment vor allem in der Neigung zu elementaren Bezügen und Motiven, zur krassen, kontrastreichen und holzschnittartigen Darstellung. Vielleicht spricht in der ganzen Zeit auch das Interesse an Außenseiterexistenzen mit, zu denen der Bänkelsänger gehört. Beziehungen zum Bänkelsang finden sich u. a. bei Detlev von Liliencron (1844—1918) [...], Frank Wedekind (1864—1918), Otto Bierbaum (1865—1910), Erich Mühsam (1878—1934), Joachim Ringelnatz (1883—1934), Bertolt Brecht (1898—1956), Erich Kästner (geb. 1899)"[10]. Wir können hinzufügen: Franz Mehring, Kurt Tucholsky und aus unseren Tagen: Christa Reinig, Wolf Biermann und Franz Josef Degenhardt.

Der Rückgriff auf den Bänkelsang zu Anfang unseres Jahrhunderts vollzog sich unter einer allgemeinen revolutionären Änderung in Lyrik, Epik und Dramatik. „Gegen den Kitsch der Butzenscheibenromantik [à la Gartenlaube], gegen die stark artifizielle und übersensible Lyrik des Jugendstils und der Neuromantik propagierten sie eine ‚proletarische' Poesie, suchten Wirksamkeit beim breiten Publikum und nicht nur bei aesthetisierenden Zirkeln; sie wollten schockieren, vor den Kopf stoßen, brüskieren"[11]. So eignet sich diese neue Form der Ballade, die in Kabaretts vielfach mit Klavier- oder Gitarrenbegleitung vorgetragen wird, in hervorragender Weise für politische und gesellschaftskritische Angriffe. — In der vorliegenden Auswahl gehören Christa Reinigs „Ballade vom blutigen Bomme", Wolf Biermanns „Ballade vom Drainage-Leger Fredi Rohsmeisl aus Buckow" und in etwa auch Erich Kästners „Ballade vom Nachahmungstrieb" zu diesem Genre.

Die Wandlung der Ballade und ihre unterschiedliche Ausprägung läßt sich verstehen aus ihrer mannigfaltigen Anlage, aus dem „Ur-Ei", wie sie Goethe nannte.

Vielfältig wie die Geschichte der Ballade sind ihre Kennzeichen, und schwierig ist ihre Gattungsbestimmung. Die gestalterischen Möglichkeiten der Kunstballade hat Goethe so umrissen: Der Balladendichter „bedient sich [...] aller drei Grundarten der Poesie, um zunächst auszudrücken, was die Einbildungskraft erregen, den Geist beschäftigen soll; er kann lyrisch, episch, dramatisch beginnen und, nach Belieben die Form wechselnd, fortfahren, zum Ende hineilen oder es weit hinausschieben. Der Refrain, das Wiederkehren ebendesselben Schlußklanges, gibt dieser Dichtart den entschieden lyrischen Charakter [...]. Übrigens ließe sich aus einer Auswahl solcher Gedichte die ganze Poetik gar wohl vortragen, weil hier die Elemente noch nicht getrennt, sondern wie in einem lebendigen Ur-Ei zusammen sind"[12]. Das Zusammensein der verschiedenen „Elemente" — wir würden sie heute Strukturelemente nennen — führte Goethe zu der Bezeichnung „Ur-Ei", das nicht als archaisches Vorstadium zu sehen ist, sondern als „Integration der in den Gattungen [...] manifestierten Urformen menschlichen Daseins"[13].

Je nach Epoche und dichterischer Individualität herrscht das eine oder andere Element stärker vor. Goethe hat den „entschieden lyrischen Charakter" in seinem „König in Thule" und den „Refrain" im „Zauberlehrling" beispielhaft verwirklicht. Der Reiz von Brentanos und Mörikes Balladen liegt weniger im Geschehen als in dem darüber ausgegossenen Stimmungszauber, also im rein Lyrischen. Insgesamt haben jedoch Episches und Dramatisches größeren Anteil am Balladesken. Das Epische der Ballade ist von besonderer Art; denn „Geschehen muß sich in Bildern ausdrücken, die untereinander durch sprunghaft gerafftes, eigenwillig gespanntes Zeitbewußtsein verbunden sind"[14]. Damit wird die Handlung angesprochen, die ohne Zweifel das stärkste Element der Ballade bildet, da in ihr wie in der Novelle die „sich ereignete unerhörte Begebenheit"[15] zum wichtigsten Bestand gehört. Die Handlung muß einbildungsträchtig und im Tempo mitreißend gestaltet sein. Reflexionen werden vermieden. Das hat ein so bewußt arbeitender Künstler wie Fontane klar erkannt und in seinen Balladen verwirklicht: „Überall habe ich wahrgenommen, daß das sprungweise Vorgehen zu den Kennzeichen und Schönheiten dieser Dichtungsgattung gehört. Die Phantasie muß nur den richtigen Anstoß empfangen; ist dies geglückt, so darf man kühn behaupten: ‚Je weniger gesagt wird, desto besser!'"[16] Der Dialog spielt seit alters her eine große Rolle; er ist knapp und bedeutungsschwer, „nicht ausdeutend, sondern andeutend"[17]. Schon die alten Volksballaden bestehen weitgehend aus Rede und Gegenrede, einem formprägenden Balladenelement, das die Kunstballade beibehält. Bürgers „Lenore" besteht zu vier Fünfteln aus direkter Rede; auch bei Goethe und noch bei Schiller sowie in zahlreichen Romantiker-Balladen hat der Dialog entscheidenden Einfluß auf die Balladenstruktur. Später verliert das Wechselgespräch in der Wendung zur Novellisierung der Ballade seine formgebende Kraft, so in den Balladen der Annette von Droste-Hülshoff, Conrad Ferdinand Meyers u. a. „Brecht potenziert die Möglichkeiten der Dialog-Balladen, die er über Kipling spontan wiederfindet, und gibt ihr eine strenge, an die lyrischen Kunstformen des Trioletts oder des Rondeaus erinnernde Gestalt"[18].

Als wesentlicher Grundzug der „nordischen" Ballade hat v. Münchhausen die Doppelbödigkeit genannt, den „unteren" und „oberen" Vorgang, die vordere und hintere Bühne (womit sich die Nähe zum Drama kundtut) oder einfach das Vorder- und Hintergründige. Dem realen Vorgang entspricht ein geheimnisvoller, der sich im Inneren des Menschen abspielt oder dämonisch auf ihn eindringt. Die beiden Vorgänge können deutlich voneinander geschieden sein wie in Fontanes „Brück' am Tay" und in Goethes „Erlkönig" oder ineinander verwoben auftreten wie in Miegels „Mär vom Ritter Manuel". Sie können durch einen Gegenstand miteinander verknüpft sein, der wie in der Novelle Dingsymbol ist: der Becher in Goethes „König in Thule", der Balken mit der Aufschrift „Batavia. Fünfhundertzehn" in Drostes „Die Vergeltung", die Krone in Mörikes „Die traurige Krönung", Die Füße im Feuer in C. F. Meyers gleichnamiger Ballade und die technischen Errungenschaften Brücke und Eisenbahn, der „Tand" von Menschenhand, in Fontanes „Die Brück' am Tay".

Die balladesken Schicksalsmächte sind verschiedenartig: richtende Kräfte der Nemesis oder magische der Natur in den Gestalten von Dämonen, Geistern und Gespenstern. Fast immer handelt es sich um eine Gefährdung des Menschen durch außer- und übermenschliche Gewalten, denen er meist hoffnungslos unterliegt. In der „Mär vom Ritter Manuel" jedoch prallen die beiden Ebenen nicht feindlich aufeinander. Und doch zerbricht der Betroffene an dem als Mysterium gedeuteten Dasein, an der Unvereinbarkeit von Wirklichkeit und Traum, von Sein und Schein.

Zu diesen „numinosen" Balladen gehören in der vorliegenden Sammlung Bürgers „Lenore", Herders „Erlkönigs Tochter", Goethes „Erlkönig", „Fischer", „Totentanz" und „Zauberlehrling", Brentanos „Lorelei", Heines „Belsazer" und Drostes „Knabe im Moor" sowie Fontanes „Brück' am Tay", die ausgewählten Beispiele Mörikes und Miegels „Mär vom Ritter Manuel". Die lockenden und zerstörenden Natur- und Elementarwesen, die Geister und Launen der Götter (Ring des Polykrates) sind in ihnen verschiedenartig ausgeprägt und haben unterschiedliche Gewalt über den Menschen. Ebenso unterschiedlich ist die Haltung der Betroffenen: sie kann unbesonnen-auffahrend und herrisch-kämpferisch, aber auch nur passiv-erleidend sein. Im „Totentanz" und auch im „Zauberlehrling" werden die dämonischen Gewalten ironisch behandelt und „aufklärerisch" gebändigt.

Anders geartet sind jene Balladen, in denen es um menschliche Werte und Ideale geht, die in gefährdeten Situationen behauptet oder errungen werden müssen, z. B. in C. F. Meyers „Füße im Feuer" und Schillers „Bürgschaft". Man hat sie Ideenballaden genannt. Ihnen nahe stehen jene, in denen das Opfer für die Mitmenschen besungen wird, z. B. „Johanna Sebus" und „John Maynard", für die man die Bezeichnung „Balladen von der guten Tat" prägte (Vogeley). Eine bisher wenig beachtete Bedeutung sieht Walter Hinck in den legendenhaften Balladen, die er als Alternativform zur „nordischen" Ballade herausstellt. In seiner weitmaschigen Konzeption begnügt er sich mit diesen beiden Grundtypen, wobei er in der nordischen ein „überformtes Heidentum" und in der legendenhaften „Christliches als das Vermittelnde" wirksam sieht. „Was in der nordischen Ballade als Kampf, ereignet sich in der legendenhaften Ballade als Passion. Während dort der Geist der Unbedingtheit und Unversöhnlichkeit das Geschehen zum Verhängnis treibt, bleibt hier die Dichtung für den Erbarmensappell und das Gnadenmotiv offen“[19]. Dieser Balladentypus ist hier mit Goethes „Legende“ sowie Brechts „Kinderkreuzzug“ und „Legende von der Entstehung des Buches Taoteking auf dem Wege des Laotse in die Emigration“ vertreten. Zudem darf man die heiter-verspielten und ironisch-pointierten Balladen („Nixe Binsefuß“, „Der Handschuh“ und „Schelm von Bergen“) sowie die humorvollen Balladen Th. Fontanes, B. von Münchhausens und A. Kopischs nicht vergessen, die vielfach als Schwänke und Schnurren zu klassifizieren sind.

Ebenso fließend wie die Kennzeichen sind die Abgrenzungen der Ballade zu anderen literarischen Arten. Dem Volkslied nähern sich „Der König in Thule“, die „Lorelei“ und „Nixe Binsefuß“. Volkstümlich-gefühlhaft sind auch nach Sprache und Inhalt Goethes „Legende“ und Brechts „Kinderkreuzzug“. Verwandtschaft mit dem Märchen haben die ausgesuchten Gedichte Mörikes. Märchenhafte Züge stellt v. Wiese sogar in Schillers „Bürgschaft“ und im „Ring des Polykrates“ fest; bei letzterem zudem die Nähe zu Bänkelsang und Burleske. An die Anekdote grenzt „Der Handschuh“, den Schiller eine Erzählung nannte, wobei er „ironisch“ hätte hinzufügen können. Dramatische Kurzgeschichten lassen sich Schillers Balladen nennen, die in der „Bürgschaft“ und den „Kranichen“ einen parabolischen Sinn haben. Heines Romanze „Schelm von Bergen“ parodiert die Ritterballade in der Romanzenmanier des 18. Jhs. Und die beiden legendenhaften Balladen Goethes und Brechts kann man als „Erzählgedichte“ fassen.

Deutlich läßt sich an Brechts „Baal“ und seiner „Mahagonny“-Oper „die Entstehung von Theaterstücken aus lyrischen Keimzellen beobachten“[20]. Gundolfs Charakterisierung der Wedekindschen Moritaten und Bänkellieder als „verkürzte oder keimhafte Dramen“[21] ist auch bei zahlreichen Gedichten Brechts zu erkennen. Umgekehrt läßt sich im Hinblick auf die „locker gereihten, balladesken Bilder“[22] seiner Stücke, auf die szenische Struktur, der Begriff Ballade oder zumindest balladesk anwenden. Motivlich erinnern die „Trommeln in der Nacht“ an Bürgers „Lenore“.

Gottfried August Bürger

Lenore

I Lenore fuhr ums Morgenrot
Empor aus schweren Träumen:
„Bist untreu, Wilhelm, oder tot?
Wie lange willst du säumen?" —
Er war mit König Friedrichs Macht
Gezogen in die Prager Schlacht
Und hatte nicht geschrieben,
Ob er gesund geblieben.

II Der König und die Kaiserin,
Des langen Haders müde,
Erweichten ihren harten Sinn
Und machten endlich Friede;
Und jedes Heer, mit Sing und Sang,
Mit Paukenschlag und Kling und Klang,
Geschmückt mit grünen Reisern,
Zog heim zu seinen Häusern.

III Und überall, allüberall,
Auf Wegen und auf Stegen,
Zog alt und jung dem Jubelschall
Der Kommenden entgegen.
„Gottlob"! rief Kind und Gattin laut,
„Willkommen!" manche frohe Braut.
Ach! aber für Lenoren
War Gruß und Kuß verloren.

IV Sie frug den Zug wohl auf und ab
Und frug nach allen Namen;
Doch keiner war, der Kundschaft gab,
Von allen, so da kamen.
Als nun das Heer vorüber war,
Zerraufte sie ihr Rabenhaar
Und warf sich hin zur Erde
Mit wütiger Gebärde.

V Die Mutter lief wohl hin zu ihr:
„Ach, daß sich Gott erbarme!
Du trautes Kind, was ist mit dir?"
Und schloß sie in die Arme. —
„O Mutter, Mutter! hin ist hin!
Nun fahre Welt und alles hin!
Bei Gott ist kein Erbarmen.
O weh, o weh mir Armen!" —

VI „Hilf, Gott, hilf! Sieh uns gnädig an!
Kind, bet ein Vaterunser!
Was Gott tut, das ist wohlgetan;

Gott, Gott erbarmt sich unser!" —
„O Mutter, Mutter! eitler Wahn!
Gott hat an mir nicht wohlgetan!
Was half, was half mein Beten?
Nun ist's nicht mehr vonnöten." —

VII „Hilf, Gott, hilf! Wer den Vater kennt,
Der weiß, er hilft den Kindern.
Das hochgelobte Sakrament
Wird deinen Jammer lindern." —
„O Mutter, Mutter, was mich brennt,
Das lindert mir kein Sakrament!
Kein Sakrament mag Leben
Den Toten wiedergeben." —

VIII „Hör, Kind! Wie, wenn der falsche Mann
Im fernen Ungarlande
Sich seines Glaubens abgetan
Zum neuen Ehebande?
Laß fahren, Kind, sein Herz dahin!
Er hat es nimmermehr Gewinn!
Wenn Seel und Leib sich trennen,
Wird ihn sein Meineid brennen." —

IX „O Mutter! Mutter! hin ist hin!
Verloren ist verloren!
Der Tod, der Tod ist mein Gewinn!
O wär ich nie geboren!
Lisch aus, mein Licht, auf ewig aus!
Stirb hin, stirb hin in Nacht und Graus!
Bei Gott ist kein Erbarmen;
O weh, o weh mir Armen!"

X „Hilf, Gott, hilf! Geh nicht ins Gericht
Mit deinem armen Kinde!
Sie weiß nicht, was die Zunge spricht;
Behalt ihr nicht die Sünde!
Ach, Kind, vergiß dein irdisch Leid
Und denk an Gott und Seligkeit,
So wird doch deiner Seelen
Der Bräutigam nicht fehlen." —

XI „O Mutter! was ist Seligkeit?
O Mutter! was ist Hölle?
Bei ihm, bei ihm ist Seligkeit
Und ohne Wilhelm Hölle! —
Lisch aus, mein Licht, auf ewig aus!
Stirb hin, stirb hin in Nacht und Graus!
Ohn ihn mag ich auf Erden,
Mag dort nicht selig werden." —

XII So wütete Verzweifelung
Ihr in Gehirn und Adern.
Sie fuhr mit Gottes Vorsehung
Vermessen fort zu hadern,

Zerschlug den Busen und zerrang
Die Hand bis Sonnenuntergang,
Bis auf am Himmelsbogen
Die goldnen Sterne zogen.

XIII Und außen, horch! ging's trapp trapp trapp,
Als wie von Rosseshufen,
Und klirrend stieg ein Reiter ab
An des Geländers Stufen.
Und horch! und horch den Pfortenring,
Ganz lose, leise, klinglingling!
Dann kamen durch die Pforte
Vernehmlich diese Worte:

XIV „Holla, holla! Tu auf, mein Kind!
Schläfst, Liebchen, oder wachst du?
Wie bist noch gegen mich gesinnt?
Und weinest oder lachst du?" —
„Ach, Wilhelm, du? . . . So spät bei Nacht? . . .
Geweinet hab ich und gewacht;
Ach, großes Leid erlitten!
Wo kommst du hergeritten?" —

VX „Wir satteln nur um Mitternacht.
Weit ritt ich her von Böhmen.
Ich habe spät mich aufgemacht
Und will dich mit mir nehmen." —
„Ach, Wilhelm, erst herein geschwind!
Den Hagedorn durchsaust der Wind,
Herein, in meinen Armen,
Herzliebster, zu erwarmen!"

XVI „Laß sausen durch den Hagedorn,
Laß sausen, Kind, laß sausen!
Der Rappe scharrt; es klirrt der Sporn.
Ich darf allhier nicht hausen.
Komm, schürze, spring und schwinge dich
Auf meinen Rappen hinter mich!
Muß heut noch hundert Meilen
Mit dir ins Brautbett eilen." —

XVII „Ach, wolltest hundert Meilen noch
Mich heut ins Brautbett tragen?
Und horch, es brummt die Glocke noch,
Die elf schon angeschlagen." —
„Sieh hin, sieh her, der Mond scheint hell.
Wir und die Toten reiten schnell.
Ich bringe dich, zur Wette,
Noch heut ins Hochzeitbette." —

XVIII „Sag an, wo ist dein Kämmerlein?
Wo? wie dein Hochzeitbettchen?" —
„Weit, weit von hier! . . . Still, kühl und klein! . . .
Sechs Bretter und zwei Brettchen!" —
„Hat's Raum für mich?" — „Für dich und mich!

Komm, schürze, spring und schwinge dich!
Die Hochzeitgäste hoffen!
Die Kammer steht uns offen.“ —

XIX Schön Liebchen schürzte, sprang und schwang
Sich auf das Roß behende;
Wohl um den trauten Reiter schlang
Sie ihre Lilienhände;
Und hurre hurre, hopp hopp hopp!
Ging's fort in sausendem Galopp,
Daß Roß und Reiter schnoben
Und Kies und Funken stoben.

XX Zur rechten und zur linken Hand,
Vorbei vor ihren Blicken,
Wie flogen Anger, Heid und Land!
Wie donnerten die Brücken! —
„Graut Liebchen auch? ... Der Mond scheint hell!
Hurra! Die Toten reiten schnell!
Graut Liebchen auch vor Toten?“ —
„Ach nein! ... Doch laß die Toten!“ —

XXI Was klang dort für Gesang und Klang?
Was flatterten die Raben? ...
Horch, Glockenklang! Horch, Totensang:
„Laßt uns den Leib begraben!“
Und näher zog ein Leichenzug,
Der Sarg und Totenbahre trug.
Das Lied war zu vergleichen
Dem Unkenruf in Teichen.

XXII „Nach Mitternacht begrabt den Leib
Mit Klang und Sang und Klage!
Jetzt führ ich heim mein junges Weib.
Mit, mit zum Brautgelage!
Komm, Küster, hier! komm mit dem Chor
Und gurgle mir das Brautlied vor!
Komm, Pfaff, und sprich den Segen,
Eh wir zu Bett uns legen!“ —

XXIII Still, Klang und Sang ... Die Bahre schwand ...
Gehorsam seinem Rufen,
Kam's, hurre hurre! nachgerannt
Hart hinter's Rappen Hufen.
Und immer weiter, hopp hopp hopp!
Ging's fort in sausendem Galopp,
Daß Roß und Reiter schnoben
Und Kies und Funken stoben.

XXIV Wie flogen rechts, wie flogen links
Gebirge, Bäum und Hecken!
Wie flogen links und rechts und links
Die Dörfer, Städt und Flecken! —
„Graut Liebchen auch? ... Der Mond scheint hell!
Hurra! Die Toten reiten schnell!

Graut Liebchen auch vor Toten?" —
„Ach! Laß sie ruhn, die Toten!" —

XXV Sieh da! sieh da! Am Hochgericht
Tanzt um des Rades Spindel,
Halb sichtbarlich bei Mondenlicht,
Ein luftiges Gesindel. —
„Sasa! Gesindel, hier! komm hier!
Gesindel komm und folge mir!
Tanz uns den Hochzeitreigen,
Wenn wir zu Bette steigen!" —

XXVI Und das Gesindel, husch husch husch!
Kam hinten nachgeprasselt,
Wie Wirbelwind am Haselbusch
Durch dürre Blätter rasselt.
Und weiter, weiter, hopp hopp hopp!
Ging's fort in sausendem Galopp,
Daß Roß und Reiter schnoben
Und Kies und Funken stoben.

XXVII Wie flog, was rund der Mond beschien,
Wie flog es in die Ferne!
Wie flogen oben überhin
Der Himmel und die Sterne! —
„Graut Liebchen auch? . . . Der Mond scheint hell!
Hurra! Die Toten reiten schnell!
Graut Liebchen auch vor Toten?" —
„O weh! Laß ruhn die Toten!" —

XXVIII „Rapp'! Rapp'! mich dünkt, der Hahn schon ruft . . .
Bald wird der Sand verrinnen . . .
Rapp'! Rapp'! ich wittre Morgenluft . . .
Rapp'! tummle dich von hinnen!
Vollbracht, vollbracht ist unser Lauf!
Das Hochzeitbette tut sich auf!
Die Toten reiten schnelle!
Wir sind, wir sind zur Stelle." —

XXIX Rasch auf ein eisern Gittertor
Ging's mit verhängtem Zügel.
Mit schwanker Gert ein Schlag davor
Zersprengte Schloß und Riegel.
Die Flügel flogen klirrend auf,
Und über Gräber ging der Lauf.
Es blinkten Leichensteine
Rundum im Mondenscheine.

XXX Ha sieh! Ha sieh! Im Augenblick,
Huhu! ein gräßlich Wunder!
Des Reiters Koller, Stück für Stück,
Fiel ab wie mürber Zunder.
Zum Schädel ohne Zopf und Schopf,
Zum nackten Schädel ward sein Kopf,

Sein Körper zum Gerippe
Mit Stundenglas und Hippe.

XXXI Hoch bäumte sich, wild schnob der Rapp'
Und sprühte Feuerfunken;
Und hui! war's unter ihr hinab
Verschwunden und versunken.
Geheul! Geheul aus hoher Luft,
Gewinsel kam aus tiefer Gruft.
Lenorens Herz mit Beben
Rang zwischen Tod und Leben.

XXXII Nun tanzten wohl bei Mondenglanz
Rundum herum im Kreise
Die Geister einen Kettentanz
Und heulten diese Weise:
„Geduld! Geduld! Wenn's Herz auch bricht!
Mit Gott im Himmel hadre nicht!
Des Leibes bist du ledig;
Gott sei der Seele gnädig!"

Der Lenorenstoff ist uralt und bei zahlreichen Völkern in Mythen, Märchen und Liedern verbreitet. Übermäßige Trauer stört die Ruhe der Toten, die über das Grab hinaus wirksame Liebe weckt sie auf und veranlaßt sie zur Wiederkehr, die für die Lebenden selbst todbringend wird. In den Balladen des 18. Jahrhunderts wird die Begegnung eines Liebenden mit dem verstorbenen Partner wiederholt gestaltet. Dieses Motiv weitet Bürger zu einem schauerlichen Szenarium, in dem tiefgreifende Themen menschlichen Lebens vereint sind: Liebe und Tod, Gläubigkeit und Glaubenszweifel, tragische Verblendung und Untergang, Vorder- und Hintergründiges. Unmittelbare Anregung empfing er durch eine plattdeutsche Volksballade aus dem Munde einer alten Hausmagd. Zudem beeinflußten ihn englische Balladen und die heraufziehende antirationalistische Geistesströmung des Sturm und Drang, insbesondere Herders neue Auffassung von Sprache und Dichtung. Anregung und Bestätigung boten ihm auch Shakespeares Dramen und Goethes „Götz". Mit großer Sorgfalt arbeitete Bürger von April bis September 1773 an der Ballade und stand während dieser Zeit in regem Briefverkehr mit seinen Freunden vom Göttinger Hain, die ihm ausgiebig Anregungen und Änderungsvorschläge übersandten.

Aufbau

Die ersten vier Zeilen setzen einen bewegten Auftakt mit dem jähen Erwachen aus ahnungsvollen Träumen und den bangen Fragen nach dem Verbleib des Geliebten. Anschließend wird in volkstümlichem Plauderton über dreieinhalb Strophen (I 5—IV) der Zusammenhang dargelegt und damit die Exposition geschaffen, welche mit einer wilden Gebärde des Mädchens abschließt. Der breit angelegte Dialog zwischen Mutter und Tochter beleuchtet die innere Verfassung der Liebenden (V—XI). Der formelhaft-fromme Zuspruch der besorgten Mutter ist nutzlos, da sie die aufgewühlte Leidenschaft ihrer Tochter nicht nachempfinden und ihre Gesangbuchfrömmigkeit ihr keinen Trost spenden kann. Er steigert nur die Verzweiflung des Mädchens zu einem Aufbäumen in blasphemischen Ausbrüchen. Die zwölfte Strophe faßt das Ergebnis der fruchtlosen Aussprache zusammen und legt den Übergang zu dem nächsten Handlungsabschnitt, der im Dreischritt zunächst das Erscheinen des Geliebten und seine Einladung (XIII—XVIII), sodann den furiosen Ritt (XIX—XXVIII) und schließlich das grausige Ende auf dem Friedhof bringt (XXIX—XXXII). Der Ablauf wird dramatisch gestaltet, steigert sich von Höhepunkt zu Höhepunkt und wird in Bericht, Dialog und bildhafter Beschreibung entwickelt.

Metrik

Für Strophenbau und Versmaß stand Günthers Abschiedslied „An Lenoren“ Modell. Die jambischen Achtzeiler haben in der ersten, dritten, fünften und sechsten Zeile vier Hebungen und stumpfe Versschlüsse, die übrigen dagegen drei Hebungen und klingenden Ausgang. Bei letzteren wird jedoch am Zeilenende eine stumme vierte Hebung metrisch spürbar, so daß das volkstümliche vierhebige Schema gewahrt bleibt. Nur die beiden Schlußzeilen heben sich durch Verkürzung und rhythmische Beschleunigung von den vorhergehenden ab. Der Wechsel in der Reimbindung — Kreuzreim in der ersten Strophenhälfte und Paarreime in der zweiten — schafft Abwechslung, bannt aber nicht die Gefahr des leiernden Metrums, die vor allem in den erzählenden Eingangsstrophen spürbar ist.

Sprache

Diese Gefahr wird jedoch weitgehend durch sprachliche Mittel überspielt, die kunst- und effektvoll eingesetzt sind. Die belebende Wirkung des *Dialogs* hat Bürger schnell erkannt. Nach der Umgestaltung der ersten Strophe schreibt er an seinen Freund Boie: „Ich habe das, was vorher im Anfang erzählt war, dialogirt, weil mir jens zu schleppend, dies aber dem raschen lebendigen Ton des Stücks angemeßner schien“[1]. Die Verknüpfung von Rede und Gegenrede durch Wiederaufnahme hat er vom Volkslied gelernt und bei der Neugestaltung des Gesprächs zwischen Mutter und Tochter angewandt. Fast wörtlich wiederholt wird die zweite

Hälfte jener Strophen (XX, XXIV, XXVII), die Bürger auf Anregung seiner Göttinger Freunde hinzufügte. Die Variation der letzten Zeilen läßt die Steigerung der Angst Lenorens erkennen. Ein ironisches Mißverständnis durchzieht das unheimliche Gespräch zwischen der Lebenden und dem Toten — ein Aneinandervorbeireden von grausiger Wirkung. Lenore, erfüllt von ihrer Liebessehnsucht, deren Erfüllung sie nun nahe sieht, denkt an Hochzeitskammer und -bett, während Wilhelm Sarg und Grab meint. So folgt sie ihm in tragischer Verblendung zu dem nächtlichen Ritt.

Dieser ist mit eindrucksvoller *Bildkraft* ausgemalt. Zunächst gleiten Anger, Heide und Land vorüber, sodann Gebirge, Bäume und Hecken. Im schärferen Tempo werden Dörfer, Städte und Flecken passiert, bis daß die Szene ins Imaginär-Kosmische sich ausweitet. „Ist ein Ritt, wo einem deucht, daß das ganze Firmament mit allen Sternen oben überhin fliegt, nicht eine Shakespearsche Idee?" schreibt Bürger dazu[2]. Auf dem apokalyptischen Ritt wird ein Leichenzug mitgerissen, das Gesindel vom Hochgericht folgt gehorsam, tanzt auf dem Friedhof und beendet die schaurige Vorstellung mit einem christlichen Grablied, nachdem der Reiter sich in ein Gerippe mit den Attributen des Todes verwandelt hat. *Lautmalereien* begleiten das gespenstische Geschehen, dunkle Klänge den Leichenzug (XXI, 1—6, XXII, 1, 2, XXIII 1) und helle den Gesindeltanz ums Hochgericht (XXV, 1—6). Simple Effekte erzeugt die Geräuschkulisse der trapp trapp trapp, klinglingling, hurre hurre, hopp hopp hopp, husch husch husch. — *Alliterationen* verklammern Verszeilen und ganze Strophen, unterstützen den bewegten Ablauf und dienen der Einprägsamkeit (IV 3, 4, IV 7, 8, XIX 1, XX 1, XXI 1, XXII 5, XXIII 3, 4, XXIII 7, XXIX 3 + 5, XXXI 5, XXXII 5—8). — Ähnliche Wirkung haben die zahlreichen *Interjektionen:* Ach! O! O weh! und o mit einem Substantiv (z. B. o Mutter!); insgesamt sind sie neunzehnmal anzutreffen. Ergänzt werden die rhetorischen Mittel durch Fragen, Ausrufe und Auslassungen, die Überraschung oder Verwunderung, mehr noch Angst, Verzweiflung und Schrecken zum Ausdruck bringen. Wir zählen in der Ballade 26 Frage- und 112 Ausrufezeichen, 34 Gedankenstriche und 14 Auslassungszeichen. — Hinzu kommt die Bevorzugung kurzer Hauptsätze, *von Ellipsen* (IV 3, 4, VII 1, 2), *volkstümlichen Elisionen* (z. B. Städt', Bäum', Seel', ums, ohn', ging's, behalt', bet', tanzt', had're, Bist untreu, Wie bist noch gegen mich gesinnt? u. s. f.) und Kontrasten z. B. Rabenhaar — Lilienhände; Erweichten ihren harten Sinn, u. a.). — Bürgers Neigung zur „Popularität" ist weiterhin an den *volkstümlich-formelhaften Wendungen* zu erkennen: Auf Wegen und auf Stegen, Gruß und Kuß, jung und alt, Leib und Seel, Stück für Stück, Sang und Klang, hin ist hin, u. a.

Die häufigen *Wiederholungen* (dreißig Mal) verstärken Eindringlichkeit und Sprechfluß. Am einfachsten sind die Wortwiederholungen wie z. B. „O Mutter, Mutter" oder „Gott, Gott". Eindrucksvoller sind die in parallelem Bau über mehrere Verszeilen sich erstreckenden und sich verknüpfenden Anaphern:

z. B. Sie frug den Zug wohl auf und ab
Und frug nach allen Namen; (IV)
oder: Wie flog, was rund der Mond beschien,
Wie flog es in die Ferne!
Wie flogen oben über hin
Der Himmel und die Sterne! (XXVII)

Kunstvoll ist die refrainartige oder leitmotivische Wiederkehr in dem Frage-Antwortspiel beim nächtlichen Ritt (XX, XXIV, XXVII) eingesetzt:

„Graut Liebchen auch? ... Der Mond scheint hell!
Hurra! Die Toten reiten schnell!
Graut Liebchen auch vor Toten?" —

mit der dreimal variierenden Antwort Lenorens.

Alle diese Mittel weisen darauf hin, wie bewußt der Autor seine Ballade für den Vortrag geschrieben hat; „Deklamation macht die Halbschied von dem Stück aus", schrieb er selbst an seine Freunde[3].

Eingehend behandelt sind die Anklänge an Kirchenlied und Bibel (z. B. Von Schöne und Stäuble). Wir treffen auf wörtliche Übernahmen wie „Was Gott tut, das ist wohlgetan" (VI), „Nun ist's nicht mehr vonnöten" (VI), „Laßt uns den Leib begraben" (XXI) und auf eine große Anzahl von Variationen:

Lenore (V):	Nun fahre Welt und alles hin
Gesangbuch:	Drum fahr, o Welt, Mit Ehr und Gott Und deiner Wollust hin.
Lenore (VIII):	Laß fahren, Kind, sein Herz dahin! Er hat es nimmermehr Gewinn!
Gesangbuch:	Laß fahren dahin, Sie habens kein Gewinn
Lenore (VIII):	Wann Seel und Leib sich trennen
Gesangbuch:	Bis Leib und Seele scheiden
Lenore (IX):	Verloren ist verloren! Der Tod, der Tod ist mein Gewinn! O wär ich nie geboren!
Gesangbuch:	Sonst bin ich ewig verloren ... Wär besser nicht geboren Sterben ist mein Gewinn So muß uns ... der Tod sein ein Gewinn Denn sieh, der Tod ist mein Gewinn

Lenore (X):	Hilf, Gott, hilf! Geh nicht ins Gericht
Gesangbuch:	Ach Gott! Zürne nicht, Geh nicht ins Gericht!
Lenore (XI):	Ohn ihn mag ich auf Erden, Mag dort nicht selig werden.
Gesangbuch:	Laß fahren, was auf Erden, Will lieber selig werden
Psalm 73/25:	Wenn ich nur dich habe, so frage ich nichts nach Himmel und Erde.
Lenore (XXXII):	Gott sei der Seele gnädig
Gesangbuch:	Gott sei mir Sünder gnädig[4]

Der Bezug äußert sich bereits im Wortschatz einzelner Strophen. „Man braucht nur alle in den Dialogstrophen der Ballade und in den beiden Schlußstrophen verwendeten Substantiva (soweit sie nicht am Ende auf einen gegenständlichen Vorgang bezogen sind) zu ordnen, um zu erkennen, aus welchen Quellen er gespeist wird: Welt, Wahn, Mutter, Leib, Zunge, Meineid, Herz, Arme, Sünde, Nacht, Graus, Leid, Jammer, Verzweiflung, ich Arme, Gericht, Hölle, Feuerfunken, Gewinsel, Geheul, Tod, Gruft, die Toten; Vorsehung, Erbarmen, Gott, Vater, Kind, Beten, Vaterunser, Geduld, Sakrament, Gewinn, Glaube, Licht, Himmel, Bräutigam, Seligkeit. Es ist das Vokabular der Lutherbibel und des protestantischen Kirchenliedes“[5].

Balladencharakter

Bürger war sich durchaus bewußt, daß mit seiner „Lenore“ eine neue Ära der Ballade, ja überhaupt erst die Kunstballade begann. Das gilt auch gegenüber Hölty, dessen Balladen „Adelstan und Röschen“ und „Die Nonne“ ein Jahr früher entstanden, die jedoch nur den Übergang bilden von der komisch-ironischen Romanze der Aufklärung zu den ernsthaften Balladen des Sturm und Drang. Letztere hat erst Bürger in der eindrucksvollen Form der „Lenore“ verwirklicht, dessen Leistung bereits von den Zeitgenossen anerkannt wurde.

Worin liegt das Neue und Besondere dieser Ballade? Bürgers Briefe und Schriften weisen uns den Weg. Als die „Lenore“ begeistert aufgenommen wurde, war das für ihn ein Zeichen, „daß Bewegung drinnen ist.“ „Alles in Gewimmel und Aufruhr versetzt“ und „Vor den Augen der Phantasie vorbei gejagt!“ riet er den jungen Dichtern. Und die manierierte Gesellschaftsdichterei seiner Zeit kritisierte er: „Nirgends etwas Aufrührendes, so wenig für den Kopf als fürs Herz!“[6] Phantasie heißt für Bürger: Bilderfülle und Bildkraft. „Und Empfindung verlangt bei ihm weniger nach Rührendem als nach Aufrührendem, nach Leidenschaftlichkeit und Kühnheit“[7]. Sein Ziel: Natur und Lebendigkeit in der Dichtung einzufangen. Seine Mittel: Phantasie und Empfindung. Hinzu kommt seine Neigung zur „Popularität", die in seiner Vorstellung mit einem oberflächlichen Naturalismus zusammenfloß. Vom Volk wollte er lernen, für das Volk schreiben, und zwar für das deutsche. Jedoch ist leicht zu erkennen, „daß seine Vorliebe fürs Extreme, fürs Rasende, fürs Verzehrend-Leidenschaftliche weit weniger aus dem Wesen des Volkes herrührt als vielmehr aus der menschlichen Charaktereigenart Bürgers selber"[8].

Das Thema und seine Ausformung sind vom Geist des Sturm und Drang und von der Eigenart des Autors bestimmt. Dem rationalistischen Weltbild gegenüber wird die Macht des Gefühls betont und dem logisch-erklärenden Verstand das Unberechenbare und Dämonische entgegengehalten. Geister und Gespenster erhalten wieder Heimatrecht in der Dichtung und werden von Bürger in einer unmittelbar in seiner Zeit spielenden Schauergeschichte eingesetzt. Den „Philosophunculis" rief er zu: „Gottlob! des Menschen Herz ist stärker, als seine Vernunft. Trotz aller Philosophemen eures Kopfes bangt es euch die Herzgrube, durchschauert es alle eure Gebeine, wann ihr um Mitternacht auf einem Gottesacker wandelt"[9].

Aus all dem ist die Ortsbestimmung der „Lenore" zu erkennen: Sie gehört zu den numinosen Balladen und innerhalb dieser Gruppe zu den totenmagischen. Das dramatische Element herrscht vor, der Bericht wird dialogisch aufgelockert, die tragische Ironie prägt den Ablauf, grelle Bilder und leidenschaftliche Bewegung bestimmen die stilistischen Mittel.

Aufgaben

1. Gliedere die Ballade in Abschnitte! Wo beginnt das Hintergründige?
2. Wie versucht die Mutter ihre Tochter zu trösten? Warum hat sie keinen Erfolg?
3. Zeige auf, wie Wilhelm und Lenore aneinander vorbeireden!
4. Stelle stilistische Mittel heraus (Dialog, Lautmalerei, Alliteration und Assonanz, Interjektionen, Wiederholungen, volkstümliche Wendungen)! Was soll damit erreicht werden?
5. Wo erkennt man Anklänge an Bibel und evangelisches Gesangbuch?
6. Welches balladeske Element hat den stärksten Anteil?

Vertonungen

Kunzen, F. L. A.: Lenore, Ein musikalisches Gemälde, Kopenhagen 1788.
Tomaschek, Wenzel: Lenore, Komposition für Gesang und Klavier, Prag 1808.

Schallplatten

Deutsche Balladen. Sprecher: Eric W. Bauer. Electrola (ASD) FL 9918.
Deutsche Dichtung — Eine klingende Anthologie — Deutsche Balladen von Bürger bis Brecht. Sprecher: Gert Westphal. Christophorus CLX 75433 und Polyglotte D 17 M 848.

Johann Wolfgang Goethe

Der König in Thule

I Es war ein König in Thule
Gar treu bis an das Grab,
Dem sterbend seine Buhle
Einen goldnen Becher gab.

II Es ging ihm nichts darüber,
Er leert' ihn jeden Schmaus;
Die Augen gingen ihm über,
So oft er trank daraus.

III Und als er kam zu sterben,
Zählt' er seine Städt' im Reich,
Gönnt' alles seinem Erben,
Den Becher nicht zugleich.

IV Er saß beim Königsmahle,
Die Ritter um ihn her,
Auf hohem Vätersaale
Dort auf dem Schloß am Meer.

V Dort stand der alte Zecher,
Trank letzte Lebensglut
Und warf den heil'gen Becher
Hinunter in die Flut.

VI Er sah ihn stürzen, trinken
Und sinken tief ins Meer.
Die Augen täten ihm sinken —
Trank nie einen Tropfen mehr.

Als Vorstufe gilt das im Juli 1774 auf einer Lahnreise improvisierte Gedicht „Geistesgruß"[1]. Wenige Tage später entstand unabhängig vom Faust-Plan die Erstfassung „Der König von Thule"[2], veröffentlicht 1782 in „Volks- und andere Lieder ... in Musik gesetzt von S. v. Seckendorff, 3. Sammlung". In dieser Form wurde sie in den „Urfaust" aufgenommen, erhalten durch die Abschrift des Fräuleins v. Göchhausen. Die vorliegende spätere Fassung erschien 1800 in den „Neuen Schriften" und erhielt in Faust I eine ähnliche Funktion wie das „Weiden-Lied" Desdemonas in Shakespeares „Othello"[3].

Aufbau und Sprache

Unter dem Einfluß Herders wurde als Schauplatz das sagenumwobene Thule gewählt, nach antiker Vorstellung die nördlichste Insel, die von griechischen Seefahrern erreicht wurde und deren Lokalisierung umstritten ist (Shetland, Norwegen).

Deutlich gliedern sich die sechs Strophen in zwei Gruppen: in Vorgeschichte (I—III) und Opferszene (IV—VI), also in Bericht und szenische Ausmalung. Die dritte Strophe führt die Aussage der ersten zu Ende, während die zweite als eine Art Einschub zu fassen ist, in dem die innere Beziehung des Königs zu dem Vermächtnis seiner Geliebten, dem „heil'gen Becher", in einfachen Wendungen angedeutet wird. Der Höhepunkt des ersten Teils liegt in II, 3, der bildhaften Umschreibung des Überwältigtwerdens im liebenden Gedenken. Mit der vierten Strophe setzt das Gedicht neu an. Die drei Strophen des zweiten Teils entfalten eine feierliche Szenerie, die mit hohen Requisiten ausgestattet ist und nur wenige Augenblicke dauert. Zweimal bildet das „Dort" am Zeilenanfang einen Sammelpunkt, zurückweisend und hinweisend. Wie im ersten Teil liegt der Höhepunkt in der Mitte (V, 3/4), vorbereitet durch den Trank „letzter Lebensglut" und sakral überhöht durch das Attribut „heil'gen". Den Ausgang bringt die letzte Strophe in verschleiernder Bildsprache. — Das Präteritum durchzieht gleichmäßig das ganze Gedicht und verleiht auch dem zweiten Teil epische Distanz.

Die Wort- und Bildwahl führt uns mehrfach in altertümliche Ferne: gar treu", „Buhle", „Er leert' ihn jeden Schmaus", „Die Augen gingen ihm über", angelehnt an die Übersetzung Luthers von Johannes 11, 35 („Jesus weinte"), „kam zu sterben", „zählt' er seine Städt' im Reich", „die Augen täten ihm sinken". Jedoch wirken alle Handlungsgesten schlicht und volkstümlich — trotz des nordisch-mittelalterlichen Gewandes. — Der Anfang (I, 1) läßt in uns die Vorstellung eines Märchens entstehen. Dem entspricht auch der Satzbau: die kurzen syntaktischen Einheiten umfassen ein oder zwei Verszeilen und durchweg nur einen Tongipfel, z. B. „treu" in I, 12 und „goldnen" in I, 3/4. — Gold ist Sinnbild der Treue (vgl. „treu wie Gold"); damit wird bereits eingangs das Leitmotiv der Ballade herausgehoben. Der goldene Becher bleibt Bezugswort in der zweiten Strophe. Insgesamt spielen die Verzahnungen eine große Rolle und verleihen dem Gedicht seine dichte Struktur: III, 1 wird in I, 2 vorbereitet; die dritte und vierte Zeile in I und III sind aufeinander bezogen. Zudem bewirkt die Alliteration heraushebende Verbindungen zwischen „Trank" und „Tropfen" (VI, 4) sowie in V, 2: „letzte Lebensglut". „Das schönste Form- und Sinnspiel aber, welches das Gedicht durchzieht, ist das zwischen der zweiten und sechsten Stophe. Trinken und Tränen schon in der zweiten, aber ‚die Augen gingen ihm über' paßt irgendwie noch in den Trinkerhabitus, als Anwandlung inmitten des Pokulierens. In der sechsten Strophe ist der Parallelismus in kunstvoller Verschränkung durchgeführt: Der Zecher trinkt, der Becher sinkt, die Augen sinken, der König trinkt nicht mehr"[4]. — Dreimal ist vom Becher die Rede. Er ist nicht formelhaft verwandt wie in Volksballaden, sondern verknüpft als Dingsymbol die lyrischen Situationen miteinander und ist Kristallisationskern des Gehalts. Es ist unmöglich, für ihn einen Vergleich zu finden, der alles erfaßt, was mit ihm „gemeint" wird. Der goldene Becher ist Liebespfand, sichtbarer Ausdruck der inneren Verbundenheit, Symbol der Treue, Bild der Lebenskraft und des Lebensgenusses, Zeichen der bewahrenden Vollendung.

Rhythmus und Klang

Eindeutiger als die Sprache weisen Strophenbau, Metrum und Ton auf das Volkslied hin. Die vier kurzen Verszeilen jeder Strophe stehen im Kreuzreim und wechseln regelmäßig in weiblichen und männlichen Kadenzen. Das dreifüßige jambische Grundmaß fordert im Verein mit dem gleichmäßigen Satzbau einen glatten Sprechfluß, zumal wenn „König" zu Kön'g (I, 1) und „einen" zu ein (I, 4) beim Sprechen zusammengezogen werden. Die beiden Ausnahmen „Die Augen gingen ihm über" (II, 3) und „Die Augen täten ihm sinken" (VI 3) bilden wirkungsvolle Ritardandi und schaffen erneut Verknüpfungen. Die zahlreichen schwebenden Betonungen am Zeilenanfang (I, 2, I, 4, III, 2, III, 3, IV, 3, IV, 4, V, 1, V, 2, VI, 4) und der langsam schreitende Sprechfluß lassen das jambische Versmaß spondeisch empfinden. Das Gedicht muß schlicht, aber nicht sachlich-nüchtern, feierlich-getragen, aber nicht pathetisch, eindringlich, aber nicht wichtigtuerisch, besinnlich-nachdenklich, aber nicht geheimniskrämerisch gesprochen werden. Das stille, eindringliche Lesen und eine ruhige Unterrichtsatmosphäre sind Voraussetzungen für das Erschließen der Feinheiten und Schönheiten. — Ein guter Vortrag läßt den Zauber des Klangs verspüren. Dunkle und helle Vokale stehen im Gleichgewicht, die Tonfärbung ist ausgeglichen. Die hellere Tonlage der letzten Strophe paßt zu der verschleierten Andeutung des Sterbens und läßt keine Trauer aufkommen.

Balladencharakter

Goethe sagte am 14.3. 1830 zu Eckermann im Hinblick auf seine Balladen: „Ich verdanke sie größtenteils Schiller, der mich dazu trieb, weil er immer etwas Neues für seine Horen brauchte. Ich hatte sie alle schon seit vielen Jahren im Kopf, sie beschäftigten meinen Geist als anmutige Bilder, als schöne Träume, die kamen und gingen, und womit die Phantasie mich spielend beglückte. Ich entschloß mich ungern dazu, diesen mir seit so lange befreundeten glänzenden Erscheinungen ein Lebewohl zu sagen, indem ich ihnen durch das ungenügende dürftige Wort einen Körper verlieh". Hier wird angesprochen, was für Goethes Dichtung kennzeichnend ist und was ihn auch mit vielen seiner Balladen verband: Das bildhafte Erfassen bewegender Kräfte menschlichen Lebens, seiner Phänomene, wie sie z. B. im „König in Thule“ erscheinen als Lebensfülle und Tod, als Liebe und Treue, als Dauer und Ende; und auch das Lyrisch-Schwebende und die spielerische Behandlung, wodurch dem Gewichtig-Schweren die niederdrückende Schwere genommen wird und die Grenzen zwischen „Balladen“ und „Liedern“ fließend werden. Das gilt vom „König in Thule“ ebenso wie für den „Fischer“ und das „Heideröslein“. Das Dramatische liegt fern, das Epische bildet nur das Grundgerüst. Das Lyrische prägt eindeutig diese Balladen und bildet ihre eigentliche Essenz. Doch läßt uns auch die lyrisch strukturierte Ballade „in jenem echten ‚Balladenzustand‘ nachsinnenden Bewußtseins zurück, das in einem Ausschnitt das Ganze, in einem sinnlichen Ding den Weltgeist im Kern bedenkt. Der Becher ist Symbol. Über dem sichtbaren Vorgang vollzieht sich ein anderer. Im geworfenen Becher ist auf ihn verwiesen“[5]. So kommt es, daß diese Ballade trotz ihres altertümlichen Gewands, das in Raum, Vorgang und Gebärde erscheint, durch ihre überzeitliche „Aussage“ in konkreter Anschaulichkeit die volkstümliche Beliebtheit erlangte. Sie wurde vertont von von Seckendorff (1782), Reichardt (1809), Zelter (1812), Schubert (1816), Silcher (1823); weiterhin von Berlioz, Marschner, Liszt, Schumann, Gounod, Hans von Bülow und vielen anderen. Insgesamt gibt es etwa 80 Vertonungen.

Aufgaben

1. Gliedere die Strophen in zwei Gruppen! Was wird im ersten Teil berichtet, was geschieht im zweiten? Wo liegen jeweilig die Höhepunkte?
2. Was läßt sich zur Wort- und Bildwahl sagen?
   Stelle Funktion und Bedeutung des Bechers heraus!
3. Zeige die Verwandtschaft mit dem Volkslied in Metrum und Klang auf!
4. Welches balladeske Element hat den stärksten Anteil und trägt damit das Gedicht?

Schallplatten

Elektrola (ASD) FL 9918, Sprecher: Eric W. Bauer.
Christophorus CLX 75433, Sprecher: Gert Westphal.
Polyglotte D 2950, Sprecher: Ernst Ginsberg.

Johann Wolfgang Goethe

Der Fischer

I Das Wasser rauscht', das Wasser schwoll,
Ein Fischer saß daran,
Sah nach dem Angel ruhevoll,
Kühl bis ans Herz hinan.
Und wie er sitzt, und wie er lauscht,
Teilt sich die Flut empor;
Aus dem bewegten Wasser rauscht
Ein feuchtes Weib hervor.

II Sie sang zu ihm, sie sprach zu ihm:
„Was lockst du meine Brut
Mit Menschenwitz und Menschenlist
Hinauf in Todesglut?
Ach wüßtest du, wie's Fischlein ist
So wohlig auf dem Grund,
Du stiegst herunter, wie du bist,
Und würdest erst gesund.

III Labt sich die liebe Sonne nicht,
Der Mond sich nicht im Meer?
Kehrt wellenatmend ihr Gesicht
Nicht doppelt schöner her?
Lockt dich der tiefe Himmel nicht,
Das feuchtverklärte Blau?
Lockt dich dein eigen Angesicht
Nicht her in ew'gen Tau?"

IV Das Wasser rauscht', das Wasser schwoll,
Netzt' ihm den nackten Fuß;
Sein Herz wuchs ihm so sehnsuchtsvoll,
Wie bei der Liebsten Gruß.
Sie sprach zu ihm, sie sang zu ihm;
Da war's um ihn geschehn:
Halb zog sie ihn, halb sank er hin,
Und ward nicht mehr gesehn.

Die 1778 entstandene Ballade wurde 1779 veröffentlicht in „Volks- und andere Lieder, in Musik gesetzt von S. v. Seckendorff" und im gleichen Jahr von Herder in: „Volkslieder", Leipzig 1779. Der vorliegende Text nach den „Schriften", Leipzig 1789, unterscheidet sich in wenigen Veränderungen von der Erstfassung (Z. 9: und sprach, Z. 15: Du kämst, Z. 23: Lockt nicht, Z. 24: Dich her, Z. 27: sehnensvoll)[6].

Aufbau

Die Strophen I und IV sind aufeinander bezogen, II und III gehören zusammen, I und IV erzählen den Vorgang, sind also Bericht. Die Begegnung zwischen Mensch und Natur beginnt in I und wird in IV durch die Vereinigung mit dem geheimnisvollen Element des Wassers gelöst.

Die Strophen II und III bilden den Kern des Gedichtes: die magische Verlockung durch die Nixe in wörtlicher Rede. Die dramatische Sprachform wird durch die epische eingerahmt; beide werden durch das lyrische Element in sprachlicher Musikalität verschmolzen.

Metrik

Die achtzeiligen Strophen sind syntaktisch und klanglich zweiteilig (mit Ausnahme von III), wechseln zwischen vier- und dreihebigen Jamben und haben durchgehend männliche Kadenzen im Kreuzreim. In dem gleichmäßigen Wechsel der Zeilenlänge läßt sich das rhythmische Hin und Her des Wellenganges heraushören. Wiederholung (I, 1—IV, 1, II, 1—IV, 5), Alliteration (z. B. W in I) und Assonanz (auffallend die zahlreichen u- und i-Laute in II und die a- Laute in IV, 5—8) intensivieren Klang und Bindung. Die wiederholt schwebende Betonung am Zeilenanfang verstärkt den geschmeidig ruhigen Sprachfluß. Der natürliche Sprechton und die metrisch-rhythmische Form schmiegen sich ineinander. Die weiche Melodik trägt wesentlich dazu bei, dem Numinosen seinen Schrecken zu nehmen.

Strophenweise Erfassung

Durch Wiederholung (= Anapher), klangliche Fülle und konsonantische Bindung wird gleich eingangs das Wasser als Leitthema herausgehoben. Seine Bewegung wird akustisch und optisch erfaßt. Knapp, fast prosaisch wird anschließend von einem Fischer berichtet: seinem Tun, seiner Haltung und seiner inneren Verfassung. Dieser Fischer ist nicht „kühl" bis ins Herz hinein, sondern nur bis „ans Herz hinan". „Ruhevoll" ist mit „schwoll" gepaart, „lauscht" verrät Aufgeschlossenheit und Erwartung, und zwar als ständige Bereitschaft, da es im Präsens steht. Verstärkt wird diese Deutung durch die Verbindung mit „rauscht" im Endreim. Die Geräusche von Wasser und Wasserfrau werden gleich benannt, ein Hinweis, daß beide in eins zu setzen sind.

II u. III: Rhythmisch gewichtig wird die Rede des Naturwesens eingeleitet und dabei auf die Magie von Musik und Wort hingewiesen. „Die Kraft der Rede steigert sich vom Ton des Vorwurfs über den des Bedauerns bis zur eigentlichen Verlockung"[7]. Der Vorwurf wird durch die Frageform gemildert. Mit Witz[8] und List, rationalen Kräften also, werden die Fische „hinauf in Todesglut" gelockt. Das wird nicht als freventliche Tat gebrandmarkt und mit Strafe belegt, vielmehr wird es als abartiges, krankes Tun bedauert („Ach", Konj.) und dem gesunden, „wohligen" Leben im Elementaren („Auf dem Grund") gegenübergestellt. Viermal wird der Fischer mit dem vertrauten „Du" angesprochen. Die betörende Verlockung beginnt. Die Worte der dritten Strophe „vollenden sich hier zu Versen mit südlichem Wohlklang und zu Prägungen, die so kühn wie überzeugend sind"[9]. — Der Klang dieser Strophe ist gemischt, die langen Verszeilen klingen im i-, die kurzen im u-Laut aus. Die harten t-Endungen (II, 2 u. 4) werden in der zweiten Strophenhälfte durch Nasale gemildert (-nd in II 6 u. 8). — Metrisch fallender Sprachfluß in der zweiten Hälfte führt zum Höhepunkt der folgenden Strophe, in der die Bilderwelt des Kosmos — das Angesicht des Menschen eingeschlossen — durch das Wasser eingefangen und überhöht werden (doppelt schöner, feuchtverklärt — Meer = Wasser). Nicht nur das „Vokabular", auch die rhetorischen Fragen wirken eindringlich und verführerisch. Mit vollem Ton überspielen die vorangestellten Prädikate das Metrum, wobei das „Lockt Dich" durch Wiederholung leitwortartigen Charakter erhält. Dieses „Lockt" wird im Gegensatz zu den rational fundierten „lockst" in II, 2 von geheimnisvollen Kräften gespeist. Die Strophenzäsur ist verwischt: Die vier syntaktischen Einheiten sind durch den Endreim verzahnt und lassen zusammen mit dem i-Ausklang der viertaktigen Zeilen die gesamte Strophe zu einer Einheit verschmelzen, in der die hellen Laute überwiegen. — Ausdruck, Klang und Rhythmik charakterisieren das lockende Weib, das nicht wie eine bösartige Hexe verführt, sondern in einem seelenvollen Einsgefühl mit Fisch, Sonne, Mond und vor allem mit dem Wasser nicht begreift, „wie man sich herausstellen und vorwitzig diese Einheit zerstören kann. Darum bleibt ihr Vorwurf Klage, ihre Stimme licht, ihre Lockung voller Unschuld, ihr tödlicher Griff sanft"[10].

IV: Die letzte Strophe schwenkt wieder in den Bericht und ist mit der ersten durch Wiederholung und Antithese (IV, 3) verklammert, greift aber auch II, 1 in umgekehrter Richtung erneut auf. In einer äußeren (IV, 2) und inneren (IV, 3, 4, 7) Bewegung wird die sanfte Betörung beendet. Das Erotische klingt nur im Vergleich an; die Überwältigung ist tiefer und umfassender zu verstehen. Der ansteigende Tonbogen der ersten Strophenhälfte deutet die innere Bereitschaft, der fallende in der zweiten das sanfte, wehrlose Versinken an. Der a-Laut läßt die letzten vier Zeilen klanglich verschmelzen.

Balladencharakter

„Der Fischer" ist Goethes erste und zugleich ausgeprägteste naturmagische Ballade. Sie steht in enger Beziehung zum „Erlkönig" und sollte im Anschluß daran behandelt werden, um zu zeigen, wie verschiedenartig die numinose Macht der Natur vom Menschen empfunden und wirksam werden kann.

Angeregt wurde Goethe durch den Freitod Christel v. Laßbergs in der Ilm, worauf eine Briefstelle an Frau von Stein hindeutet (19. 1. 1778): „Diese einladende Trauer hat etwas gefährlich Anziehendes wie das Wasser selbst, und der Abglanz der Sterne des Himmels, der aus beiden leuchtet, lockt uns." Entscheidender war die Aufgeschlossenheit des dreißigjährigen Goethe für den Pantheismus und damit für das Numinose, insbesondere für das Naturmagische, eine Neigung, die er im Alter aus der Distanz betrachtete und in einer Bemerkung verharmloste, die uns Eckermann mitteilt (3. 11. 1823): „Es ist ja in dieser Ballade bloß das Gefühl des Wassers ausgedrückt, das Anmutige, was uns im Sommer lockt, uns zu baden, weiter liegt nichts darin". Wenn auch diese Bemerkung aus dem Zusammenhang zu verstehen ist, nämlich als Antwort auf den Versuch, das Motiv malerisch darzustellen, so erschwert sie doch den Zugang zum Geschehen der Ballade. Ist der Untergang eine Sühne des Fischers, „der sich so mörderisch an den Wassergeschöpfen vergreift"?[11] Der Text liefert dafür kaum eine Stütze. Oder handelt es sich um eine natur-mystische Vereinigung, bei der wir überhaupt nicht von einem Tod des Verzauberten sprechen können?[12] Zu diesen beiden Aussagen läßt sich mit Zimmermann sagen: „Das Schreckliche des Untergangs ist durch die gelöste Bewegung und die leichte Ironie der letzten Verse ganz in die heitere Sphäre des Spiels erhoben. Der Sprecher der Ballade sieht sich nicht mehr wie der frühe Mensch den Mächten ausgeliefert. Zwar nimmt er sie ernst und bewundert die in sich vollkommene Schönheit der Natur, aber spielend hält er sogleich die Gefahr, die ihr innewohnt, von sich fern und bannt sie durch das dichterische Wort"[13].

Wir haben hier nicht eine hymnisch überhöhte Natur, die Ganymed allgegenwärtig umfängt. Die berichtende Wiedergabe eines Vorgangs hält die Waage zu den bezaubernden Klängen, mit denen die Magie eines Naturelements den Fischer verführt. Der Dichter spricht nicht als Nixe oder als Erlkönig, sondern *von* ihnen — was bei der Intensität der direkten Rede leicht überhört werden kann, zumal die wiegenden Rhythmen der Wasserfrau dem schwellenden Wasser ähneln. Bereits die sprachliche Überhöhung in III macht deutlich, daß die im Wasser summierte Schönheit nur ein Abbild ist, das man mit dem „farbigen Abglanz" des Lebens in des „bunten Bogens Wechseldauer" (vgl. damit „wellenatmend") am Beginn von Faust II vergleichen kann, wenn auch dort der Vorgang bewußter als Widerschein des Unendlichen gestaltet ist. Das „Mysteriose", welches Goethe als wesentliches Element der Ballade bezeichnet, kommt sowohl im „Fischer" wie im „Erlkönig" eindringlich zum Ausdruck.

Aufgaben

1. Welche Strophen sind aufeinander bezogen, welche bilden den Kern des Gedichtes?
2. Sprich über Metrik und Rhythmus! Wodurch werden Sprachfluß und Wohlklang erreicht? Beachte dabei Wiederholung, Alliteration und Assonanz!
3. Zeige, wie die Rede der Nixe sich vom Ton des Vorwurfs über den des Bedauerns zur eigentlichen Verlockung steigert!
4. Überlege, wie diese Ballade gesprochen werden muß, um das Klanglich-Melodische und damit die verführerische Magie zum Ausdruck zu bringen!
5. Wie ist in diesem Gedicht die Naturmagie zu fassen? Vergleiche sie mit der im „Erlkönig"!

Vertonungen

Schubert u. a.

Schallplatten

Elektrola (ASD) 7 L 99118, Sprecher: Eric W. Bauer.
Ariola, Athena 60 204 GW, Sprecher: Jürgen Goslar.
Amadeo AM AVRS 2064, Sprecher: Klaus Kinski.
Teldec Decca DSF 13506, Sprecher: Albin Skoda.

Johann Gottfried Herder

Erlkönigs Tochter

Johann Wolfgang Goethe

Erlkönig

– Vergleichende Betrachtung –

Johann Gottfried Herder, Erlkönigs Tochter

I Herr Oluf reitet spät und weit,
Zu bieten auf seine Hochzeitleut;

II Da tanzen die Elfen auf grünem Land,
Erlkönigs Tochter reicht ihm die Hand.

III „Willkommen, Herr Oluf! Was eilst von hier?
Tritt hier in den Reihen und tanz mit mir."

IV „Ich darf nicht tanzen, nicht tanzen ich mag,
Frühmorgen ist mein Hochzeittag."

V „Hör an, Herr Oluf, tritt tanzen mit mir,
Zwei güldne Sporne schenk ich dir.

VI Ein Hemd von Seide so weiß und fein,
Meine Mutter bleicht's mit Mondenschein."

VII „Ich darf nicht tanzen, nicht tanzen ich mag,
Frühmorgen ist mein Hochzeittag."

VIII „Hör an, Herr Oluf, tritt tanzen mit mir,
Einen Haufen Goldes schenk' ich dir."

IX „Einen Haufen Goldes nähm ich wohl;
Doch tanzen ich nicht darf noch soll.

X „Und willt, Herr Oluf, nicht tanzen mit mir,
Soll Seuch und Krankheit folgen dir."

XI Sie tät einen Schlag ihm auf sein Herz,
Noch nimmer fühlt er solchen Schmerz.

XII Sie hob ihn bleichend auf sein Pferd:
„Reit heim nun zu dein'm Fräulein wert."

XIII Und als er kam vor Hauses Tür,
Seine Mutter zitternd stand dafür.

XIV „Hör an, mein Sohn, sag an mir gleich,
Wie ist dein Farbe blaß und bleich?"

XV „Und sollt sie nicht sein blaß und bleich,
Ich traf in Erlenkönigs Reich."

XVI „Hör an, mein Sohn, so lieb und traut,
Was soll ich nun sagen deiner Braut?"

XVII „Sagt ihr, ich sei im Wald zur Stund,
Zu proben da mein Pferd und Hund."

XVIII Frühmorgen und als es Tag kaum war,
Da kam die Braut mit der Hochzeitschar.

XIX Sie schenkten Met, sie schenkten Wein;
„Wo ist Herr Oluf, der Bräut'gam mein?"

XX „Herr Oluf, er ritt in Wald zur Stund,
Er probt allda sein Pferd und Hund."

XXI Die Braut hob auf den Scharlach rot,
Da lag Herr Oluf, und er war tot.

Johann Wolfgang Goethe, Erlkönig

I Wer reitet so spät durch Nacht und Wind?
Es ist der Vater mit seinem Kind;
Er hat den Knaben wohl in dem Arm,
Er faßt ihn sicher, er hält ihn warm. —

II Mein Sohn, was birgst du so bang dein Gesicht? —
Siehst, Vater, du den Erlkönig nicht?
Den Erlenkönig mit Kron' und Schweif? —
Mein Sohn, es ist ein Nebelstreif. —

III „Du liebes Kind, komm, geh mit mir!
Gar schöne Spiele spiel' ich mit dir;
Manch' bunte Blumen sind an dem Strand;
Meine Mutter hat manch' gülden Gewand."

IV Mein Vater, mein Vater, und hörest du nicht,
Was Erlenkönig mir leise verspricht? —
Sei ruhig, bleibe ruhig, mein Kind!
In dürren Blättern säuselt der Wind. —

V „Willst, feiner Knabe, du mit mir gehn?
Meine Töchter sollen dich warten schön;
Meine Töchter führen den nächtlichen Reihn
Und wiegen und tanzen und singen dich ein."

VI Mein Vater, mein Vater, und siehst du nicht dort
Erlkönigs Töchter am düstern Ort? —
Mein Sohn, mein Sohn, ich seh' es genau;
Es scheinen die alten Weiden so grau. —

VII „Ich liebe dich, mich reizt deine schöne Gestalt;
Und bist du nicht willig, so brauch' ich Gewalt." —
Mein Vater, mein Vater, jetzt faßt er mich an!
Erlkönig hat mir ein Leids getan! —

VIII Dem Vater grauset's, er reitet geschwind,
Er hält in Armen das ächzende Kind,
Erreicht den Hof mit Mühe und Not;
In seinen Armen das Kind war tot.

Herders „Erlkönigs Tochter“ ist keine reine Übersetzung, sondern die Bearbeitung (1777) einer dänischen Volksballade mit dem treffenden Titel: „ELVESKUD“, was übersetzt heißt: Von der Elfe geschossen (oder geschlagen). Der Schluß der Vorlage wurde gestrichen und der Refrain weggelassen, so daß eine straffere und geschlossenere Fassung entstand. Als „Herr Olof“ wurde sie in „Des Knaben Wunderhorn“ (1806) aufgenommen. Herder hat die Bezeichnung Elver-Konge (= Elfenkönig) mit Ellerkonge verwechselt und damit den Elfenkönig in Beziehung zu dem Laubbaum Erle (ndt. Eller) gebracht, „was aber Goethes Phantasie nun gerade anregte zur Gestaltung der an Bäume gebundenen Elementargeister“[14]. Goethes „Erlkönig“ wurde 1782 in dem Singspiel „Die Fischerin“ veröffentlicht und erschien 1789 unverändert in seinen „Schriften“.

Eine vergleichende Betrachtung liegt nahe. Dabei können kennzeichnende Züge der Volksballade und der aus ihr erwachsenen Kunstballade erarbeitet werden. Die folgende Übersicht stellt Gemeinsames und Unterschiedliches heraus:

Herder, Erlkönigs Tochter **Goethe, Erlkönig**

Gemeinsames

Grundlage: Volksballade
Zeit und Ort: Nächtlicher Ritt und Erlkönigs Reich
Gestalten, Kräfte und Verhalten der Personen sind verschiedenartig und bilden Gegensätze, aus denen die balladesken Spannungen erwachsen. Das bedrängende Umwerben (Faszinosum) steigert sich zum unheimlichen Zupacken (Tremendum) mit tödlichem Ausgang. Der Mensch wird überwältigt durch dämonische Gewalt, der er schutzlos preisgegeben ist.
Erschütterndes Ende
Wirkung: „Der Urschauer vor dem Elementaren“[15] = das Numinose
Dramatische Handlungsführung im Wechselgespräch
Epische Eingangs- und Schlußstrophen = Rahmenbericht
Paarreime, stumpfe Versschlüsse, vierhebig

Unterschiede

Herder, Erlkönigs Tochter	Goethe, Erlkönig
Die Landschaft ist als Hintergrund nur vage angedeutet; es wird lediglich von einem „grünen Plan“ berichtet, auf dem die Elfen tanzen.	Die dämonische Bedrohung erwächst aus der Landschaft (vgl. die Zeichnung Barlachs zum „Erlkönig“). Der Erlkönig wirkt „wie die Personifikation spukhaft umnebelter Baumgestalten“[18].
Olufs Ritt am Vorabend seiner Hochzeit. Der Zweck wird angegeben.	Heimritt des Vaters zu später Stunde. Es wird kein Grund für den nächtlichen Ritt angegeben (Der Vater reitet nicht etwa mit seinem kranken Kind zum Arzt).

Breit angelegt	Geraffter auf das Kerngeschehen hin angelegt
Abschnittweise Darbietung. Es lassen sich drei deutlich voneinander getrennte Szenen herausstellen.	Der Handlungsablauf ist stärker miteinander verzahnt, auf einen Moment verdichtet und wirkt daher geschlossener.
Eingeschobener Bericht in den Strophen XI, XIII, XVIII, XIX	Durchgehendes Gespräch, eingerahmt von zwei Berichtstrophen
Aufeinanderfolgende Zwiegespäche: Erlkönigs Tochter — Oluf; Mutter — Oluf; Braut — Mutter	Dreiecksgespräch, ohne Bezug der Ecken (auch der Sohn antwortet Erlkönig nicht direkt): Vater — Sohn — Erlkönig
	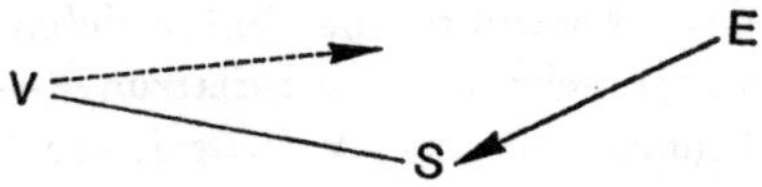
Offene Begegnung, offene Aussprache	Verdeckte Begegnung, kein Wechselgespräch. Die magische Atmosphäre wird stärker genutzt
Adelig, sittenhaft, mythologisch	Bürgerlich, intim, dichterisch[16]
Gleichmäßig in Erzählfluß und Diktion, auch in den Dialogen der verschiedenen Personen	Die Sprache der drei Personen entspricht ihrem Wesen, Empfinden und Verhalten. Rhythmisch und lautlich stark differenziert: geisterhaft lokkend, kindlich erschrocken, väterlich tröstend
Wiederholungen und Redewendungen im Gespräch Erlkönigs Tochter — Oluf wirken refrainartig	Wiederholungen, Alliterationen und Verstärkungen dienen der Intensivierung
Die Abwehr vollzieht sich nur in Worten, ist durch die Tat unmöglich	Scheinbare Geborgenheit des Sohnes; in Wirklichkeit ist er schutzlos
Olufs Hinweis auf sein Verlöbnis bleibt unbeachtet.	Die Verbundenheit von Vater und Sohn wird mißachtet.
Bange Fragen der Mutter und Braut	Immer stärker werdende Reaktion des Vaters bis hin zum Grausen
Kern der Balladen:	
Erotische Magie, Rache aus Eifersucht	Naturmagische Verlockung und Überwältigung; Bedrohung ist tiefer und umfassender: körperlos, unheimlich, angsterregend

Balladencharakter

Das Gefühl der menschlichen Ohnmacht gegenüber den unheimlichen Naturkräften durchzieht bereits die alten Volksballaden und Volkssagen. Und ihre Verdichtung zu Elementargeistern, den totenmagischen Gestalten, Hexen und Kobolden, ist so alt wie die Angst des Menschen vor den unberechenbaren und ihm überlegenen Mächten, die in unbewohnten Moor- und Heidelandschaften, an Seen und Flüssen Gestalt annehmen und vor allem in der Nacht ihr Unwesen entfalten. Die Gestalt des Wasserweibes ist nicht erst von Goethe erfunden, sondern aus der Volksdichtung übernommen. Ebenso ist bereits die dänische Volksballade, die Herder zu „Erlkönigs Tochter“ ausformte, von der magischen Verlockung und der den Menschen verderbenden Macht geprägt. Gleiches gilt für Goethes „Erlkönig“, dessen letzte Zeile: „In seinen Armen das Kind war tot“ sich eng an den Schluß von Herders Fassung anschließt: „Da lag Herr Oluf, und er war tot.“

Das Lebensgefühl des Sturm und Drang kam dieser Thematik entgegen. Die von der Aufklärung mißachteten Kräfte der menschlichen Seele, das Unbewußte, die Gefühlstiefen und die Phantasie, erhielten eine nie zuvor gekannte Wertschätzung — wie wir es bereits von Bürger her kennen. Ein neues Verhältnis zur Natur ging damit einher und auch eine neue Beachtung der Volksdichtung, in der die „Naturpoesie“ ihren Ausdruck fand. Herder eröffnete den ersten Band seiner Volksliedsammlung mit einer ihm von Goethe zugesandten Volksballade und den zweiten mit dem „Fischer“, zu dem er bemerkte, wenn die Poesie wirklich zur Volksdichtung werden wolle, so müsse sie den durch dieses Gedicht gezeigten Weg gehen — nicht den von Bürgers exaltierter „Lenore“, die er ablehnte. Daß auch Goethe mit seinem „Erlkönig“ Volkstümlichkeit erstrebte, ist schon daran zu erkennen, daß er ihn von einer Fischerin in dem gleichnamigen Singspiel singen läßt, in das mehrere Volkslieder aus Herders Sammlung aufgenommen wurden[18].

Die eingeschlagene Richtung ist jedoch nicht einfach der Volksdichtung gleichzusetzen, vor allem nicht in der Ausformung bei Goethe. Neu sind die Intensität des Naturgefühls und der Stil, in dem es Gestalt gewinnt. Der Dichter fühlt sich in die Natur eingebettet, die alles umfaßt und durchdringt. „Wir sind von ihr umgeben und umschlungen — unvermögend, aus ihr herauszutreten, und unvermögend, tiefer in sie hineinzukommen. Ungebeten und ungewarnt nimmt sie uns in den Kreislauf ihres Tanzes auf und treibt sich mit uns fort [...] die Menschen sind all in ihr und sie in allen [...].“ So heißt es in dem von Goethe inspirierten Fragment Toblers über die Natur (1782).

Mit diesem Empfinden tritt die Natur in den Balladen „Der Fischer“ und „Erlkönig“ dem Menschen entgegen: lockend, bezaubernd, beglükkend und tötend[19]. Die betroffenen Menschen sind Vertreter des Volkes, losgelöst von einem bestimmten Stand, unscharf in ihrem Charakter und in ihrer Situation, überzeitlich und überindividuell: „Ein Fischer“, ein „Vater mit seinem Kind“. Das Geschehen geht nicht von ihnen aus, sie geraten in den Sog von geheimnisvollen Kräften. „Die Naturgewalten sprechen selber, sie gewinnen Leben und Anschaulichkeit,“[20] und zwar durch sprachliche Mittel, die bildhaft und klanglich eingesetzt werden und die magische Verlockung intensivieren. So erfassen die dipodischen Verse im „Fischer" das Auf und Ab des Wassers und die berühmten Verse des „Erlkönigs":

Du liebes Kind, komm, geh mit mir!
Gar schöne Spiele spiel ich mit dir.

und der daktylische Rhythmus:

Und wiegen und tanzen und singen dich ein.

in spielerischer Musikalität die unwiderstehliche Anziehungskraft des Elfenkönigs.

Der Bericht ist in die Eingangs- und Schlußstrophen gedrängt, das Geschehen vollzieht sich im Dialog. Die eigentliche Handlung und damit das dramatische Element treten zurück. Vom Sterben des Fischers und des Knaben wird nur nebenbei in den Schlußzeilen berichtet: „Hier herrscht auch nicht die Trauerstimmung über das Sterben oder überhaupt die Teilnahme des Was nun?, sondern hier wird im wesentlichen die Wirkung der Naturkräfte an sich und das Ergriffenwerden der Menschen dargestellt"[21].

Wir haben es mit naturmagischen Balladen zu tun, der bekanntesten Gruppe innerhalb der numinosen[22]. „Sie sind recht eigentlich Goethes eigene schöpferische Leistung"[23].

Zur Behandlung

Gewarnt werden muß vor psychologisierenden Erklärungsversuchen, denen Jugendliche immer wieder leicht erliegen, die aber den Zugang zu der dämonisch empfundenen Wirklichkeit verstellen. Es ist auch nicht völlig zutreffend, den Vater als bloßen Rationalisten, als den „Aufklärer" zu sehen. Er will zwar das magische Geschehen nicht anerkennen, entrinnt ihm aber nur mit „Müh und Not", wobei auch ihn ein Grausen erfaßt. Auch für ihn trifft zu, was Goethe aus der Schweiz schrieb: „Ich bin überzeugt, daß einer, über den auf diesem Wege seine Einbildungskraft nur einigermaßen Herr würde, ihr ohne anscheinende Gefahr vor Angst und Furcht vergehen müßte"[24]. — Vorteile bietet auch bei dieser Ballade das Sprechen mit verteilten Rollen, wobei die Schüler entsprechend ihrer Stimmlage ausgewählt werden. Abschließend können Berufssprecher in zwei verschiedenen Interpretationen (etwa H. Casper und E. Ginsberg) von Schallplatten aus die Zuhörer zu einem tieferen Erfassen und zu einer besseren eigenen Nachgestaltung anregen.

Gerade bei Goethes „Erlkönig" ist die Zusammenarbeit mit dem Musikunterricht fruchtbar. Durch die Komposition Reichardts (1793), Schuberts (1815) und Loewes (1817) kann das Verständnis für die rhythmische und sprachliche Klanggestalt der Dichtung vertieft werden. Anregungen für die Behandlung bietet Annemarie Bätjer in ihrem Aufsatz: „Gedichtinterpretation vom Lied her", DU 4/1955, S. 43—45 — Herders „Erlkönigs Tochter" ist von Niels W. Gade als Chorwerk vertont.

Aufgaben

1. Was wurde von Goethe aus Herders „Erlkönigs Tochter" entnommen?
2. Woran ist die Kunstballade zu erkennen, und inwiefern ist sie wirkungsvoller?
3. Wodurch werden in Goethes „Erlkönig" Verhalten und Empfinden der drei Gestalten sprachlich charakterisiert?
4. Stelle Kennzeichen der naturmagischen Ballade heraus!

Schallplatten

Ariola-Athena 60 210 GW, Sprecher: Horst Caspar.
Deutsche Grammophon Ges. 43008 LPMS, Sprecher: Ernst Ginsberg.
Caston AL 3004 und L 588, Sprecher: Oskar Werner.
Polyglotte D 7 K 934, Sprecher: Klaus Kinski.
Polyglotte D 12882 0, Sprecher: Albin Skoda.

Johann Wolfgang Goethe

Legende vom Hufeisen

Als noch, verkannt und sehr gering,
unser Herr auf der Erde ging
und viele Jünger sich zu ihm fanden,
die selten sein Wort verstanden,
liebt' er sich gar über die Maßen,
seinen Hof zu halten auf der Straßen,
weil unter des Himmels Angesicht
man immer besser und freier spricht.
Er ließ sie da die höchsten Lehren
aus seinem heiligen Munde hören;
besonders durch Gleichnis und Exempel
macht' er einen jeden Markt zum Tempel.

So schlendert' er in Geistes Ruh'
mit ihnen einst einem Städtchen zu,
sah etwas blinken auf der Straß',
das ein zerbrochen Hufeisen was.
Er sagte zu Sankt Peter drauf:
„Heb doch einmal das Eisen auf!"
Sankt Peter war nicht aufgeräumt,
er hatte soeben im Gehen geträumt,
so was vom Regiment der Welt,
was einem jeden wohlgefällt;
denn im Kopf hat das keine Schranken.
Das waren so seine liebsten Gedanken.
Nun war der Fund ihm viel zu klein,
hätte müssen Kron' und Zepter sein;
aber wie sollt' er seinen Rücken
nach einem halben Hufeisen bücken?
Er also sich zur Seite kehrt
und tut, als hätt' er's nicht gehört.

Der Herr nach seiner Langmut drauf
hebt selber das Hufeisen auf
und tut auch weiter nicht dergleichen.
Als sie nun bald die Stadt erreichen,
geht er vor eines Schmiedes Tür,
nimmt von dem Mann drei Pfennig dafür.
Und als sie über den Markt nun gehen,
sieht er daselbst schöne Kirschen stehen,
kauft ihrer so wenig oder so viel,
als man für einen Dreier geben will,
die er sodann nach seiner Art
ruhig im Ärmel aufbewahrt.

Nun ging's zum andern Tor hinaus,
durch Wies' und Felder ohne Haus;
auch war der Weg von Bäumen bloß.
Die Sonne schien, die Hitz' war groß,
so daß man viel an solcher Stätt'
für einen Trunk Wasser gegeben hätt'.
Der Herr geht immer voraus vor allen,
läßt unversehens eine Kirsche fallen.
Sankt Peter war gleich dahinter her,
als wenn es ein goldener Apfel wär';
das Beerlein schmeckte seinem Gaum'.
Der Herr, nach einem kleinen Raum,
ein ander Kirschlein zur Erde schickt,
wonach Sankt Peter schnell sich bückt.
So läßt der Herr ihn seinen Rücken
gar vielmals nach den Kirschen bücken.
Das dauert eine ganze Zeit;
dann sprach der Herr mit Heiterkeit:
„Tät'st du zur rechten Zeit dich regen,
hätt'st du's bequemer haben mögen.
Wer geringe Dinge wenig acht't,
sich um geringe Mühe macht."

Zeitlich in der Mitte der drei mit ‚Legende' überschriebenen Gedichte steht die 1797 in Jena entstandene Hufeisenlegende. Woher Goethe den Stoff nahm, ist nicht bekannt; wahrscheinlich hat er die Erzählung als Volkslegende kennengelernt, wie sie in zahlreichen Ländern vorhanden ist. Joh. Bolte weist auf das Buch eines bekannten Dresdener Hofpredigers hin, in dem eine inhaltlich gleiche Legende aufgenommen wurde, die jedoch statt der Kirschen Birnen und anstatt des Hufeisens einen Pfennig nennt (Leipzig 1631). Die moralische Nutzanwendung wird in ihr ähnlich gegeben wie bei Goethe[25].

Diese heitere Ballade ist in ihrem gemächlich-biederen Erzählgang unschwer zu erfassen und fordert keine lange Unterrichtszeit. Sie eignet sich gut zum Vorlesen. Einige Wendungen sind voraus zu erklären:

Z. 1: sehr gering = von niederer Herkunft, von geringem Ansehen (mhd.: leicht, klein, unbedeutend, schlecht), Z. 5: liebt er sich gar = liebt er es sehr. Z. 11: Exempel = Beispiel. Z. 13: in Geistes Ruh = gelassen, versonnen. Z. 16: was = war (plattdt. vgl. Et wasen twee Kuniges-kinner). Z. 19: nicht aufgeräumt = nicht gut gelaunt, nicht aufnahmebereit. Z. 33: tut auch weiter nicht dergleichen = blieb gelassen, machte kein Aufheben davon. Z. 38: daselbst = dort. Z. 41: nach seiner Art = nach seiner Gewohnheit. Z. 54: nach einem kleinen Raum = nach kurzer Zeit.

Gliederung

A Wie der Herr seine Jünger lehrte (Z. 1—12)

B Das Exempel

I Der Herr fordert Petrus vergeblich auf, ein altes Hufeisen aufzuheben (Z. 13—30).

II Er hebt selbst das Eisen auf, verkauft es und bekommt für das Geld Kirschen (Z. 31—42).

III Er läßt die Kirschen einzeln fallen und veranlaßt Petrus stillschweigend, sich oftmals nach ihnen zu bücken (Z. 43—59).

C Petrus wird eine Lehre erteilt, die auch für den Leser gilt (Z. 60—64).

Die Handlung ist in sich gerundet und auf drei oder vier Situationen zusammengezogen. Die beiden letzten Zeilen enthalten eine allgemein gültige Wahrheit, eine Sentenz, in der die erzieherische Absicht deutlich wird. — Christus erscheint als gütiger, patriarchalischer Wanderprediger, der stets als „Herr" benannt wird und es liebt, „seinen Hof zu halten auf der Straßen".

Sprache

Die Sprache wirkt in Syntax und Wortwahl altertümlich, was dem Legendencharakter zugute kommt. Der Erzählfluß wird von den weit ausschwingenden, über mehrere Zeilen sich erstreckenden Sätzen und von der breit ausgemalten Situationsschilderung getragen. Dazu paßt der Goethesche Vierheber mit freier Taktfüllung (Knittelvers). Die Zeilen haben durchweg nur zwei Tongipfel, die dem Sinngewicht entsprechend an verschiedenen Stellen liegen. Der Paarreim schafft kleine zweizeilige Klangeinheiten, die von der Syntax vielfach überspielt werden.

Balladencharakter

Goethes ‚Legende' hat gattungsmäßig einen reizvollen Mischcharakter und gehört zu der Gruppe der ‚legendenhaften' Balladen. — Die Legende entsprang aus der Heiligenverehrung des Mittelalters. Das Wort stammt aus der mlat. Kirchensprache und bezeichnete zunächst nur die Lesung aus der Lebens- und Leidensgeschichte der Heiligen im Gottesdienst und bei Klostermahlzeiten. Später wird die literarisch fixierte Heiligenvita so benannt. Sie wird getragen von der schlichten Gläubigkeit an die Heiligkeit der Helden, die oftmals bereits auf Erden durch Wunder bestätigt wird, und diente der Erbauung und Nacheiferung. Das Neue Testament inspirierte die Legendenautoren; daneben schöpfte man aus orientalischen Quellen und aus dem hellenistischen Roman, nahm auch mythische, Sagen- und Märchenmotive auf. Dargeboten wurde sie in der Form einer einfachen, kurzen Erzählung oder novellistisch und romanhaft kunstvoll ausgearbeitet. Zudem trat sie in balladesker Versform auf.

Gegen die Verdammung der Legende durch die Aufklärung stemmte sich der Sturm und Drang, vor allem Herder, der sie als kulturhistorische Dokumente und als Mittel zu moralisch-ethischer Belehrung betrachtete. Schiller vermerkt 1798 in einer Besprechung zu Goethes Hufeisenlegende: „Herder verfehlte den eigentümlichen Ton, strebte nach schwermütiger Empfindsamkeit und vergaß, daß eine gutmütige Naivität der wahre Charakter der Legende ist“[26]. Diesen Ton hat Goethe durchaus getroffen, wobei er sich an den der Petruslegenden des Hans Sachs anlehnte.

Das Gedicht hat „eine bürgerlich-treuliche, feste und schlichte Form, die an das bürgerliche Spätmittelalter anklingt. Wie in mittelalterlichen Legendendichtungen ist auch hier das Gemüthaft-Humorvolle mit dem Heiligen vereinbar“[27]. Das Lehrhafte erscheint im Gewande des Humors und wird daher um so bereitwilliger aufgenommen. Das Epische herrscht eindeutig vor; ebenso das Erbauliche und Volkstümliche. Wir können Goethes ‚Legende‘ der Kategorie der Erzählgedichte zuordnen.

Aufgaben

1. Gliedere die „Legende“ und beachte dabei Einleitung und Schluß, von denen die Handlung eingerahmt wird!
2. Welche Lehre wird zum Schluß dem Petrus und damit auch dem Leser erteilt? Beachte dabei den Humor, mit dem das geschieht!
3. Welchen Eindruck machen Wortwahl, Satzbau und Erzählfluß?
4. Welche Versform hat Goethe gewählt? Paßt sie zur Erzählform der Ballade?

Vertonung

Martin Plüddemann (1854).

Schallplatte

Elektrola E 40 994 — Sprecher: Mathias Wieman.

Johann Wolfgang Goethe

Der Zauberlehrling

I Hat der alte Hexenmeister
Sich doch einmal wegbegeben!
Und nun sollen seine Geister
Auch nach meinem Willen leben!
Seine Wort' und Werke
Merkt' ich und den Brauch,
Und mit Geistesstärke
Tu ich Wunder auch.

Walle! walle
Manche Strecke,
Das zum Zwecke
Wasser fließe,
Und mit reichem, vollem Schwalle
Zu dem Bade sich ergieße!

II Und nun komm, du alter Besen!
Nimm die schlechten Lumpenhüllen!
Bist schon lange Knecht gewesen;
Nun erfülle meinen Willen!
Auf zwei Beinen stehe,
Oben sei ein Kopf,
Eile nun und gehe
Mit dem Wassertopf!

Walle! walle
Manche Strecke,
Daß zum Zwecke
Wasser fließe,
Und mit reichem, vollem Schwalle
Zu dem Bade sich ergieße!

III Seht, er läuft zum Ufer nieder;
Wahrlich! ist schon an dem Flusse,
Und mit Blitzesschnelle wieder
Ist er hier mit raschem Gusse.
Schon zum zweiten Male!
Wie das Becken schwillt!
Wie sich jede Schale
Voll mit Wasser füllt!

Stehe! stehe!
Denn wir haben
Deiner Gaben
Vollgemessen! —
Ach, ich merk' es! Wehe! wehe!
Hab' ich doch das Wort vergessen!

IV Ach, das Wort, worauf am Ende
Er das wird, was er gewesen.
Ach, er läuft und bringt behende!
Wärst du doch der alte Besen!
Immer neue Güsse
Bringt er schnell herein,
Ach! und hundert Flüsse
Stürzen auf mich ein.

Nein, nicht länger
Kann ich's lassen;
Will ihn fassen.
Das ist Tücke!
Ach! nun wird mir immer bänger!
Welche Miene! welche Blicke!

V O, du Ausgeburt der Hölle!
Soll das ganze Haus ersaufen?
Seh' ich über jede Schwelle
Doch schon Wasserströme laufen.
Ein verruchter Besen,
Der nicht hören will!
Stock, der du gewesen,
Steh doch wieder still!

Willst's am Ende
Gar nicht lassen?
Will dich fassen,
Will dich halten,
Und das alte Holz behende
Mit dem scharfen Beile spalten.

VI Seht, da kommt er schleppend wieder!
Wie ich mich nun auf dich werfe,
Gleich, o Kobold, liegst du nieder;
Krachend trifft die glatte Schärfe!
Wahrlich, brav getroffen!
Seht, er ist entzwei!
Und nun kann ich hoffen,
Und ich atme frei!

Wehe! wehe!
Beide Teile
Stehn in Eile
Schon als Knechte
Völlig fertig in die Höhe!
Helft mir, ach! ihr hohen Mächte!

VII Und sie laufen! naß und nässer
Wird's im Saal und auf den Stufen.
Welch entsetzliches Gewässer!
Herr und Meister! hör' mich rufen! —
Ach, da kommt der Meister!
Herr, die Not ist groß!

Die ich rief, die Geister,
Werd' ich nun nicht los.

„In die Ecke,
Besen! Besen!
Seid's gewesen!
Denn als Geister
Ruft euch nur zu seinem Zwecke
Erst hervor der alte Meister.“

Nach der antiken Quelle „Der Lügenfreund oder der Ungläubige“ des Lucian von Samosata entstand „Der Zauberlehrling“ im Juli 1797 in Weimar und wurde in Schillers „Musenalmanach für das Jahr 1798“ veröffentlicht.

Die Stelle, welche Goethe in der Übersetzung Wielands benutzte, lautet:

„Endlich fand ich doch einmal Gelegenheit, mich in einem dunkeln Winkel verborgen zu halten und die Zauberformel, die er dazu gebrauchte, aufzuschnappen, indem sie nur aus drei Silben bestand. Er ging darauf, ohne mich gewahr zu werden, auf den Marktplatz, nachdem er dem Stößel befohlen hatte, was zu tun sei. Den folgenden Tag, da er geschäftehalber ausgegangen war, nehm' ich den Stößel, kleide ihn an, spreche die besagten drei Silben und befehle ihm, Wasser zu holen. Sogleich bringt er mir einen großen Krug voll. Gut, sprach ich, ich brauche kein Wasser mehr, werde wieder zum Stößel! Aber er kehrte sich nicht an meine Reden, sondern fuhr fort, Wasser zu tragen, und trug so lange, daß endlich das ganze Haus damit angefüllt war. Mir fing an, bange zu werden, Pankrates, wenn er zurückkäme, möcht' es übelnehmen — wie es dann auch geschah —, und weil ich mir nicht anders zu helfen wußte, nahm ich eine Axt und hieb den Stößel mitten entzwei. Aber da hatte ich es übel getroffen; denn nun packte jede Hälfte einen Krug an und holte Wasser, so daß ich für einen Wasserträger nun ihrer zwei hatte. Inmittelst kommt mein Pankrates zurück, und wie er sieht, was passiert war, gibt er ihnen ihre vorige Gestalt wieder; er selbst aber machte sich heimlich aus dem Staube, und ich habe ihn nie wieder gesehen“[28].

Handlungsgang und Erzählperspektive werden von Goethe der Vorlage entnommen. Bereits bei Lucian erzählt ein Schüler, wie er seinem Lehrer die Zauberformel ablauscht, diese an einer Mörserkeule erfolgreich erprobt, aber bei der Entzauberung versagt. Der Gewaltakt führt nicht zur Zerstörung, sondern zu doppeltem Effekt. Erst der Meister vermag die Magie zu brechen und den alten Zustand wiederherzustellen.

Der Vergleich mit der Vorlage ist reizvoll, wird jedoch erst fruchtbar am Ende der Besprechung, die am besten auf dem Wege des Einlesens durchgeführt wird. Die Schüler können sich in die Lage des Lehrlings versetzen, der in ihrem Alter steht und in dessen Mund — bis auf die zweite Hälfte der letzten Strophe — das ganze Gedicht gelegt ist. So kann die von Schiller hervorgehobene „unaufhörliche, leidenschaftliche Bewegung“[29] erspürt werden, die in Versmaß, Rhythmus und abwechslungsreichem Strophenbau zu fassen ist. Schwieriger ist es, die Einheit von Bild- und Sprachgestaltung deutlich zu machen, und am schwierigsten, die pointierte und in der Komik distanzgewinnende Sprache des Zauberlehrlings, die in Wort und Tun zum Ausdruck kommt und das ganze Gedicht durchzieht, herauszuarbeiten.

Analyse der einzelnen Strophen

I. Die Überheblichkeit und der wichtigtuerische Ernst sind an Wortwahl und Betonung abzulesen; der bewegte Rhythmus kann an der Tafel in Wellenlinien festgehalten werden.

Strophenschema:

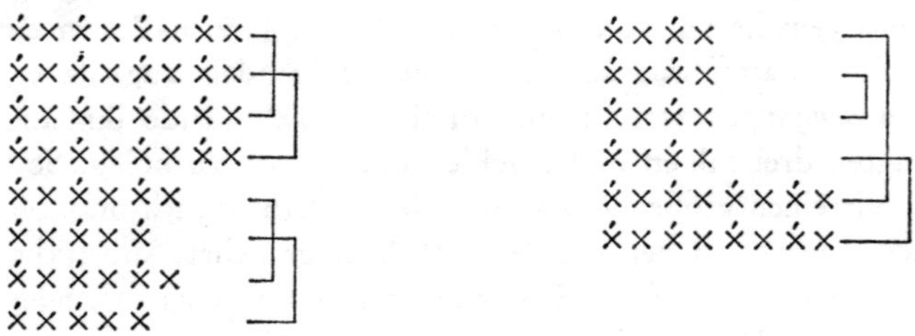

Der Monolog setzt selbstbewußt und frisch entschlossen ein. Der Rhythmus steht auf trochäischem Grundgerüst, wird jedoch durch starke Heraushebungen und daraus erfolgenden Akzentversetzungen variiert, so daß keine Leierei entsteht. Die Beschwörungszeilen kommen langsam — gleichmäßig mit dunkler Stimme, bei I zunächst unsicher memorierend, in II „feierlich — wirksam“[30]), jeweils aus der Sprechsituation heraus.

Die durch Alliteration herausgehobene Wendung „Wort und Werke“ ist wichtig, da durch das „Wort“ als Zauberformel das „Werk“ bewirkt wird (Verknüpfung mit III, 14 und IV, 1, wo jeweilig „Wort“ wiederholt wird).

II. Entschlossen wird der Plan verwirklicht in forciert kraftvollem und flottem Sprechtempo. Höhepunkt der selbstgefälligen Anmaßung: Der Lehrling fühlt sich als Herr, der den „Diener“ mit beleidigendem Hinweis auf sein Alter, seine Armut und seine Knechtstellung von oben herab behandelt. Eine genaue Verhaltensanweisung geht der Beschwörungsformel voraus.

III. Höhepunkt des Machtrausches, Freude am schnellen Gelingen. Das auffordernde „Seht" wird erst voll beim Vortrag wirksam, wenn sich der Vortragende als Zauberlehrling an seine Zuhörer wendet. Ausrufsätze beschleunigen den Sprechfluß und erhöhen die Stimmlage. Der Umschlag erfolgt in der 2. Strophenhälfte, zunächst noch imperativisch im zweifachen „Stehe!" mit erklärender Begründung, dann aber mit „Ach" und doppeltem „Wehe!" hilflos in Angst und Ausweglosigkeit versinkend.

IV. 1—8 vertiefen die Gefühlslage von III, 9—14 mit dreifachem „Ach" und vergeblichem Wünschen (Konj. II). In der zweiten Hälfte faßt der Junge neuen Mut, jedoch gemischt mit Angst und Bangen. Nicht länger kann er das Tun des dienstbeflissenen Besens zulassen (= „lassen"), da bereits durch die beständigen Güsse „hundert Flüsse" entstanden. Auf das sich ermannende „will ihn fassen" folgt der furchterregende Eindruck: „Welche Miene, welche Blicke!", als ob der verwandelte Besen sein Vorhaben bemerkt hätte. So erscheint es in den Augen des Lehrlings, der nun statt des willfährigen Sklaven einen arglistigen Dämon vor sich sieht, der ihm böse Streiche spielt (Tücke = böser Streich — nach Kluge). Die Ausrufzeichen sind in IV und V nicht mehr wie zuvor Zeichen des Befehls und des Erstaunens, sondern des Entsetzens, der hilflosen Abwehr, der Angst und Verzweiflung.

V. Hilfloses und nutzloses Geschimpfe und Gefluche, das mit direkter Anrede in der 2. Person erfolgt! Die Erregung ist an der Wortwahl und an den Satzzeichen zu erkennen. Der alte Besen ist ein „verruchter", die „Güsse" und „Flüsse" sind zu „Wasserströmen" geworden. Das zweifache „will" zeigt die wütende Entschlossenheit; der Plan zielt nun auf völlige Vernichtung. Die Sprache ist erregt, schnell, sich fast überschlagend. Darauf verweisen auch die Satzzeichen, drei Ausruf- und zwei Fragezeichen, die gleichfalls als Ausrufe zu werten sind.

VI. Gegensätzliche Strophenhälften wie in III, hier noch ausgeprägter. Angespannt lauernd und mit dem Mut der Verzweiflung wird die Tat durchgeführt. Den Höhepunkt bildet das lautmalerische „krachend", hervorgehoben durch starke Betonung. Danach folgt ein befreiendes Aufatmen und Selbstlob auf imaginärer Schaubühne: „Wahrlich, brav getroffen!" Diese Selbstgefälligkeit wird jäh zunichte. Das verzweiflungsvolle „Wehe, wehe!" markiert den unerwarteten Mißerfolg. Diese Selbstbefreiung ist völlig mißglückt. Es bleibt nur noch die Anrufung der „hohen Mächte"; der Überhebliche ist nun endgültig der Bittende und Hilfesuchende geworden. — Der Gegensatz in den beiden Strophenhälften wird im Rhythmus hörbar.

VII. Die letzte Strophe ist die vielfältigste: Zunächst weitere Ausmalung der Situation, die abschließt mit „Welch entsetzliches Gewässer!"

Hilferuf an den „Herrn und Meister", der zuvor respektlos der „alte Hexenmeister" genannt wurde, und Eingeständnis des Versagens in der vielzitierten und verallgemeinerten Sentenz: „Die ich rief, die Geister, werd' ich nun nicht los." Mit fester, tiefer Stimme spricht der „alte Meister" die Lösungsformel und zeigt damit das echte Machtverhältnis aus berufenem Munde.

Eine Betrachtung der Form läßt im Vergleich mit der nüchtern-prosaischen Vorlage die meisterhafte Gestaltung erkennen: Strophenbau (zwei Hälften, die wiederum durch unterschiedliche Länge der Verszeilen in zwei Teile gegliedert sind), trochäisches Grundmaß mit starker Betonungsvariation, lebendiger Rhythmus, der jeweiligen Situation angepaßt, Alliteration und Assonanz, Wechsel in Endreim und Kadenzen, Wort- und Bildwahl.

Balladencharakter

Der Zauber verbindet dieses Gedicht mit den magischen Balladen, dem „Fischer" und dem „Erlkönig". Jedoch ist von ihm nur der Adept betroffen, nicht der Meister, der die Zauberformel beherrscht. Die Magie ist nicht mehr so allumfassend und tiefgreifend wie in den früheren Balladen Goethes. Der „Meister" kann ihr mit seiner „Geistesstärke" begegnen, sie sogar in seinen Dienst stellen[31]. Komik und Humor gewinnen Raum und mit ihnen das Lächeln, welches das Erschauern verjagt. Die Komik entsteht durch das Mißverständnis von Vorhaben und Können, Anspruch und Unbefugtheit, Machtrausch und Versagen, Selbstlob und kläglichem Hilfegeschrei.

„Die Worte des aufgeregten Monologs sind immer etwas gescheiter, als der Lehrling ist"[32] — das gilt auch für den würdevoll-gemessenen Sprechton der Beschwörungsformel, der zu einem Jungen nicht paßt. Die harmlose Auflösung des Magischen löst beim Zuhörer Heiterkeit aus. Goethe dachte beim Schreiben der Balladen aus dieser Zeit an das Vorlesen im geselligen Kreis[33]. Schiller schrieb ihm am 23. Juli 1797: „Den Zauberlehrling habe ich an meinen Stuttgarter Komponisten geschickt, mir dünkt, daß er sich vortrefflich zu einer heiteren Melodie qualifiziert, [...]".

Der Schluß des „Zauberlehrlings" ist wie beim „Schatzgräber" sentenzhaft formuliert — eine Sentenz, in der die Idee der Ballade ihren Ausdruck findet. Dadurch nähert sich dieses Gedicht wie der „Schatzgräber" dem Lehrgedicht. Wolfgang Kayser hat es als Ich-Erzählung einer Rollengestalt bezeichnet und unter die Ideenballaden gestellt[34].

Aufgaben[35]

1. Wie nennt der Lehrling im Verlauf der Ballade den Besen? Was erkennt man daran? (Alter Besen — Knecht(e) — Kobold — Ausgeburt der Hölle — verruchter Besen — Stock — das alte Holz — Kobold der Geister).
2. Weise nach, wie sich in den verschiedenen von ihm gebrauchten Ausdrücken jeweils der Seelenzustand des Zauberlehrlings verrät.
3. Wie ändert sich Wortwahl, Satzbau und Rhythmus mit der Situation? Wie wird das Ausrufezeichen gebraucht (als Zeichen des Befehls, der Beschwörung, des Erstaunens, des Ausrufs, der Angst und der Verzweiflung)?
4. Wodurch entsteht Komik und damit Distanz vom magischen Erschauern?

Vertonungen

Loewe, Tondichtungen von Dukas und Fauré.

Schallplatten

Polyglott Nr. D 12882 0, Sprecher: Albin Skoda.
Decca DSF 13506, Sprecher: Friedrich Kayssler.

Johann Wolfgang Goethe

Der Totentanz

I Der Türmer, der schaut zu Mitten der Nacht
Hinab auf die Gräber in Lage;
Der Mond, der hat alles ins Helle gebracht;
Der Kirchhof, er liegt wie am Tage.
Da regt sich ein Grab und ein anderes dann:
Sie kommen hervor, ein Weib da, ein Mann,
In weißen und schleppenden Hemden.

II Das reckt nun, es will sich ergetzen sogleich,
Die Knöchel zur Runde, zum Kranze,
So arm und so jung, und so alt und so reich;
Doch hindern die Schleppen beim Tanze.
Und weil hier die Scham nun nicht weiter gebeut,
Sie schütteln sich alle, da liegen zerstreut
Die Hemdelein über den Hügeln.

III Nun hebt sich der Schenkel, nun wackelt das Bein,
Gebärden da gibt es vertrackte;
Dann klippert's und klappert's mitunter hinein,
Als schlüg' man die Hölzlein zum Takte.
Das kommt nun dem Türmer so lächerlich vor;
Da raunt ihm der Schalk, der Versucher, ins Ohr:
Geh! hole dir einen der Laken.

IV Getan wie gedacht! und er flüchtet sich schnell
Nun hinter geheiligte Türen.
Der Mond, und noch immer er scheinet so hell
Zum Tanz, den sie schauderlich führen.
Doch endlich verlieret sich dieser und der,
Schleicht eins nach dem andern gekleidet einher,
Und, husch, ist es unter dem Rasen.

V Nur einer, der trippelt und stolpert zuletzt
Und tappet und grapst an den Grüften;
Da hat kein Geselle so schwer ihn verletzt,
Er wittert das Tuch in den Lüften.
Er rüttelt die Turmtür, sie schlägt ihn zurück,
Geziert und gesegnet, dem Türmer zum Glück,
Sie blinkt von metallenen Kreuzen.

VI Das Hemd muß er haben, da rastet er nicht,
Da gilt auch kein langes Besinnen,
Den gotischen Zierat ergreift nun der Wicht
Und klettert von Zinne zu Zinnen.
Nun ist's um den armen, den Türmer getan!
Es ruckt sich von Schnörkel zu Schnörkel hinan,
Langbeinigen Spinnen vergleichbar.

VII Der Türmer erbleichet, der Türmer erbebt,
Gern gäb er ihn wieder, den Laken.
Da häkelt — jetzt hat er am längsten gelebt —
Den Zipfel ein eiserner Zacken.
Schon trübet der Mond sich verschwindenden Scheins,
Die Glocke, sie donnert ein mächtiges Eins,
Und unten zerschellt das Gerippe.

Auf der Reise nach Teplitz entstand 1813 die obige Ballade zusammen mit ‚Der getreue Eckart' und ‚Die wandelnde Glocke'. Das Motiv des Totentanzes ist alt wie das der Wegnahme des Sterbelakens oder Totenhemdes, um damit Macht über ein dämonisches Wesen zu erlangen. „Die Ausgestaltung im einzelnen, vielleicht auch die Verbindung beider Motive, ist goethesch“[36].

Methodisch ist das nachgestaltende Lesen zu empfehlen, wobei die virtuose Form und die groteske Handlung zusammengesehen werden müssen.

Analyse der Strophen

I. Die Atmosphäre der Spukgeschichte wird eingangs gegeben: Mitternächtliche Geisterstunde und Kirchhof. Vom Mondschein erhellt, werden die „sich regenden Gräber“ in den wohlgeordneten Reihen (= Lage) vom Türmer wahrgenommen. Aus seiner Perspektive wird das Geschehen vom Dichter gesehen und somit in Distanz gehalten; Türmer und Mond werden durch abgesetzte Voranstellung (absoluter Satzbau) herausgehoben (vgl. III, 2 — IV, 3 — IV, 4 — VII, 6). Die dritte, vierte und siebte Zeile haben helle Vokalfärbung, ihrem Inhalt entsprechend. — Der Strophenbau ist mit sieben Zeilen ungewöhnlich. Die magische Siebenzahl mag der Anlaß gewesen sein (7 Strophen zu je 7 Zeilen). Die ersten vier Verszeilen stehen im Kreuzreim, wechseln zwischen vier und drei Hebungen und setzen einen deutlichen syntaktischen Einschnitt. Es folgt ein viertaktiger Paarreim, dem eine reimlose Zeile angehängt ist. So gibt der aufgelockerte Strophenbau den geeigneten Rahmen für den tänzerisch bewegten Rhythmus (Daktylen, nur in der ersten Zeile ist ein Trochäus eingeschoben: „schaut zu“).

II. Die zuvor noch Weib und Mann waren (I, 6), werden jetzt zu Neutra, zu „das“ und „es“ (II, 1), zu bloßen Knöcheln, so daß die Folgerung in II, 5 fast überflüssig erscheint. Soziale Stellung und Altersunterschiede sind verwischt. Der Tanzkreis wird im Satzbau der beiden ersten Zeilen nachgeahmt, Vokale, Konsonanten und die Diminutivform „Hemdelein“ malen — vereint mit dem Daktylus — ein „liebenswürdiges, fast neckisches Bild unschuldiger Freude“[37].

III. Die Lautmalerei beherrscht die dritte Strophe. Bild, Klang und Rhythmus lassen einen grotesken „Totentanz“ entstehen, in dessen Takt die Gerippe sich in „vertrackten“ Gebärden drehen. Die konsonantische Geräuschkulisse verwirklicht den Vergleich in III, 4 — in den ersten vier Zeilen stehen mehr als doppelt soviel Konsonanten wie Vokale. Wir haben Verständnis für die Versuchung des Türmers, die eindringlich in direkter Rede mit betontem Zeilenanfang erfolgt.

IV. Daß wir es nicht mit einem dämonischen Versucher zu tun haben, der von außen an ihn herantritt, zeigt der Anfang der nächsten Strophe, die elliptische Feststellung: „Getan wie gedacht!“ Der Versucher ist sein eigener Gedanke, der „Schalk“ sein Übermut. Die Hast der Ausführung verrät das Unerlaubte des Tuns. Welchen Schutz die „geheiligten Türen“ gewähren, wird in V, 5—7 berichtet.

V. 4. VI. Auch die fünfte Strophe wird von der Lautmalerei geprägt. Eifrig müht sich der nackte „Geselle“, sein Laken wiederzubekommen, denn nach dem „Gesetz der Teufel und Gespenster“ muß er so ins Grab zurück, wie er aus ihm herausstieg. Die Bewegung ist nun umgekehrt: Der Tote greift in den Bereich des Lebenden. Das wird angsterregend in dem Vergleich mit den „langbeinigen Spinnen“ geschildert. Die Sicherheit des Türmers wird trügerisch. Doch ist kaum anzunehmen, daß ein „Wicht“ den Türmer ernstlich gefährden kann, obgleich zweimal sein grausiges Ende verkündet wird (VI, 5 und VII, 3) — was als bloßes Spannungsmoment zu werten ist.

VII. Der hilflose Wärter bietet in seiner kläglichen Angst ein komisches Bild. Er erwartet eine Bestrafung für seine kecke Tat. Zwar wirft er sein Diebesgut herab, das jedoch nicht den Eigentümer erreicht, da es von einem eisernen Zacken des Turmes aufgefangen wird. Die Szenerie verdunkelt sich (VII, 5), die Spannung erreicht ihren Höhepunkt. Der Spuk wird in knappem, pointiertem Abschluß durch die Glocke beendet.

Balladencharakter

Der Zugang erscheint leicht, doch bleibt eine seltsame Hintergründigkeit. „Hier liegt das Geheimnis dieser Sprache und ihrer bewußten Meisterschaft; und indem man ihm nachgeht, wird das Wohlbekannte und Einfache ein Köstliches, Geheimnisvolles, das einen Zauber ausübt[...]“[38] Es ist abwegig, bei den Gespenstern von Dämonie und bei dem Türmer von Hybris zu sprechen. Goethe hat in dem Begleitschreiben zu den anfangs genannten Balladen von „Späßen“ gesprochen, die im geselligen Kreise vorgelesen wurden. „Die Stimmung ist aufklärerisch, ohne sich zu verraten — sie läßt mit Behagen dem Grauen weiten Raum“[39].

Zu der Wandlung Goethes in seinem Verhältnis zum Dämonischen und ihrer Auswirkung in seinen Balladen sagt Muschg: „Seit der Rückkehr aus Italien fühlte sich Goethe gerettet, von der Angst befreit. Die dämonischen Motive verblaßten in seinen klassischen Balladen zu dekorativem Zierat. Der Besen im ‚Zauberlehrling', die wandelnde Glocke, die unholden Schwestern im ‚Getreuen Eckart', die Gespenster im ‚Totentanz' sind keine gefährlichen Spukwesen mehr. Auch der Vampir in der ‚Braut von Korinth' besitzt eine klare Körperlichkeit, die verrät, daß jetzt auch der Dämon der Liebe entzaubert ist"[40].

Aufgaben

1. Wie kommt der Türmer zu seinem verfänglichen Unternehmen, das ihn in arge Bedrängnis bringt? Wodurch wird er gerettet?
2. Mit welchen Mitteln ist die Geisterstunde auf dem Friedhof gestaltet? Wie wirkt es?
3. Was läßt sich zu Strophenbau der Metrik sagen? Wozu dient der daktylische Rhythmus?[41]

Vertonung

Karl Friedrich Zelter (1815).
G. Riemenschneider, Orchesterwerk.
Ein Gesamtverzeichnis der Goethe-Vertonungen stellte W. Schuh zusammen: Artemis-Verlag, Zürich[2] 1953.

Schallplatten

Deutsche Balladen, Elektrola (ASD) FL 9918 (zus. mit: Der König in Thule, Zauberlehrling, Erlkönig, Der Fischer), Sprecher: Eric W. Bauer und Brigitt Schaidnagl.
Polyglott D 7 K 934, Sprecher: Klaus Kinski.

Friedrich Schiller

Der Handschuh

I Vor seinem Löwengarten,
Das Kampfspiel zu erwarten,
Saß König Franz,
Und um ihn die Großen der Krone,
Und rings auf hohem Balkone
Die Damen in schönem Kranz.

II Und wie er winkt mit dem Finger,
Auf tut sich der weite Zwinger,
Und hinein mit bedächtigem Schritt
Ein Löwe tritt,
Und sieht sich stumm
Rings um,
Mit langem Gähnen,
Und schüttelt die Mähnen,
Und streckt die Glieder,
Und legt sich nieder.

III Und der König winkt wieder,
Da öffnet sich behend
Ein zweites Tor,
Daraus rennt
Mit wildem Sprunge
Ein Tiger hervor.
Wie er den Löwen erschaut,
Brüllt er laut,
Schlägt mit dem Schweif
Einen furchtbaren Reif,
Und recket die Zunge,
Und im Kreise scheu
Umgeht er den Leu
Grimmig schnurrend;
Drauf streckt er sich murrend
Zur Seite nieder.

IV Und der König winkt wieder,
Da speit das doppelt geöffnete Haus
Zwei Leoparden auf einmal aus,
Die stürzen mit mutiger Kampfbegier
Auf das Tigertier,
Das packt sie mit seinen grimmigen Tatzen,
Und der Leu mit Gebrüll
Richtet sich auf, da wirds still,
Und herum im Kreis,
Von Mordsucht heiß,
Lagern die greulichen Katzen.

V Da fällt von des Altans Rand
Ein Handschuh von schöner Hand
Zwischen den Tiger und den Leun
Mitten hinein.

VI Und zu Ritter Delorges spottenderweis
Wendet sich Fräulein Kunigund:
„Herr Ritter, ist Eure Lieb so heiß,
Wie Ihr mirs schwört zu jeder Stund,
Ei, so hebt mir den Handschuh auf.“

VII Und der Ritter in schnellem Lauf
Steigt hinab in den furchtbarn Zwinger
Mit festem Schritte,
Und aus der Ungeheuer Mitte
Nimmt er den Handschuh mit keckem Finger.

VIII Und mit Erstaunen und mit Grauen
Sehens die Ritter und Edelfrauen,
Und gelassen bringt er den Handschuh zurück.
Da schallt ihm sein Lob aus jedem Munde,
Aber mit zärtlichem Liebesblick —
Er verheißt ihm sein nahes Glück —
Empfängt ihn Fräulein Kunigunde.
Und er wirft ihr den Handschuh ins Gesicht:
„Den Dank, Dame, begehr ich nicht“,
Und verläßt sie zur selben Stunde.

Am 17. 12. 1795 schrieb Schiller an Goethe bei dem Gedankenaustausch über den ‚Wilhelm Meister‘: „Wie beneide ich Sie um Ihre jetzige poetische Stimmung, die es Ihnen erlaubt, recht in Ihrem Roman zu leben. Ich habe mich lange nicht so prosaisch gefühlt, als in diesen Tagen, und es ist hohe Zeit, daß ich für eine Weile die philosophische Bude schließe. Das Herz schmachtet nach einem betastlichen Objekt“. Diese „betastlichen Objekte“ werden für ihn zunächst seine Balladen, nachdem die ‚Xenien‘ den dichterischen Drang nicht befriedigen konnten. Goethe ging bereitwillig auf die Vorschläge seines Freundes ein: „Nach dem tollen Wagestück mit den Xenien müssen wir uns bloß großer und würdiger Kunstwerke befleißigen und unsere proteische Natur, zur Beschämung aller Gegner, in die Gestalten des Edlen und Guten umwandeln“ (15. 11. 1796). In Gesprächen und Briefen regten sich Goethe und Schiller in den Jahren 1797/98 wechselseitig zu einem reichen Balladenschaffen an, dessen Ergebnisse in dem von Schiller herausgegebenen ‚Musenalmanach‘ veröffentlicht wurden. In rascher Folge schrieben beide eine große Anzahl ihrer bekannten Balladen, Goethe: Der Schatzgräber, Legende, Die Braut von Korinth, Der Gott und die Bajadere, Der Zauberlehrling, und Schiller: Der Taucher, Der Handschuh, Der Ring des Polykrates,

Ritter Toggenburg, Die Kraniche des Ibykus, Der Gang nach dem Eisenhammer, Der Kampf mit dem Drachen und Die Bürgschaft.

Am 19. Juni 1797 beendet Schiller den ‚Handschuh', den er in einem Brief an Goethe als ‚kleines Nachstück zum Taucher' bezeichnet. Im gleichen Brief (18. 6. 1797) nennt er auch seine Quelle für den Stoff dieser Ballade, nämlich: „Saint Foix, Essais historiques sur Paris, Londres 1754/55".

Handlungsführung

Die Handlungsführung ist einfacher und geradliniger als in anderen Balladen Schillers. Die erste Strophe zeichnet im Praeteritum mit wenigen Strichen die Eingangssituation, den Ort und die höfische Gesellschaft. Statt des erwarteten Kampfspiels erfolgt im ersten Abschnitt des Hauptteils eine langgedehnte Beschreibung des Verhaltens und Wesens von einem Löwen, einem Tiger und zwei Leoparden in anschaulicher Vergegenwärtigung. Die eigentliche Handlung setzt erst spät ein und bringt in vier Strophen ein ‚Kampfspiel' ganz anderer Art, als es der Anfang erwarten ließ. Mit einer überraschenden Wendung endet dieses Schauspiel, dessen Abschnitte sich überschreiben lassen:

1. Die höfische Gesellschaft in Erwartung eines Spektakels
2. Die gefährlichen Katzen in gebändigter Kampfgier
3. Kokette Herausforderung
4. Der Gang in den Zwinger
5. Lockender Liebeslohn
6. Überraschende Bestrafung

Metrik und Sprache

Wichtig ist bei dieser Ballade die Erfassung von Wort, Satzbau, Rhythmus und Klang. Die virtuos gestaltete Sprache will komödiantisch gelesen werden, was zufriedenstellend nur ein geschulter Sprecher leisten kann. Daher ist die Einlesemethode zu empfehlen und eine Schallplatte an den Schluß zu stellen.

Ein „distanziert-spielerischer Ton herrscht von Anfang an trotz der Nähe zum Objekt vor"[1]. Ein langer Satz umfaßt die erste Strophe, der jedoch nicht in seinem Bau als gespannt empfunden wird, da er aus kleinen Einheiten besteht, die jeweilig eine Verszeile belegen. Die versetzten Satzteile der ersten drei Zeilen laufen auf den ‚König Franz' zu, der herausgehoben am Ende der dritten Zeile, ungefähr in der Mitte der Strophe steht und somit auch syntaktisch den Mittelpunkt der entworfenen Szenerie bildet. Die Löwen werden durch „-garten" und der Kampf durch „-spiel" abgeschwächt, so daß sich nicht der Eindruck eines blutigen Kampfes einstellen will, zumal die drei nächsten Zeilen das

Dekorative des Bildes verstärken. Die höfische Gesellschaft mit den Großen des Reiches und den schönen Damen, die ihren König umrahmen, ist bänkelsängerisch erfaßt. Und es stört kaum, daß auch die beiden im Plural stehenden Subjekte in I, 4 und 6 auf „saß" zu beziehen sind. Die Vokalkombination ö-a in „Löwengarten — König Franz — in schönem Kranz" schafft klanglich eine Verbindung zwischen den drei Bereichen und weitet den bildhaften Vergleich. „In den betonten Silben dominieren die hellen Vordervokale (i, ei, ü, ö, e, äu) durchaus", so daß „ein für die Ballade typisches, oft auch rhythmisch akzentuiertes Vokalgefälle hell-dunkel oder dunkel-hell entsteht, das sich in den häufigen zweihebigen Kurzversen oft zu einer Art lautlichem Leitmotiv verdichtet"[2].

Die metrisch-rhythmische Struktur der drei abwechslungsreich gebauten Tierstrophen ist meisterhaft gelungen. Die 10-zeilige Löwenstrophe beginnt stockend und läuft dann gleichmäßig-monoton dahin, wobei die zahlreichen „Und" skandierende Hilfestellung leisten. Die unterschiedlich langen Verszeilen sind durch Paarreim gebündelt, syntaktisch variiert und von einem behäbig-beweglichen Rhythmus durchpulst, der durchaus dem Verhalten des gravitätisch-schläfrigen Löwen angemessen ist.

Es folgt die 16-zeilige Tigerstrophe mit hektisch-keuchender Bewegung und unregelmäßigen, teils kreuz-, teils paarweisen, teils weitbogig umspannenden Reimbindungen. Rhythmisch gliedert sie sich in drei Abschnitte, den drei Phasen im Verhalten des Tigers entsprechend: sein schwungvoller Auftritt (Z. 2—6), seine Wut beim Anblick des Löwen (Z. 7—11) und sein grimmiges Ausweichen (Z.12—16). Der erste Abschnitt ließe sich syntaktisch und sinngemäß auf zwei Zeilen zusammenziehen:

Da öffnet sich behend / ein zweites Tor,
Daraus rennt / mit wildem Sprunge / ein Tiger hervor.

Das wäre einer „Erzählung" angemessen, würde aber die Situation und das Verhalten des Tieres bei weitem nicht so wirkungsvoll gestalten wie in der von Schiller vorgelegten Aufteilung[3].

Mit neuen Effekten wartet die 11-zeilige Leopardenstrophe auf in einer Variationsbreite von 4—11 Silben pro Zeile und einem rhythmischen Gefälle vom Furioso bis zum Ritardando. Im Endreim der ersten Zeile ist sie eng mit der vorhergehenden Strophe verbunden wie diese ihrerseits mit der ersten, so daß die drei Tierstrophen eine Einheit bilden und sich deutlich von der einleitenden und den folgenden des zweiten Teils der Ballade abheben.

Man erwartet nach dieser breit ausgemalten und mit retardierender Spannung durchzogenen Menagerie-Szene das in der zweiten Zeile angekündigte Kampfspiel. Statt dessen geschieht etwas Lächerlich-Banales:

Ein Handschuh fällt aus „schöner Hand" zwischen die Raubtiere „mitten hinein". Das wird mit leichter Hand, fast tänzelnd berichtet und wirkungsvoll durch die verkürzte Schlußzeile mit ihren hellen Vokalen abgeschlossen. Die spöttische Aufforderung des Fräuleins Kunigunde — ein in Bänkelsang und Parodie häufiger Name für adlige Frauen — platzt völlig deplaziert in die höfische Gesellschaft, an deren Spitze sich ein König befindet. Wir können die Situation nur komisch empfinden und gewinnen nicht den Eindruck, daß dieses eitle Geschöpf ihren Ritter tatsächlich zu den Bestien schicken will. In „spottender Weis' " wendet sie sich an ihren Ritter — so steht es ausdrücklich im Text. „Schiller macht es uns jedenfalls schwer, in dieser Aufforderung der Dame schon eine Versuchung des Menschen zu sehen, wie er sie überzeugend im ‚Taucher' dargestellt hat"[4]. Aber sie will ihn öffentlich bloßstellen oder zumindest ihr leichtfertiges Spiel mit ihm treiben.

Die fatale Szene wird von Delorges mit erstaunlicher Leichtigkeit gelöst. Die Forderung: „. . . hebt mir den Handschuh auf" wird prompt „in schnellem Lauf" erfüllt. Damit werden die beiden Strophen auch klanglich miteinander verbunden. Der „kecke Finger" steht in komischem Gegensatz zu den „Ungeheuern" im „furchtbaren Zwinger", und die kurze Zeile „Mit festem Schritte" bringt ähnlichen Effekt wie zuvor „mitten hinein".

Die Spannung ebbt in der letzten Strophe mit fast gleich langen Verszeilen ab. Die Sprache fließt im daktylisch-trochäischen Takt und mit wechselnden Kadenzen bewegt, aber nicht erregt dahin. Aus diesem getragenen Gleichmaß hebt sich wirkungsvoll das Stakkato der zweitletzten Zeile ab, mit dem die anekdotenhafte Schlußpointe herausgeschleudert wird. Auch hier wird die „Szene zum Tribunal", jedoch in burlesker Form, die zu der Zirkus-Szene paßt. Aber auch so wird die verletzte Ehre wiederhergestellt. Ritter Delorges demaskiert eine selbstgefällige Person der höfischen Gesellschaft, die ihn zum Spielzeug ihrer Eitelkeit herabwürdigen wollte. Und das geschieht in drastischer Weise, wie es dem bänkelsängerischen Gepräge der Ballade angemessen ist. Schiller hatte für den Erstdruck im „Musenalmanach" auf den Rat der Frau von Stein die Zeile „Und er wirft ihr den Handschuh ins Gesicht" abgemildert in: „Und der Ritter sich tief verbeugend spricht", die ursprüngliche Fassung später jedoch wiederhergestellt, ein Zeichen, daß er die schockartige Schlußpointe für den Duktus der Gesamtballade passender fand.

Die Ironie bildet ein wichtiges Strukturelement, verbindet die beiden Hälften und prägt den Charakter der gesamten Ballade, wie Piedmont überzeugend herausgestellt hat, wobei er sich auf eine Briefstelle Goethes stützt (21. 6. 1797): „Hier ist die ganz reine Tat, ohne Zweck oder vielmehr im umgekehrten Zweck, was so sonderbar wohlgefällt." „Daß Delorges in den Zwinger hinabsteigt, um den Lohn für diese wagemutige Tat auszuschlagen, daß er, statt Bewunderung zu empfangen, Verachtung austeilt, darin liegt die ironische Grundsituation dieser Ballade. Ironie bestimmt jedoch nicht nur das pointierte Ende, sondern durchzieht die Ballade von der ersten Zeile an im Hinblick sowohl auf den Aufbau wie auf den sprachlichen Ausdruck. Es werden von Anfang an Erwartungen wachgerufen, die sich nicht oder in ganz anderem Sinne erfüllen: Die gefährlichen Bestien treten nacheinander auf — aber es entwickelt sich kein eigentliches Kampfspiel. Der Ritter wagt den tollkühnen Gang in den Zwinger — aber er vollbringt sein Wagestück mit fast enttäuschender Selbstverständlichkeit. Alles rüstet sich zum höfischen Heldenfinale — doch statt dessen erlebt man einen Skandal"[5].

Balladencharakter

Schillers „Handschuh" findet in der Literaturhistorie eine recht unterschiedliche Beurteilung[6]. Es handle sich um eine höchst farbige und sehr wirkungsbedachte Erzählung (G. Storz), in welcher der „Anteil des Naiven im Schaffen eines sentimentalischen Dichters" deutlich werde (Irma Emmrich). Der Dichter bleibe hier ganz im Stofflichen befangen (K. Berger), das Effektvolle der äußeren Handlung lenke „von der heldischen Gesinnung ab, um derentwillen die Ballade eigentlich geschrieben" sei (W. Kayser), der „Handschuh" zeige „die Schwächen der Schillerschen Lyrik", da „der Gegenstand eine weit sublimere Behandlung verdient" hätte (B. v. Wiese).

Demgegenüber sagt Piedmont in seiner Zusammenfassung: „Nur die sie von Anfang bis Ende durchziehende Ironie bewirkt die Einheit von Schillers Ballade ‚Der Handschuh'. Die sinnlich-triviale Welt, in der sich eine moralisch-sittliche Gesinnung behauptet, wird mit Ironie nachgeahmt und erscheint von vornherein brüchig. Ihre Gefahren liegen nicht in ihr selbst — und deshalb braucht sie uns nicht zu überzeugen —, sondern in der Versuchung, die sie auf den Menschen ausübt — und deshalb muß sie mit Raffinesse nachgeahmt werden. Sie liegen in der Versuchung, das Spiel mitzumachen, der Bewunderung der Menge zu verfallen, den trivialen Triumph des Pseudo-Helden zu genießen. Im sittlichen Triumph über eine triviale Welt, die ironisch ad absurdum geführt wird, liegt der Schlüssel zum Verständnis dieser anekdotischen Ballade"[7].

Schiller hat seine Ballade ein „kleines Nachstück zum Taucher" genannt und dabei an das griechische Satyrspiel gedacht, das nach der Darbietung der Tragödie den Zuschauer aufheitern sollte. Was Schiller im „Taucher" tragisch behandelte, hat er im „Handschuh" komisch gestaltet. Der Wert dieser Ballade liegt nicht in einer tiefgreifenden und erhebenden Behandlung großer sittlicher Themen — hier in der Bewahrung der Würde etwa —, durch die sich andere Balladen Schillers auszeichnen, sondern in der sprachlichen Virtuosität, mit der sie gestaltet ist. Bereits Wilhelm von Humboldt lobt „die prächtige Beschreibung der Tiere" und hebt weiter hervor: „Außerdem ist das Silbenmaß unnachahmlich schön und die Abwechslung der ganz kurzen und längeren Verse hat eine vortreffliche Wirkung" (an Schiller 9. 7. 1797).

Wir können mit Storz hinzufügen: „Dem Balladen-Unternehmen wohnt die Neigung zu artistischem Experimentieren inne. Das Experiment wird indessen nicht etwa an und für sich schon als Tat betrachtet: es steht im Zusammenhang mit der Suche nach ‚poetischen Gegenständen', mit der Erprobung neuer Formen"[8]. Dabei stützt er sich auf eine Briefstelle Goethes: „Es ist ein großes Verdienst der Poesie, uns auch in diese Stimmungen zu versetzen, so wie es verdienstlich ist, den Kreis der poetischen Gegenstände immer zu erweitern" (an Schiller 5. 7. 1797).

Aufgaben

1. Stelle die einzelnen Abschnitte der Ballade heraus und suche passende Überschriften!
2. Wie werden die Tiere in ihrem Verhalten sprachlich charakterisiert?
3. Warum hat Schiller die auf Anraten Charlotte von Steins entstandene Veränderung: „Und der Ritter sich tief verbeugend spricht" zurückgenommen und die ursprüngliche Fassung belassen?
4. Wie wird die Ironie in der Ballade verwandt, und welche Wirkung wird damit erzielt? Was erwartet man am Ende der einzelnen Abschnitte, und wie wird die Erwartung erfüllt?

Schallplatten

Amadeo A M ARVS 2020, Sprecher: Albin Skoda.
Amadeo AVRS 2040, Sprecher: Klaus Kinski.
Elektrola E 91 502, Sprecher: Boy Gobert.

Friedrich Schiller

Der Ring des Polykrates

I Er stand auf seines Daches Zinnen,
Er schaute mit vergnügten Sinnen
Auf das beherrschte Samos hin.
„Dies alles ist mir untertänig",
Begann er zu Ägyptens König,
„Gestehe, daß ich glücklich bin."

II „Du hast der Götter Gunst erfahren!
Die vormals deinesgleichen waren,
Sie zwingt jetzt deines Szepters Macht.
Doch einer lebt noch, sie zu rächen,
Dich kann mein Mund nicht glücklich sprechen,
Solang des Feindes Auge wacht."

III Und eh der König noch geendet,
Da stellt sich, von Milet gesendet,
Ein Bote dem Tyrannen dar:
„Laß, Herr! des Opfers Düfte steigen
Und mit des Lorbeers muntern Zweigen
Bekränze dir dein festlich Haar.

IV Getroffen sank dein Feind vom Speere,
Mich sendet mit der frohen Märe
Dein treuer Feldherr Polydor —"
Und nimmt aus einem schwarzen Becken,
Noch blutig, zu der beiden Schrecken,
Ein wohlbekanntes Haupt hervor.

V Der König tritt zurück mit Grauen:
„Doch warn ich dich, dem Glück zu trauen",
Versetzt er mit besorgtem Blick.
„Bedenk, auf ungetreuen Wellen,
Wie leicht kann sie der Sturm zerschellen,
Schwimmt deiner Flotte zweifelnd Glück."

VI Und eh er noch das Wort gesprochen,
Hat ihn der Jubel unterbrochen,
Der von der Reede jauchzend schallt.
Mit fremden Schätzen reich beladen,
Kehrt zu den heimischen Gestaden
Der Schiffe mastenreicher Wald.

VII Der königliche Gast erstaunet:
„Dein Glück ist heute gut gelaunet,
Doch fürchte seinen Unbestand.
Der Kreter waffenkundge Scharen
Bedräuen dich mit Kriegsgefahren,
Schon nahe sind sie diesem Strand."

VIII Und eh ihm noch das Wort entfallen,
Da sieht mans von den Schiffen wallen,
Und tausend Stimmen rufen: „Sieg!
Von Feindesnot sind wir befreiet,
Die Kreter hat der Sturm zerstreuet,
Vorbei, geendet ist der Krieg."

IX Das hört der Gastfreund mit Entsetzen:
„Fürwahr, ich muß dich glücklich schätzen,
Doch", spricht er, „zittr ich für dein Heil.
Mir grauet vor der Götter Neide.
Des Lebens ungemischte Freude
Ward keinem Irdischen zuteil.

X Auch mir ist alles wohlgeraten,
Bei allen meinen Herrschertaten
Begleitet mich des Himmels Huld,
Doch hatt ich einen teuren Erben,
Den nahm mir Gott, ich sah ihn sterben,
Dem Glück bezahlt' ich meine Schuld.

XI Drum, willst du dich vor Leid bewahren,
So flehe zu den Unsichtbaren,
Daß sie zum Glück den Schmerz verleihn.
Noch keinen sah ich fröhlich enden,
Auf den mit immer vollen Händen
Die Götter ihre Gaben streun.

XII Und wenns die Götter nicht gewähren,
So acht auf eines Freundes Lehren
Und rufe selbst das Unglück her,
Und was von allen deinen Schätzen
Dein Herz am höchsten mag ergötzen,
Das nimm und wirfs in dieses Meer."

XIII Und jener spricht, von Furcht beweget:
„Von allem, was die Insel heget,
Ist dieser Ring mein höchstes Gut.
Ihn will ich den Erinnen weihen,
Ob sie mein Glück mir dann verzeihen."
Und wirft das Kleinod in die Flut.

XIV Und bei des nächsten Morgens Lichte,
Da tritt mit fröhlichem Gesichte
Ein Fischer vor den Fürsten hin:
„Herr, diesen Fisch hab ich gefangen,
Wie keiner noch ins Netz gegangen,
Dir zum Geschenke bring ich ihn."

XV Und als der Koch den Fisch zerteilet,
Kommt er bestürzt herbeigeeilet
Und ruft mit hocherstauntem Blick:
„Sie, Herr, den Ring, den du getragen,
Ihn fand ich in des Fisches Magen,
O, ohne Grenzen ist dein Glück!"

XVI Hier wendet sich der Gast mit Grausen:
„So kann ich hier nicht ferner hausen,
Mein Freund kannst du nicht weiter sein.
Die Götter wollen dein Verderben,
Fort eil ich, nicht mit dir zu sterben."
Und sprachs und schiffte schnell sich ein.

Am 20. Mai 1796 erhielt Schiller von dem Breslauer Popularphilosophen Christian Garve das Werk „Versuche über verschiedene Gegenstände aus der Moral, der Literatur und dem gesellschaftlichen Leben", dessen 2. Band einen Aufsatz „Über zwei Stellen des Herodot" enthielt. Die erste fragt nach dem Wesen des Glücks und des Schicksals, wobei die Geschichte von Polykrates und Amasis herangezogen wird, die Herodot im 3. Band seines Geschichtswerkes über das Perserreich von Kyros bis Xerxes erzählt. Die Grundzüge dieser Erzählung übernahm Schiller für seine Ballade[9], die er am 23. Juni 1797 Goethe ankündigte und am Tage darauf beendigte.

Herodots Erzählung:

Polykrates hatte sich durch einen Staatsstreich zum Herrn von Samos gemacht. Er hatte die Insel in drei Teile geteilt und zwei davon seinen Brüdern überlassen, nachher aber den einen Bruder ermordet und den anderen vertrieben. Seitdem herrschte er allein über Samos. Er schloß Freundschaft mit Amasis, dem König von Ägypten, sandte ihm Geschenke und erhielt solche auch von ihm. Seine Macht wurde immer größer, alle seine Feldzüge gingen glücklich aus. Er unterwarf eine Insel nach der andern und viele Städte auf dem Festland.

Amasis hatte von dem Glück des Polykrates gehört, aber es machte ihn besorgt. Er schickte ihm einen Brief nach Samos: ‚Es freut mich zu hören, lieber Freund, daß es dir wohl geht; aber dein übermäßiges Glück ist mir bedenklich, denn mir graut vor dem Neide der Götter. Darum wünsche ich, daß mir und meinen Freunden hin und wieder auch einmal etwas fehlschlägt, und würde es lieber sehen, daß mir in meinem Leben einmal ein Unglück zustieße, als daß mir immer alles nach Wunsch ginge. Denn ich habe noch von niemand gehört, dem nicht, nachdem ihm alles geglückt, schließlich doch ein schlechtes Ende beschieden gewesen wäre. Folge also meinem Rat und wehre dich gegen das Glück! Überlege dir, was dir unter allem, was du hast, das Liebste ist und dessen Verlust dir am schmerzlichsten sein würde, und wirf es weg, so daß es nie wieder zum Vorschein kommt. Sollte dir also nicht etwa schon vorher einmal ein Unglück zustoßen, so mach es so, wie ich dir geraten habe.‘ Als Polykrates den Brief gelesen hatte, überlegte er, was ihm unter allen seinen Kleinodien das liebste wäre. Er fand, daß es ein in Gold gefaßter Smaragd war, den er als Siegelring am Finger trug, und er entschloß sich, ihn wegzuwerfen. Er ließ einen Fünfzigruderer bemannen, ging selbst an Bord, und als er weit von der Insel war, warf er den Ring vor den Augen der Mannschaft ins Meer. Als er wieder nach Hause kam, war er sehr traurig.

Fünf oder sechs Tage nachher wollte ein Fischer, der einen schönen großen Fisch gefangen hatte, Polykrates damit ein Geschenk machen. Er wurde vorgelassen, gab Polykrates den Fisch und sagte: ‚Herr, als ich den gefangen, dachte ich, er eigne sich für dich und damit für den Tisch des Königs; deshalb bringe ich ihn dir zum Geschenk.' Polykrates erwiderte: ‚Ich danke dir für das Geschenk. Dafür laden wir dich heute zum Essen ein.' Dem Fischer war das sehr schmeichelhaft, und er ging nach Hause. Die Diener aber fanden, als sie den Fisch aufschnitten, in dessen Bauch den Siegelring des Polykrates.

Sie gingen damit voller Freude zu Polykrates, gaben ihm den Ring und sagten, wie sie ihn gefunden. Er aber merkte gleich, daß die Götter das so gefügt, und er schrieb alles, was er getan und erlebt hatte, in einem Brief nach Ägypten.

Als Amasis den Brief gelesen hatte, sah er ein, daß es keinem Menschen möglich sei, seinen Mitmenschen davor zu bewahren, was ihm vom Schicksal beschieden, und daß Polykrates kein gutes Ende nehmen werde, da er sogar den weggeworfenen Ring wiedergefunden habe. Er schickte einen Herold nach Samos und ließ ihm sagen, er könne sein Freund nicht länger sein. Das aber tat er, damit ihm, wenn Polykrates ein Unglück treffen würde, das Unglück eines Freundes nicht sehr zu Herzen ginge.

Ein persischer Statthalter, Otroites, vermaß sich einer ruchlosen Tat. Er wollte Polykrates umbringen, und zwar, wie die meisten sagten, aus folgendem Grund: Ein anderer persischer Statthalter geriet einmal in Streit mit ihm, wer von beiden der Tapferste sei. Er sagte zu Otroites: ‚Du hast nicht einmal die deiner Provinz gegenüberliegende Insel Samos unter die Herrschaft deines Königs Kyros gebracht, die du leicht hättest unterwerfen können; hat sich doch dort ein Einheimischer bei einem Putsch der Insel bemächtigt und ist dort jetzt noch König.' Otroites wollte sich an Polykrates, mit dem man ihn verhöhnt hatte, rächen. Er bot ihm heuchlerisch eine große Summe Geldes für weitere Unternehmungen an. Polykrates begab sich, trotz vieler Warnungen, zu ihm und nahm dort ein elendes Ende. Otroites ließ ihn umbringen und ans Kreuz schlagen.

Der spätere König Darios ließ Otroites töten[10].

Aufbau

Im Hinblick auf die Quelle ist in der Ballade eine Konzentration zu erkennen, die den Raum und die Zeit erfaßt und den dramatischen Ablauf rafft und steigert. Die beiden Briefpartner stehen auf dem Dachgarten des Palastes von Samos im Zwiegespräch. Die erste und letzte Strophe sind aufeinander bezogen: der als Frage zu verstehenden Aufforderung (I, 6) folgt erst am Schluß die eigentliche Beantwortung, die Abwendung „mit Grausen" (XVI, 1). Was bei Herodot im Vorbericht nur angedeutet ist, die Festigung der Macht, der wachsende Reichtum und das Kriegsglück, wird von Schiller zu anschaulichen Bildern ausgestaltet, die in dreistufiger Steigerung systematisch aufgebaut sind:

Erste Warnung (vor dem letzten persönlichen Feind):

Doch einer lebt noch, sich zu rächen (II, 4)

Erste Widerlegung (Nachricht vom Tode dieses Feindes):

Und eh der König noch geendet (III, 1)

Zweite Warnung (vor der Gefährdung der Flotte):

Doch warn ich dich, dem Glück zu trauen (V, 2)

Zweite Widerlegung (Nachricht von der Heimkehr der Flotte):

Und eh er noch das Wort gesprochen (VI, 1)

Dritte Warnung (vor den Kretern):

„Doch fürchte seinen Unbestand" (VII, 3)

Dritte Widerlegung (Nachricht vom Untergang der kretischen Flotte):

Und eh ihm noch das Wort entfallen (VIII, 1)

Die dreifache Warnung, jeweilig eingeleitet mit „Doch", wird unmittelbar durch die dreimalige Glücksbotschaft kontrastiert, eingeleitet mit „Und eh", so daß der ägyptische König sich zu dem von Polykrates erbetenen Glückwunsch zu bequemen scheint: „Fürwahr, ich muß dich glücklich schätzen" (IX, 2). In Wirklichkeit aber reagiert der Gastfreund mit „Grauen" (was sich allerdings auch auf den entsetzlichen Anblick des blutigen, abgeschlagenen Hauptes beziehen kann — V, 1), mit Erstaunen (VII, 1) und mit „Entsetzen" (IX, 1).

Hier setzt die Ballade neu an. Bisher hatte der Freund vor konkreten Gefahren gewarnt; nun kommt er zu grundsätzlichen Bedenken, die der griechischen Lebensauffassung entspringen und den Balladenkern bilden: „Mir grauet vor der Götter Neide".

Als Begründung fügt er die sentenzhaft formulierte Lebenserfahrung hinzu:

„Des Lebens ungemischte Freude
Ward keinem Irdischen zuteil."

Damit wird die skeptische Haltung des Königs einsichtig, dessen Reaktionen gegenüber den gehäuften Glücksbotschaften befremden mußten. Im rhetorischen Dreischritt von prinzipieller Behauptung, Beleg und Vorschlag entwickelt er seine längere Mahnrede, wiederum mit einem „Doch" beginnend. Den Hinweis auf den Tod des „treuen Erben" ist von Schiller der Quelle hinzugefügt und dient als Beleg für die Einstellung des Königs Amasis zum Schicksal des Menschen. Die Worte des Mahners verfehlen ihre Wirkung nicht. Das Gebet überspringend, opfert Polykrates sein liebstes Kleinod, „von Furcht beweget". Der wirkungsvoll herausgeschobene Höhepunkt wird erreicht: Die Zurückweisung des Opfers. Was der Koch noch als grenzenlosen Glücksfall bezeichnet, muß nun auch der Herrscher von Samos als Hiobsbotschaft empfinden.

Ort und Zeit der Handlung wechseln, jedoch auf das Notwendigste beschränkt: Der Schauplatz bleibt innerhalb des Palastes, und der Ablauf nimmt bereits am Morgen des folgenden Tages seinen Fortgang. Der Schluß bleibt offen, sehr selten für eine Ballade, hier jedoch dramatisch wirksam, da er „die Erfüllung in suspenso läßt" (Goethe), d. h. das Ende des Polykrates der Phantasie des Lesers überläßt. Daß dieses Ende schrecklich sein wird, deutet die Flucht des Gastfreundes an, der sich „mit Grausen“ abwendet, die Freundschaft aufkündigt und umgehend nach Ägypten abfährt, da er das von den Göttern beschlossene „Verderben“ voraussieht und nicht mit Polykrates untergehen will. Der Abschluß „kontrastiert ungemein vorteilhaft mit dem zurückhaltenden und gemessenen Vortrag der Erzählung und mit ihrem dichten, knappen Aufbau“[11]. Es ergibt sich folgende Gliederung:

1. Der Rahmen (I u. XVI)
2. Die Kette der glückhaften Überraschungen (II—VIII)
3. Die Geschichte des mißglückten Ringopfers (Verwirklichung des Titels und Höhepunkt der Ballade: IX—XV)

Metrik und Sprache

Die Ballade besteht aus sechzehn 6-zeiligen Strophen mit dem Reimschema:

a (w), a (w), b (m), c (w), c (w), b (m)

Der regelmäßige viertaktige Jambus läßt den Rhythmus sanft dahingleiten, zumal die weiblichen Endreime überwiegen und Verbalformen wie: erstaunet, gelaunet, befreiet, zerstreuet, beweget, heget, weihen, verzeihen, zerteilet, herbeigeeilet den Ausklang zahlreicher Verszeilen dehnen. Die beiden männlichen Endreime am Ende der dritten und sechsten Zeile dagegen geben dem Sprachfluß einen festen Halt und verstärken die syntaktischen Einschnitte. Der Gefahr rhythmischer Monotonie wird begegnet durch Zeilensprung (häufig in den Paarreimen), durch den Wechsel von klingenden und stumpfen Versschlüssen, auch durch den Satzbau (auffallend in V 4—6) und vor allem durch die Überlagerung der metrischen von sinnbedingten Akzenten.

Auffallend ist das häufige Voranstellen von Genitivattributen: auf seines Daches Zinnen (I, 1), zu Ägyptens König (I, 5), der Götter Gunst (II, 1), deines Zepters Macht (II ,3), des Opfers Düfte (III, 4), mit des Lorbeers muntern Zweigen (III, 5), deiner Flotte zweifelnd Glück (V, 6), der Schiffe mastenreicher Wald (V, 6), der Kreter waffenkundge Scharen (VII, 4), vor der Götter Neide (IX, 5), des Lebens ungemischte Freude (IX, 6), des Himmels Huld (X, 3), eines Freundes Lehren (XII, 2), Bei des nächsten Morgens Lichte (XIV, 1), in des Fisches Magen (XV, 5).

Diese vorangestellten Genitivattribute geben eine Erläuterung oder genauere Bestimmung (genitivus explicativus), heben aber auch das Ornamentale der Vorstellungen und dekorieren die Sprache mit einem verspielten Pathos. In ihrer ungewöhnlichen syntaktischen Fügung heben sie sich vom Kontext ab und erzielen in ihrer sentenzhaft ausgeprägten

Fassung eine feste Gefügtheit der Sprache. — Weiterhin fallen die zahlreichen „und" auf, die den Fluß des Erzählens verstärken und Höhepunkte anstreben, vor allem dort, wo nach wörtlicher Rede die Handlung wieder einsetzt. Der Dialog wird in balladeskem Sinne häufig genutzt; von den 96 Versen stehen 63 in direkter Rede.

Balladencharakter

Wir haben es in dieser Ballade nicht wie in den „Kranichen" mit einer bestraften Untat zu tun, wenn auch in II, 4 darauf hingedeutet scheint. Polykrates ist kein grausamer Wüterich. Er wird als „Tyrann" in des Wortes ursprünglicher Bedeutung (= Herr) bezeichnet, womit er von Boten, Fischer und Koch angeredet wird. Im Kampf mit den Standesgenossen ist er zur Alleinherrschaft aufgestiegen (vg. II, 2) und übt seine Macht ohne Hybris aus. Das in selbstgefälliger Herrschergeste ausgesprochene „gestehe, daß ich glücklich bin!" ist kaum im Sinne der Hybris zu verstehen, zumindest wird es so nicht motivtragend. Den Warnungen seines Gastes zeigt er sich durchaus zugänglich (s. XXIII). Er versucht, mit dem Opfer des Ringes, seines liebsten Gutes, dem Neid der Götter zu begegnen. „Das Wort vom Neid der Götter bedeutet letzten Endes nur das Gesetz des rechten Maßes"[12]. Die Warnungen des Königs Amasis entspringen dem griechischen Lebensgefühl: was den Göttern vergönnt ist — das volle, leidlose Glück —, ist den Menschen versagt (vgl. IX, 5 u. 6). „Nichts allzusehr" mahnte das delphische Orakel und setzte dabei das Maß, das sich auch die deutsche Klassik aneignete und z. B. in Goethes „Grenzen der Menschheit" zum Ausdruck kommt: „Denn mit Göttern soll sich nicht messen irgendein Mensch." Der von der Fortuna Ausgezeichnete ist zugleich ein Gezeichneter, von dem sich selbst der Freund „mit Grausen" wendet. Die Auszeichnung wird zum Fluch; Polykrates ist „aus den Grenzen des Menschseins herausgetreten"[13] und vereinsamt. Denn „der vom Geschick in dieser Weise Ausgezeichnete ist zugleich auch der Gezeichnete, der in jedem Augenblick dem Einbruch des rational nicht mehr Berechenbaren offensteht und der sein Leben selbst dort nicht vom Willen und von der Freiheit aus gestalten kann, wo er es — vergeblich — versucht"[14]. Willkürlich ist er dem Glück wie dem heraufkommenden Unglück ausgeliefert und unfähig, sein Geschick selbst zu gestalten. Die Fatalität menschlichen Glücks: das ist die Idee, welche als Leitmotiv die Ballade durchzieht, nicht als abstrakter Gedanke (wie in Schillers Gedankenlyrik), sondern als konkretes „exemplum", wie es Goethe anerkennend hervorhebt. Davon berichtet Schiller an Körner (27. 3. 1798): „In dem aber, was du über den Ibykus und den Polykrates sagst, und was ich auch für gar nicht unbegründet halte, ist er [Goethe] nicht deiner Meinung und hat sich nachdrücklich beider Gedichte gegen Dich und gegen mich selbst angenommen. Er hält deinen Begriff [von der Ballade], aus dem Du sie beurteilst und tadelst, für zu eng und will diese Gedichte als eine neue, die Poesie erweiternde Gattung angesehen wissen. Die Darstellung von Ideen hält er für kein Dehors der Poesie und will dergleichen Gedichte mit denjenigen, welche abstrakte Gedanken symbolisieren, nicht verwechselt wissen."

Abschließend können Sprichwörter herangezogen werden, in denen die Balladenidee volkstümlich variiert wird:

Glück und Glas, wie leicht bricht das. — Der Herrgott sorgt dafür, daß die Bäume nicht bis in den Himmel wachsen. — Man soll den Tag nicht vor dem Abend loben. — Wo viel Licht ist, ist viel Schatten.

Aufgaben

1. Gliedere die Ballade und erfasse die Abschnitte mit Überschriften!
2. Vergleiche den Handlungsablauf der Ballade mit ihrer Vorlage! Wo hat Schiller verändert und hinzugefügt? Welche Wirkung hat die Straffung und Konzentration? Warum ist der Schluß offengehalten?
3. Untersuche Strophenbau und Metrik!
4. Unterstreiche alle Genitiv-Attribute und die zahlreichen „und"! Welche Wirkung haben sie?
5. Welche Idee liegt der Ballade zugrunde, die in der 9. Strophe angesprochen wird? Worin besteht das Verhängnis des Polykrates?

Schallplatten

Ariola 60 210 GW; Sprecher: Horst Caspar,
Polyglotte D 13 K 832; Sprecher: Ernst Deutsch,
Elektrola FL 99181 Sprecher: Eric W. Bauer.

Friedrich Schiller

Die Kraniche des Ibykus

I Zum Kampf der Wagen und Gesänge,
Der auf Korinthus' Landesenge
Der Griechen Stämme froh vereint,
Zog Ibykus, der Götterfreund.
Ihm schenkte des Gesanges Gabe,
Der Lieder süßen Mund Apoll,
So wandert' er, an leichtem Stabe,
Aus Rhegium, des Gottes voll.

II Schon winkt auf hohem Bergesrücken
Akrokorinth des Wandrers Blicken,
Und in Poseidons Fichtenhain
Tritt er mit frommem Schauder ein.
Nichts regt sich um ihn her, nur Schwärme
Von Kranichen begleiten ihn,
Die fernhin nach des Südens Wärme
In graulichtem Geschwader ziehn.

III „Seid mir gegrüßt, befreundte Scharen!
Die mir zur See Begleiter waren,
Zum guten Zeichen nehm ich euch,
Mein Los, es ist dem euren gleich.
Von fernher kommen wir gezogen
Und flehen um ein wirtlich Dach.
Sei uns der Gastliche gewogen,
Der von dem Fremdling wehrt die Schmach!"

IV Und munter fördert er die Schritte
Und sieht sich in des Waldes Mitte,
Da sperren, auf gedrangem Steg,
Zwei Mörder plötzlich seinen Weg.
Zum Kampfe muß er sich bereiten,
Doch bald ermattet sinkt die Hand,
Sie hat der Leier zarte Saiten,
Doch nie des Bogens Kraft gespannt.

V Er ruft die Menschen an, die Götter,
Sein Flehen dringt zu keinem Retter,
Wie weit er auch die Stimme schickt,
Nichts Lebendes wird hier erblickt.
„So muß ich hier verlassen sterben,
Auf fremdem Boden unbeweint,
Durch böser Buben Hand verderben,
Wo auch kein Rächer mir erscheint!"

VI Und schwer getroffen sinkt er nieder,
Da rauscht der Kraniche Gefieder,
Er hört, schon kann er nicht mehr sehn,

Die nahen Stimmen furchtbar krähn.
„Von euch, ihr Kraniche dort oben!
Wenn keine andre Stimme spricht,
Sei meines Mordes Klag erhoben!“
Er ruft es, und sein Auge bricht.

VII Der nackte Leichnam wird gefunden,
Und bald, obgleich entstellt von Wunden,
Erkennt der Gastfreund in Korinth
Die Züge, die ihm teuer sind.
„Und muß ich so dich wiederfinden,
Und hoffte mit der Fichte Kranz
Des Sängers Schläfe zu umwinden,
Bestrahlt von seines Ruhmes Glanz!“

VIII Und jammernd hörens alle Gäste,
Versammelt bei Poseidons Feste,
Ganz Griechenland ergreift der Schmerz,
Verloren hat ihn jedes Herz.
Und stürmend drängt sich zum Prytanen
Das Volk, es fordert seine Wut,
Zu rächen des Erschlagnen Manen,
Zu sühnen mit des Mörders Blut.

IX Doch wo die Spur, die aus der Menge,
Der Völker flutendem Gedränge,
Gelocket von der Spiele Pracht,
Den schwarzen Täter kenntlich macht?
Sinds Räuber, die ihn feig erschlagen?
Tats neidisch ein verborgner Feind?
Nur Helios vermags zu sagen,
Der alles Irdische bescheint.

X Er geht vielleicht mit frechem Schritte
Jetzt eben durch der Griechen Mitte,
Und während ihn die Rache sucht,
Genießt er seines Frevels Frucht.
Auf ihres eignen Tempels Schwelle
Trotzt er vielleicht den Göttern, mengt
Sich dreist in jene Menschenwelle,
Die dort sich zum Theater drängt.

XI Denn Bank an Bank gedränget sitzen,
Es brechen fast der Bühne Stützen,
Herbeigeströmt von fern und nah,
Der Griechen Völker wartend da,
Dumpfbrausend wie des Meeres Wogen;
Von Menschen wimmelnd, wächst der Bau
In weiter stets geschweiftem Bogen
Hinauf bis in des Himmels Blau.

XII Wer zählt die Völker, nennt die Namen,
Die gastlich hier zusammenkamen?
Von Theseus’ Stadt, von Aulis Strand,
Von Phokis, vom Spartanerland,

Von Asiens entlegner Küste,
Von allen Inseln kamen sie
Und horchen von dem Schaugerüste
Des *Chores* grauser Melodie,

XIII Der streng und ernst, nach alter Sitte,
Mit langsam abgemeßnem Schritte,
Hervortritt aus dem Hintergrund,
Umwandelnd des Theaters Rund.
So schreiten keine irdschen Weiber,
Die zeugete kein sterblich Haus!
Es steigt das Riesenmaß der Leiber
Hoch über menschliches hinaus.

XIV Ein schwarzer Mantel schlägt die Lenden,
Sie schwingen in entfleischten Händen
Der Fackel düsterrote Glut,
In ihren Wangen fließt kein Blut.
Und wo die Haare lieblich flattern,
Um Menschenstirnen freundlich wehn,
Da sieht man Schlangen hier und Nattern
Die giftgeschwollnen Bäuche blähn.

XV Und schauerlich gedreht im Kreise
Beginnen sie des Hymnus Weise,
Der durch das Herz zerreißend dringt,
Die Bande um den Sünder schlingt.
Besinnungraubend, herzbetörend
Schallt der Erinnyen Gesang,
Er schallt, des Hörers Mark verzehrend,
Und duldet nicht der Leier Klang:

XVI „Wohl dem, der frei von Schuld und Fehle
Bewahrt die kindlich reine Seele!
Ihm dürfen wir nicht rächend nahn,
Er wandelt frei des Lebens Bahn.
Doch wehe, wehe, wer verstohlen
Des Mordes schwere Tat vollbracht,
Wir heften uns an seine Sohlen,
Das furchtbare Geschlecht der Nacht!

XVII Und glaubt er fliehend zu entspringen,
Geflügelt sind wir da, die Schlingen
Ihm werfend um den flüchtgen Fuß,
Daß er zu Boden fallen muß.
So jagen wir ihn, ohn Ermatten,
Versöhnen kann uns keine Reu,
Ihn fort und fort bis zu den Schatten,
Und geben ihn auch dort nicht frei.“

XVIII So singend, tanzen sie den Reigen,
Und Stille wie des Todes Schweigen
Liegt überm ganzen Hause schwer,
Als ob die Gottheit nahe wär.
Und feierlich, nach alter Sitte

Umwandelnd des Theaters Rund
Mit langsam abgemeßnem Schritte,
Verschwinden sie im Hintergrund.

XIX Und zwischen Trug und Wahrheit schwebet
Noch zweifelnd jede Brust und bebet
Und huldiget der furchtbarn Macht,
Die richtend im Verborgnen wacht,
Die unerforschlich, unergründet
Des Schicksals dunkeln Knäuel flicht,
Dem tiefen Herzen sich verkündet,
Doch fliehet vor dem Sonnenlicht.

XX Da hört man auf den höchsten Stufen
Auf einmal eine Stimme rufen:
„Sieh da! Sieh da, Timotheus,
Die Kraniche des Ibykus!" —
Und finster plötzlich wird der Himmel,
Und über dem Theater hin
Sieht man in schwärzlichtem Gewimmel
Ein Kranichheer vorüberziehn.

XXI „Des Ibykus!" — Der teure Name
Rührt jede Brust mit neuem Grame,
Und, wie im Meere Well auf Well,
So läufts von Mund zu Munde schnell:
„Des Ibykus, den wir beweinen,
Den eine Mörderhand erschlug!
Was ists mit dem? Was kann er meinen?
Was ists mit diesem Kranichzug?" —

XXII Und lauter immer wird die Frage,
Und ahnend fliegts mit Blitzesschlage
Durch alle Herzen. „Gebet acht!
Das ist der Eumeniden Macht!
Der fromme Dichter wird gerochen,
Der Mörder bietet selbst sich dar!
Ergreift ihn, der das Wort gesprochen,
Und ihn, an dens gerichtet war."

XXIII Doch dem war kaum das Wort entfahren,
Möcht ers im Busen gern bewahren;
Umsonst, der schreckenbleiche Mund
Macht schnell die Schuldbewußten kund.
Man reißt und schleppt sie vor den Richter,
Die Szene wird zum Tribunal,
Und es gestehn die Bösewichter,
Getroffen von der Rache Strahl.

Die Ballade entstand 1797 im regen Gedankenaustausch mit Goethe, wie zahlreiche Briefstellen belegen[15]. Schon bei seinem Aufenthalt in Jena zwischen dem 19. Mai und dem 16. Juni muß Goethe mit Schiller über den Stoff gesprochen haben und über seine Absicht, eine Ballade daraus zu machen; denn Schiller nennt seinen „Polykrates", der schon am 24. Juni fertig wurde, ausdrücklich ein „Gegenstück" zu den Kranichen[16]. Auch bei dem Besuche Schillers in Weimar (vom 11. bis 18. Juli) war von diesem Stoff die Rede, und Goethe forderte Schiller auf, „die Geschichte mit den Kranichen des Ibykus ohne vorherige Rücksprache um die Wette zu bearbeiten, um das Publikum zum Schiedsrichter zu machen"[17]. Goethe erbat für sich und seinen Freund von dem Gymnasialdirektor Karl August Böttiger genauere Auskunft und bekam als Antwort, daß Ibykus auf einer Reise zu den Isthmischen Spielen von Räubern ermordet worden sei, „wo sich dann das Anrufen der Kraniche zugetragen haben soll, so wie die Entdeckung im Theater von Corinth (im Sisyphischen Lande, wie ein altes Epigramm sagt) geschehen sein muß, wo die Mörder die Kraniche oben in der Luft fliegen sahen"[18]. Goethe hatte Schiller die Gestaltung des Stoffes überlassen, verfolgte jedoch die Entwicklung mit großer Anteilnahme und regte eine Erweiterung der Ballade an, und zwar nach H. Düntzer die Strophen II, III, XIV, XIX, XXII und nach H. Rehder die Strophen III, V, IX, XIV, XIX, XXII[19]. — Für den Eumenidenchor diente Schiller die Übersetzung Wilhelm v. Humboldts: „Die Eumeniden, ein Chor aus dem Griechischen des Aischylos" in der „Berlinischen Monatschrift", hrg. von Biester, 1793.

Was Schiller vorfand, waren magere Angaben und eine vage Beziehung (Kraniche-Theater). Seine Leistung besteht in einer tieferen Verknüpfung der beiden Hauptstränge, den Kranichen und dem Eumenidenchor, zu einem wohldurchdachten Ganzen. Darüber schreibt er an Goethe (17. 8. 1797): „Ich gestehe, daß ich bei näherer Besichtigung des Stoffes mehr Schwierigkeiten fand, als ich anfangs erwartete, indessen deucht mir, daß ich sie größtenteils überwunden habe. Die zwei Hauptpunkte, worauf es ankam, schienen mir erstlich eine Kontinuität in die Erzählung zu bringen, welche die rohe Fabel nicht hatte, und zweitens die Stimmung für den Effekt zu erzeugen." Goethe bestätigte ihm den Erfolg in seinem Antwortschreiben (22. 8. 1797): „Die Kraniche des Ibykus' finde ich sehr gut geraten, der Übergang zum Theater ist sehr schön und das Chor der Eumeniden am rechten Platze. Da diese Wendung einmal erfunden ist, so kann die ganze Fabel nicht ohne dieselbe bestehen, und ich würde, wenn ich an meine Bearbeitung noch denken möchte, dieses Chor gleichfalls aufnehmen müssen."

Die äußere Form (Aufbau)

1. (I—III) Die drei ersten Strophen umreißen die Exposition. Ort und Zeit werden klar umrissen: von der süditalienischen Stadt Rhegium kommend, nähert sich Ibykus dem Ziel seiner Reise, dem Ort der Isthmi-

schen Spiele, Korinth. Dreimal wird sein Verhältnis zu den Göttern berührt (I, 4, 6, 8); er ist Erwählter und Diener des Gottes Apoll, herausgehoben aus der Menge, von dieser verehrt und ihr doch schutzlos preisgegeben. Er ist ein obdachloser Wanderer und bedarf als Fremdling der Gastfreundschaft. Darum vergleicht er sich zu Recht mit den über ihn hinziehenden Kranichen.

2. (IV—VI) Mit dramatischer Spannung wird die Ermordung geschildert. Die Ruchlosigkeit dieser Tat ist besonders groß, da Ibykus als Sänger ein „Götterfreund" ist und im Hain eines Gottes, also an geweihter Stätte, erschlagen wird. Nicht Poseidon — wie man erwarten könnte — wird als Rächer angerufen, sondern ein vorüberziehender Kranichzug, der einzige Zeuge seines einsamen Todes.

3. (VII—XI) Der Tote wird gefunden und nicht nur von dem Gastfreund, sondern von allen Griechen betrauert, die zu dem Feste Poseidons in Korinth weilen. Die Suche nach dem Mörder scheint aussichtslos zu sein, kulminierend in den drängenden Fragen und in der ausklingenden Resignation der zehnten Strophe. Geschickt wird die Überleitung zu der breitangelegten theatralischen Darbietung, dem Chor der Eumeniden, gegeben. Die elfte Strophe schließt sich eng dem letzten Vers der vorhergehenden an und führt zur zwölften, die ihrerseits — sogar syntaktisch — in die dreizehnte hinübergeht.

4. (XII—XVIII) In drei Stufen vollzieht sich das furchterregende Schauspiel, in den ersten drei Strophen (XIII—XV) wird der Chor ausführlich beschrieben, in den beiden folgenden ertönt sein Gesang (XVI—XVII), und in der letzten hören wir von seinem Abgang. Die Höhepunkte liegen jeweils am Ende dieser Strophen. Die später auf Anraten Goethes eingeschobene neunzehnte Strophe schildert die Auswirkung des „Gesanges" in den Augen der Theaterbesucher und verstärkt und begründet das bereits in der vorhergehenden Strophe Angedeutete („Als ob die Gottheit nahe wär").

5. (XX—XXIII) Beim Erscheinen der Kraniche verraten die Mörder sich selbst, werden gefaßt und der Bestrafung zugeführt. Die beiden Handlungsstränge sind kunstvoll verknüpft; so werden z. B. die Fragen in XXI, 7/8 in XXII, 4 beantwortet. — Auf den Vorschlag Goethes, den Schluß breiter und detaillierter zu gestalten, ging Schiller nicht ein, um die Handlung in einer dramatischen Pointe enden zu lassen: „... die wirkliche Entdeckung der Tat, als Folge jenes Schreies, wollte ich mit Fleiß nicht umständlicher darstellen, denn sobald nur der Weg zur Auffindung des Mörders geöffnet ist (und das leistet der Ausruf nebst dem darauf folgenden, verlegenen Schrecken), so ist die Ballade aus, das andere ist nicht mehr für den Poeten" (7. 9. 1797).

Die Innere Form

Die beiden Motivkreise gestalten über das Vordergründige der Handlung hinaus kunstbewußt „Die Wirkung des Übersinnlichen“ (Schiller an Körner am 2. 10. 1797).

1. Die *Kraniche* erhalten in der Ballade eine Bedeutung, die weit über die Hinweise Böttigers hinausgeht. Dabei haben die Anregungen Goethes maßgeblichen Anteil: „Die Kraniche sollten, als Zugvögel, ein ganzer Schwarm sein, die sowohl über den Ibykus als über das Theater wegfliegen, sie kommen als Naturphänomen und stellen sich so neben die Sonne und andere regelmäßige Erscheinungen. Auch wird das Wunderbare dadurch weggenommen[20], indem es nicht ebendieselben zu sein brauchen; es ist vielleicht nur eine Abteilung des großen wandernden Heeres, und das Zufällige macht eigentlich, wie mich dünkt, das Ahndungsvolle und Sonderbare in der Geschichte“ (22. 8. 1797). Am nächsten Tage fügte er hinzu: „Meo voto würden die Kraniche schon von dem wandernden Ibykus erblickt, sich, als Reisenden, ‚verglich‘ er mit den reisenden Vögeln, sich, als Gast, mit den Gästen, zöge daraus eine gute Vorbedeutung, und rief' alsdann unter den Händen der Mörder die schon bekannten Kraniche, seine Reisegefährten, als Zeugen an. Ja, wenn man es vorteilhaft fände, so könnte er diese Züge schon bei der Schiffahrt gesehen haben.“ Schiller ging bereitwillig auf diese Vorschläge ein — wie die neu geschaffene dritte Strophe beweist. In seiner Antwort verwendet er neben der Bezeichnung Goethes („Naturphänomen“) die Wendung „Schicksalshelden“ für die Kraniche — eine aufschlußreiche Akzentverschiebung. Ihnen wird vorausdeutend die Funktion der Enthüllung und Wahrheitsfindung zugewiesen, die sie zum Schluß überraschend erfüllen. Dies wird auf einem Umweg möglich, nämlich über den Chor des griechischen Theaters[21].

2. Das *Eumeniden-Thema* (XI—XXII) bildet den Kern der Ballade und läßt ein persönliches Anliegen Schillers erkennen, das er im Vorwort zur „Braut von Messina“ theoretisch entwickelt und hier bereits dichterisch gestaltet, nämlich die Wirkung der Kunst, hier des Chors, im griechischen Theater.

3. Diese *Wirkung der Kunst* umreißt Wilhelm von Humbold in seiner Schrift „Über Schiller und den Gang seiner Geistesentwicklung“ so: „Was den Stoff dem Dichter innerlich wert machte, war die daraus hervorspringende Idee der Gewalt künstlerischer Darstellung über die menschliche Brust. Diese Macht der Poesie, einer unsichtbaren, bloß durch den Geist geschaffenen, in der Wirklichkeit verfliegenden Kraft, gehörte wesentlich in den Ideenkreis, der Schiller lebendig beschäftigte“[22]. Ohne Zweifel wird durch den Eumenidenchor bei den Zuschauern das Schau-

dern vor dem Numinosen geweckt, wie es die erste Hälfte der achtzehnten und die ganze neunzehnte Strophe erkennen lassen. Man muß auch daran denken, daß bei den Griechen das Theater in den religiösen Kult einbezogen war; damit wird verständlich, daß die Zuschauer „der furchtbaren Macht“ huldigen, „die richtend im Verborgnen wacht“. Doch haben Goethe und auch Schiller die läuternde Kraft durchaus realistisch gesehen und nicht angenommen, daß die Mörder von einer echten Katharsis ergriffen werden. Goethe schreibt von der „gleichgültigen Zerstreuung der Ruchlosen“ und nennt den Mörder „dumm, roh und laut“ (2. 8. 1797). Schiller antwortet ausführlich am 7. 9. 1797 und erklärt die Entdeckung der Mörder als „bloßen natürlichen Zufall“: „[...] der Mörder ist unter den Zuschauern, das Stück hat ihn zwar eigentlich nicht gerührt und zerknirscht, das ist meine Meinung nicht, aber es hat ihn an seine Tat und also auch an das, was dabei vorgekommen, erinnert, sein Gemüt ist davon frappiert, die Erscheinung der Kraniche muß also in diesem Augenblick ihn überraschen, er ist ein roher dummer Kerl, über den der momentane Eindruck alle Gewalt hat. Der laute Ausruf ist unter diesen Umständen natürlich.“ In den folgenden Briefzeilen legt Schiller eingehend dar, wie er sich den Vorgang denkt: „Da ich ihn oben sitzend annehme, wo das gemeine Volk seinen Platz hat, so kann er erstlich die Kraniche früher sehen, ehe sie über der Mitte des Theaters schweben, dadurch gewinne ich, daß der Ausruf der wirklichen Erscheinung der Kraniche vorhergehen kann, worauf hier viel ankommt, und daß also die wirkliche Erscheinung derselben bedeutender wird. Ich gewinne zweitens, daß er, wenn er oben ruft, besser gehört werden kann. Denn nun ist es gar nicht unwahrscheinlich, daß ihn das ganze Haus schreien hört, wenn gleich nicht alle seine Worte verstehen.“ Schiller schreibt in einem vorhergehenden Brief an Goethe (17. 8. 1797), wie er sich die Wirkung der Kunst vorstellt, die wir bei den Mördern annehmen können: „So viel ist auch mir bei meinen wenigen Erfahrungen klar geworden, daß man den Leuten, im ganzen genommen, durch die Poesie nicht wohl, hingegen recht übel machen kann, und mir deucht, wo das eine nicht zu erreichen ist, da muß man das andere einschlagen. Man muß sie inkommodieren, ihnen ihre Behaglichkeit verderben, sie in Unruhe und Erstaunen setzen. Eins von beiden, entweder als ein Genius oder als ein Gespenst, muß ihnen die Poesie gegenüber stehen.“

Benno von Wiese sieht den Vorgang der Enthüllung so: „[...] die paradoxe Macht der Poesie besteht gerade darin, daß sie den Mörder dennoch überwältigt. Sie macht seine latente mögliche Furcht zu einer wirklichen. Sie bringt ihn gleichsam außer sich, so daß er die Selbstkontrolle verliert. Die Schrecken verbreitende sinnliche Nähe des Eumenidenchors —Schiller wußte, warum er sie so eingehend durchgestaltet hat — läßt ihn wie die übrigen Zuschauer alles andere vergessen. In diesem, vielleicht noch gegen seinen eigenen Willen erfolgenden ‚Frappiert' -sein durch die Poesie, als eine nicht nur ideale, sondern auch reale Macht, wird das vergangene Geschehen des Mordes ‚erinnert' und damit unbewußt die Bereitschaft geweckt, in den heraufziehenden Kranichen die des Ibykus wiederzuerkennen"[23].

Die sprachlichen Mittel

Epische, dramatische und lyrische Stilelemente sind geschickt und abwechslungsreich über das ganze Gedicht verteilt. Der episch gehaltene Eingang gibt in weitausholenden Satzbögen einen raffenden Bericht, der zeitlich Entferntes im Präteritum erfaßt (I) und mit dem Präsens in die erzählte Zeit einschwingt (II). Monologe lockern im balladesken Sinne auf und verstärken die szenische Gestaltung. Die Kampfschilderung ist dramatisch knapp gehalten und kontrastiert mit dem lyrischen Anklang in der zweiten Strophe. Mit akustischen und optischen Vergleichen, mit Reihungen, Bildern und rhetorischen Fragen wird die vergeblich erscheinende Suche nach den Mördern herausgearbeitet. Ohne scharfen Einschnitt gleitet die Schilderung des panhellenischen Nationalfestes in die Eumenidenszene, deren dramatische Linienführung durch Häufung der Attribute und verlangsamten Sprachfluß lyrisch ausgemalt wird. Wiederholungen, Alliterationen und stimmlose Reibe- und Verschlußlaute intensivieren die schaurige Unentrinnbarkeit im Chorlied der Erinnyen. Es kam Schiller auf „die Stimmung für den Effekt" an[24]. „Darum diese rhetorisch wirkende Reihung der Hell-Dunkel-Kontraste in den Farben, die Häufung der antiken Rache- und Unterweltssymbole, die nur dazu auserwählt zu sein scheinen, um das darauf folgende Racheversprechen noch wirksamer zu machen"[25]. Der erschreckte Ausruf von den höchsten Theaterstufen und die Verdunkelung der Bühne durch Vermehrung der Kraniche (aus den „Schwärmen" in II, 5 wird in XX, 8 ein „Kranichheer") schaffen dramatische Effekte. — In den achtzeiligen Strophen mit vierhebigen Jamben wechseln weibliche mit männlichen Kadenzen. Der Endreim geht vom Paarreim (1—4) zum Kreuzreim über (5—8) und gliedert die Strophen in zwei Hälften. Der Rhythmus überspielt häufig den Jambus. Die oft über mehrere Zeilen gehenden Sätze veranlassen trotz Zeilenkürze zum breiten, epischen Sprechen. Insgesamt ist der Strophenbau geschickt verklammert und macht einen geschlosseneren Eindruck als der in der „Bürgschaft" (aa bb cd cd gegenüber ab ba ac c).

Balladencharakter

Das von Goethe angeregte „Naturphänomen" der Kraniche tritt gegenüber dem Eumenidenchor zurück, so daß wir es nicht mit einer naturmagischen Ballade zu tun haben. Doch ist in diesen „Schicksalsträgern" — wie Schiller sie nennt — das „Ahndungsvolle und Sonderbare" oder — wie es Goethe später nennt — das „Mysteriose" verkörpert, die im Verein mit den Eumeniden die Auffindung der Mörder bewirken. Die beiden kunstvoll verknüpften Motivkreise zeigen eindrucksvoll das Walten der rächenden Gewalt (Nemesis), und damit die geheimnisvolle Erhaltung der Weltordnung, ein für Schiller charakteristisches Thema. Die „furchtbare Macht, die richtend im Verborgenen wacht", ist die Nemesis, die mit der „Rache Strahl" die Bösewichter zum Tribunal führt.

Nur begrenzt läßt sich sagen: „In dieser Ballade wird die Bedeutung des Theaterspiels als reinigende Kraft deutlich"[26].

Das trifft für die beiden Mörder sicher nicht zu, wie die angeführten Briefstellen zeigen. Schiller erklärte das numinose Geschehen als „bloßen natürlichen Zufall". Doch ist in all dies Zufällige und psychologisch Erklärbare auch der geheimnisvolle Bezug zum Wirken des Schicksals hineingelegt, die „Wirkung des Übersinnlichen", wie er selbst an Körner schrieb.

B. v. Wiese will „Die Kraniche des Ibykus" nicht als „Ideen-Ballade von Schuld und Sühne" verstanden wissen, sondern als eine „dramatische Kurzgeschichte mit einem verschlüsselten parabolischen Sinn, in dem es um die gleichnishafte Bedeutung der theatralischen Bühne geht"[27]. Das ist jedoch nur eine variierte Umschreibung der obigen Bezeichnung, da doch unter dem „parabolischen Sinn" auch eine Idee zu verstehen ist, und zwar die der Enthüllung und Bestrafung, wie es B. v. Wiese in seiner Interpretation selbst ausführt. Abschließend schreibt er zu Form und Bedeutung der Ballade: „In ihrem Streben nach volkstümlicher Breitenwirkung, nach barocker Deklamation, nach Verstärkung der Spannungen, nach Versinnlichung innerer Konflikte und Gefühlsbewegungen zeigt die Schillersche Ballade jenen oratorischen Schwung, der auch noch den abstraktesten Widerstreit von Ideal und Wirklichkeit, in unserem Falle von ewiger und irdischer Gerechtigkeit, in eine konkrete Anschauung umgießt. Eine virtuose, mit allen Mitteln der Wortkunst gebaute Form dient dazu, die Gegensätze von tragischer Notwendigkeit und menschlicher Freiheit, von irdischem Schicksal und ewiger Nemesis im sinnlichen Vorgang beispielhaft zu machen. Die Szene wird zum Tribunal, das Tribunal zum Schau-Spiel, das Schauspiel zur Welt Gottes, zum Weltgericht"[28].

Zu folgenden Stellen müssen Erklärungen gegeben werden:

Die kultische, kulturelle und völkische Bedeutung der panhellenischen Feste, hier der Isthmischen Spiele, die alle 2 Jahre in Korinth stattfanden. Die Stellung des Sängers als Diener der Götter und Verkünder des Mythos. Der Aufbau des griechischen Theaters. Die Bezeichnungen: Apollon, Poseidon, Rhegium, Akrokorinth, der Prytane, die Manen, Helios, Theseus, Cekrops Stadt (= Athen), Aulis, Phocis, der Hymnus, die Erinnyen, die Eumeniden, die Szene, das Tribunal.

Aufgaben

1. Gliedere die Ballade in szenische Abschnitte!
2. Wie sind die beiden Motivkreise, der Kranichzug und der Eumenidenchor, miteinander verknüpft?
3. Wodurch werden die Mörder entdeckt?
4. Welche Bedeutung und Funktion hat das griechische Theater in der Ballade? Berücksichtige dabei vor allem die 19. Strophe!
5. Mit welchen sprachlichen Mitteln wird der Eumenidenchor geschildert?

Schallplatten

Polyglotte Nr. D 2958, Sprecherin: Maria Becker.
Ariola Nr. D 7978 0, Sprecher: Klaus Kinski.
Amadeo Nr. 60204 GW, Sprecher: Jürgen Goslar.
AVRS 2040, Sprecher: Ernst Deutsch.

Friedrich Schiller

Die Bürgschaft

I Zu Dionys, dem Tyrannen, schlich
Damon, den Dolch im Gewande;
Ihn schlugen die Häscher in Bande.
„Was wolltest du mit dem Dolche, sprich!"
Entgegnet ihm finster der Wüterich.
„Die Stadt vom Tyrannen befreien!"
„Das sollst du am Kreuze bereuen."

II „Ich bin", spricht jener, „zu sterben bereit
Und bitte nicht um mein Leben,
Doch willst du Gnade mir geben,
Ich flehe dich um drei Tage Zeit,
Bis ich die Schwester dem Gatten gefreit,
Ich lasse den Freund dir als Bürgen,
Ihn magst du, entrinn ich, erwürgen."

III Da lächelt der König mit arger List
Und spricht nach kurzem Bedenken:
„Drei Tage will ich dir schenken."
Doch wisse! Wenn sie verstrichen, die Frist,
Eh du zurück mir gegeben bist,
So muß er statt deiner erblassen,
Doch dir ist die Strafe erlassen."

IV Und er kommt zum Freunde: „Der König gebeut,
Daß ich am Kreuz mit dem Leben
bezahle das frevelnde Streben,
Doch will er mir gönnen drei Tage Zeit.
Bis ich die Schwester dem Gatten gefreit,
So bleib du dem König zum Pfande,
Bis ich komme, zu lösen die Bande."

V Und schweigend umarmt ihn der treue Freund
Und liefert sich aus dem Tyrannen,
Der andere ziehet von dannen.
Und ehe das dritte Morgenrot scheint,
Hat er schnell mit dem Gatten die Schwester vereint,
Eilt heim mit sorgender Seele,
Damit er die Frist nicht verfehle.

VI Da gießt unendlicher Regen herab,
Von den Bergen stürzen die Quellen,
Und die Bäche, die Ströme schwellen.
Und er kommt ans Ufer mit wanderndem Stab,
Da reißet die Brücke der Strudel hinab,
Und donnernd sprengen die Wogen
Des Gewölbes krachenden Bogen.

VII Und trostlos irrt er an Ufers Rand,
Wie weit er auch spähet und blicket
Und die Stimme, die rufende, schicket,
Da stößet kein Nachen vom sichern Strand,
Der ihn setze an das gewünschte Land,
Kein Schiffer lenket die Fähre,
Und der wilde Strom wird zum Meere.

VIII Da sinkt er ans Ufer und weint und fleht,
Die Hände zum Zeus erhoben:
„O hemme des Stromes Toben!
Es eilen die Stunden, im Mittag steht
Die Sonne, und wenn sie niedergeht
Und ich kann die Stadt nicht erreichen,
So muß der Freund mir erbleichen."

IX Doch wachsend erneut sich des Stromes Wut,
Und Welle auf Welle zerrinnet,
Und Stunde an Stunde entrinnet.
Da treibt ihn die Angst, da faßt er sich Mut
Und wirft sich hinein in die brausende Flut
Und teilt mit gewaltigen Armen
Den Strom, und ein Gott hat Erbarmen.

X Und gewinnt das Ufer und eilet fort
Und danket dem rettenden Gotte,
Da stürzet die raubende Rotte
Hervor aus des Waldes nächtlichem Ort.
Den Pfad ihm sperrend, und schnaubet Mord
Und hemmet des Wanderers Eile
Mit drohend geschwungener Keule.

XI „Was wollt ihr?"ruft er, für Schrecken bleich,
„Ich habe nichts als mein Leben,
Das muß ich dem Könige geben!"
Und entreißt die Keule dem nächsten gleich:
„Um des Freundes willen erbarmet euch!"
Und drei mit gewaltigen Streichen
Erlegt er, die andern entweichen.

XII Und die Sonne versendet glühenden Brand,
Und von der unendlichen Mühe
Ermattet sinken die Kniee.
„O hast du mich gnädig aus Räubershand,
Aus dem Strom mich gerettet ans heilige Land,
Und soll hier verschmachtend verderben,
Und der Freund mir, der liebende, sterben!"

XIV Und horch! da sprudelt es silberhell,
Ganz nahe, wie rieselndes Rauschen,
Und stille hält er, zu lauschen,
Und sieh, aus dem Felsen, geschwätzig, schnell,
Springt murmelnd hervor ein lebendiger Quell,
Und freudig bückt er sich nieder
Und erfrischet die brennenden Glieder.

XV Und die Sonne blickt durch der Zweige Grün
Und malt auf den glänzenden Matten
Der Bäume gigantische Schatten;
Und zwei Wanderer sieht er die Straße ziehn,
Will eilenden Laufes vorüberfliehn,
Da hört er die Worte sie sagen:
„Jetzt wird er ans Kreuz geschlagen."

XVI Und die Angst beflügelt den eilenden Fuß,
Ihn jagen der Sorge Qualen,
Da schimmern in Abendrots Strahlen
Von ferne die Zinnen von Syrakus,
Und entgegen kommt ihm Philostratus,
Des Hauses redlicher Hüter,
Der erkennt entsetzt den Gebieter:

XVII „Zurück! du rettest den Freund nicht mehr,
So rette das eigene Leben!
Den Tod erleidet er eben.
Von Stunde zu Stunde gewartet' er
Mit hoffender Seele der Wiederkehr,
Ihm konnte den mutigen Glauben
Der Hohn des Tyrannen nicht rauben."

XVIII „Und ist es zu spät, und kann ich ihm nicht
Ein Retter willkommen erscheinen,
So soll mich der Tod ihm vereinen.
Des rühme der blutge Tyrann sich nicht,
Daß der Freund dem Freunde gebrochen die Pflicht,
Er schlachte der Opfer zweie
Und glaube an Liebe und Treue."

XIX Und die Sonne geht unter, da steht er am Tor
Und sieht das Kreuz schon erhöhet,
Das die Menge gaffend umstehet,
An dem Seile schon zieht man den Freund empor,
Da zertrennt er gewaltig den dichten Chor:
„Mich, Henker!" ruft er, „erwürget!
Da bin ich, für den er gebürget!"

XX Und Erstaunen ergreifet das Volk umher,
In den Armen liegen sich beide
Und weinen für Schmerzen und Freude.
Da sieht man kein Auge tränenleer,
Und zum Könige bringt man die Wundermär,
Der fühlt ein menschliches Rühren,
Läßt schnell vor den Thron sie führen.

XXI Und blicket sie lange verwundert an.
Drauf spricht er: „Es ist euch gelungen,
Ihr habt das Herz mir bezwungen,
Und die Treue, sie ist doch kein leerer Wahn,
So nehmt auch mich zum Genossen an,
Ich sei, gewährt mir die Bitte,
In eurem Bunde der Dritte."

Schiller beendete die Ballade am 30. 8. 1798 und veröffentlichte sie ein Jahr später im ‚Musenalmanach' für das Jahr 1799. Als Quelle benutzte er eine Erzählung des römischen Fabeldichters Hyginus (2. Jh. n. Chr.), die für eine vergleichende Betrachtung genutzt werden kann:

„Als in Sicilien der höchst grausame Tyrann Dionysius herrschte und seine Bürger qualvoll hinrichtete, wollte Möros den Tyrannen töten. Die Trabanten ergriffen ihn und führten den Bewaffneten zum Könige. Im Verhör antwortete er, er habe den König töten wollen. Dieser befahl, ihn ans Kreuz zu schlagen. Möros bat um einen dreitägigen Urlaub zur Verheiratung seiner Schwester; er wollte dem Tyrannen seinen Freund und Genossen Selinuntius überliefern, der dafür bürgen werde, daß er am dritten Tage zurückkehre. Der König gewährte ihm den Urlaub zur Verehelichung der Schwester und erklärte dem Selinuntius, wenn Möros nicht an dem Tage sich einstellte, so müsse er die Strafe erleiden; doch Möros wäre dann frei. Als dieser nun die Schwester verehelicht hatte und auf dem Rückwege war, schwoll plötzlich der Strom durch Sturm und Regen so an, daß man weder zu Fuß noch schwimmend hinüberkonnte. Möros setzte sich ans Ufer und begann zu weinen, daß sein Freund für ihn sterben solle. Der Tyrann aber befahl, den Selinuntius ans Kreuz zu schlagen, weil schon sechs Stunden des dritten Tages vorüber waren und Möros nicht erschien. Selinuntius entgegnete, der Tag sei noch nicht vorbei. Als nun schon neun Stunden verflossen waren, befahl der König, den Selinuntius zum Kreuze zu führen. Während er hingeführt wurde, erst da holte Möros den Henker ein, nachdem er glücklich über den Fluß gekommen war, und rief aus der Ferne: Halt, Henker, da bin ich, für den er gebürget! Die Begebenheit wurde dem König gemeldet. Dieser ließ die beiden vor sich führen, bat sie um Aufnahme in ihre Freundschaft und schenkte dem Möros das Leben"[29].

Briefstellen verraten, wie umsichtig Schiller bei der Planung und Gestaltung verfuhr. So schrieb er an Goethe (4. 9. 1798): „Ich bin neugierig, ob ich alle Hauptmotive, die in dem Stoffe lagen, glücklich herausgefunden habe. Denken Sie nach, ob Ihnen noch eines beifällt, es ist dies einer von den Fällen, wo man mit einer großen Deutlichkeit verfahren und beinahe nach Prinzipien erfinden kann." Und seinem Freund Körner teilte er mit, daß er die Ballade „mit ganzer Besonnenheit gedacht und organisiert" habe[30]. Bei einem solch bewußten Schaffen ist es aufschlußreich, was Schiller gekürzt, erweitert und hinzugefügt hat, um seine künstlerische Absicht zu verwirklichen.

Aufbau

In einem weiten, alle Einzelheiten überwölbenden Bogen verläuft die Handlung in drei verschieden langen Abschnitten auf die jeweiligen

Höhepunkte hin. In Spannung bleibt bis zum Ende die Frage nach der Rettung des Freundes und der Bewährung der Freundestreue; damit verknüpft ist die Spannung zwischen der Arglist des Tyrannen und der sittlichen Haltung der Freunde.

1. Die Exposition ist in den ersten fünf Strophen in gedrängter Form gegeben. Eingangs wird von dem mißglückten Tyrannenmord im Praeteritum berichtet, darauf erfolgt in knapper Wechselrede Verhandlung und Urteil, nach Tyrannenart ohne Gericht. Dionys der Ältere (430—367 v. Chr.), von dessen grausamer Herrschaft die Quelle berichtet, kam als syrakusischer Kriegshauptmann im Kampfe gegen die Karthager empor, wurde 405 Gewaltherrscher von Syrakus und später von ganz Sizilien. Auch als Tyrann kann er es sich nicht leisten, geheiligte Bräuche zu mißachten. Zu ihnen gehörte die alte Sitte, daß der älteste Sohn nach dem Tode des Vaters die Trauung seiner jüngeren Geschwister vollzog. Alter Brauch war es auch, einen Menschen als Bürgen oder Geisel anzunehmen. So wird die zweite Strophe verständlich, in der Damon ausführlich seine Bitte vorträgt. Die spätere Namensänderung von Möros in Damon geht auf die Überlieferung der gleichen Geschichte bei Jamblichus, De vita Pythagorica, zurück[31]. Im Gegensatz zur Vorlage verkündet der Tyrann jenem die Bedingung, welche an die Gnadenfrist geknüpft wird:

So muß er statt deiner erblassen,
Doch dir ist die Strafe erlassen.

Mit dieser Verlagerung wird für Damon die Versuchung verstärkt, das eigene Leben zu retten und die Treue zu brechen. „Thematisch ist somit nicht mehr das unerschütterliche Vertrauen des Freundes in Damon, das sich vielmehr wie von selbst versteht (erst nach der Abmachung zwischen Damon und Dionys wird Selinuntius von Damon verständigt, und ‚schweigend' akzeptiert er die Bedingung), sondern die Treue und Verläßlichkeit des Damon; folgerichtig bleibt Damon die tragende Figur"[32]. Die „in arger List" gewährte Gunst kennzeichnet den Gewaltherrscher als heimtückischen Tyrannen. „Grausamkeit an dem Betrogenen auszuüben, bedeutet für den Tyrannen einen noch höheren Genuß im Bösen als die Bestrafung des Täters selbst"[33].

In verhaltener, rein gestischer Sprache vollzieht sich das Einverständnis des Freundes und der Abschied (ähnlich das Wiedersehen in XIX). Der eigentliche Anlaß für die Gnadenfrist, die Vermählung der Schwester, wird in einer Verszeile abgetan, ein Zeichen, wie unerheblich er für das thematische Geschehen ist, für die Bewährung der Freundschaft.

2. Mit der sechsten Strophe beginnt der Hindernislauf Damons mit der Zeit, um noch rechtzeitig in Syrakus einzutreffen und die Bürgschaft einlösen zu können. Die Hemmnisse werden — abweichend von der Vor-

lage — unwahrscheinlich und auch unerträglich gehäuft, was bereits Goethe monierte: „In der Bürgschaft möchte es physiologisch nicht ganz zu passieren sein, daß einer, der sich an einem regnigen Tag aus dem Strome gerettet, vor Durst umkommen will, daher noch ganz nasse Kleider haben mag. Aber auch das Wahre abgerechnet und ohne an die Resorption der Haut zu denken, kommt der Phantasie und der Gemütsstimmung der Durst hier nicht ganz recht. Ein ander schickliches Motiv, das aus dem Wanderer selbst hervorginge, fällt mir freilich zum Ersatz nicht ein; die beiden andern von außen, durch eine Naturbegebenheit und Menschengewalt, sind recht gut gefunden" (Brief vom 5. 9. 1798). Dieser Hinweis veranlaßte Schiller nicht zur Abänderung. Es kam ihm darauf an, „zu zeigen, wie hier ein Mensch, dessen Leben bereits verfallen ist, das Äußerste tun und auf sich nehmen muß, um sich zu retten, damit nicht der Bürge, der Freund, statt seiner zugrunde geht"[34]. Die Treue Damons wird in keiner Situation in Zweifel gezogen. Die Gefahren dringen von außen auf den Helden ein und erhärten in steigendem Maße seine Verläßlichkeit. Die letzte Gefährdung ist die größte: bei den Gefahren zuvor half der Selbsterhaltungstrieb mit, sie zu bestehen; bei der Nachricht des Philostratus muß er überwunden werden, um die Versuchung abzuwehren, das eigene Leben zu retten, zumal die Rettung des Freundes aussichtslos geworden zu sein scheint (XVI—XVII).

3. Die untragische Lösung erfolgt im Höhepunkt der dramatischen Spannung. Die unter den härtesten Belastungen erprobte Treue findet Belohnung und strahlt als verwandelnde Kraft auf die Zuschauer aus. Selbst der Tyrann „fühlt ein menschliches Rühren"; er erkennt staunend die Größe der selbstlosen Liebe und Treue und bittet um Aufnahme in den Freundschaftsbund. „Das aber bedeutet: die Freundschaft ist es . . ., die in ihrer reinen Idealität das Tragische der Notwendigkeit und die Tyrannis des Bösen auf wunderbare, heroische Weise entmächtigt und überwindet"[35]. Wie diese überraschende Lösung dem Märchen nahesteht (wie zuvor die dreimalige, ans Wunder grenzende Errettung), ist auch an der Bezeichnung ‚Wundermär' (XIX, 5) zu erkennen. Schiller ging es hier nicht um eine psychologische Motivierung, sondern um die Herausstellung des parabolischen Sinns, der versittlichenden Kraft der Freundschaft.

Rückblickend erkennen wir am Handlungsgang die raffende und konzentrierte Gestaltung des Dramatikers. Das Gespräch des Tyrannen mit dem Bürgen Selinuntius wurde gestrichen, um eine einheitliche Szenenfolge zu erreichen. Die „Zwischeninformationen" werden durch die Wanderer (XIV) und den Hausverwalter (XV und XVI) gegeben. Die Handlung ist — wie erwähnt — auf die Hauptgestalt konzentriert; der Freund ist nur Nebenfigur, dessen Name nicht einmal erwähnt wird.

Die Hinweise auf den Sonnenstand (V, VIII, XII, XIV, XV und XVIII) unterstreichen die szenischen Abschnitte und lassen die Zeitnot vom Morgenrot über die gigantischen Schatten bis hin zum Sonnenuntergang immer bedrohlicher erscheinen. Erzählzeit und erzählte Zeit stimmen eingangs weitgehend überein, klaffen in den szenischen Einschnitten auseinander und nähern sich zum Schluß wieder immer mehr einander an.

Sprache und Sprechfluß

Knapper, handlungsträchtiger Berichtstil wechselt an wenigen Stellen mit ausmalender Beschreibung (VII und XIII). Die lautmalerische Gestaltung in XIII läßt im Handlungsgalopp eine idyllische Insel entstehen[36]. Auch die Berichterstattung in IV wirkt retardierend, da der Zuhörer bereits informiert ist. Die Erzählung aus der Perspektive Damons (mit Ausnahme von XVI) wird immer wieder durch Monologe an entscheidenden Stellen aufgelockert und dramatisch akzentuiert. — Die Sprache neigt zu raffender Prägnanz und einprägsamer Sentenz, schmiegt sich jedoch der jeweiligen Situation an: I, 1 hat nur drei Hebungen, I, 2 betonten Zeilenanfang; die knappe Sprechweise in I, 4—7 charakterisiert die Sprechenden, die Selbstherrlichkeit des Tyrannen und den trotzigen Mut des Attentäters; in II, 1—4 und 7 finden wir eine starke syntaktische Gliederung mit Staupausen; in III, 1—3 einen langen Tonbogen mit Zeilensprung. Bereits in V weist das dreifache ‚Und' auf die schnell abfolgenden, aneinandergereihten Ereignisse hin. Das trifft verstärkt auf die Kette der Abenteuer zu. „In dem stoßweise drängenden Davoneilen der Anapäste und im immer wieder neu einsetzenden keuchenden „und" spiegelt sich der drohende Zeitverlust, der die mögliche Katastrophe immer näher auf uns zukommen läßt." Die jagenden „und" stehen in dramatischem Wechsel mit den hemmenden „da": Da lächelt der König mit arger List (III, 1) — Da gießt unendlicher Regen herab (VI, 1) — Da reißt die Brücke der Strudel hinab (VI, 5) — Da stößet kein Nachen vom sicheren Strand (VII, 4) — Da sinkt er ans Ufer (VIII, 1) — Da treibt ihn die Angst, da faßt er sich Mut (IX, 4) — Da stürzet die raubende Rotte (X, 3) — ... da sprudelt es silberhell (XIII, 1) — Da hört er die Worte sie sagen (XIV, 7) — Da schimmern in Abendrots Strahlen (XV, 3) — ... da steht er am Tor (XVIII, 1) — Da zertrennt er gewaltig ... (XVIII, 5) — Da bin ich ... (XVIII, 7) — Da sieht man ... (XIX, 4). Stilistisch bestimmen beide wechselseitig das Tempo der Ballade[37].

In VI erfolgt eine Intensivierung des Geschehens durch Lautmalerei: „gießt, stürzen, schwellen, reißet, donnernd sprengen, krachenden." Das gleiche Stilmittel wird in XIII lyrisch verwandt. XII hat in 1—3 fallenden, in 4—7 steigende Tonbogen. Die äußere und innere Bewegung wird in XV durch aktionsstarke Verben: „beflügelt, jagen“ und durch die Bezeichnung der Empfindungen: „Angst, der Sorge Qualen“ herausgehoben. Die innere Erregung kommt in den wörtlichen Reden der Strophen XVI, XVII und XVIII zum Ausdruck.

Die zwanzig siebenzeiligen Strophen reimen nach folgendem Schema: a(m), b(w), b(w), a(m), a(m), c(w), c(w).

Die männlich ausklingenden Verse sind jeweils vierhebig, die weiblich ausklingenden dreihebig. Die beiden letzten Verse heben sich als Paarreim durch gleichen Raum und gleiche Hebungszahl deutlich von den vorhergehenden als eine Art Abgesang heraus, wodurch in einigen Strophen die Aussage verstärkt wird. Die Gefahr der Monotonie entsteht durch den kurzen Atem der Verszeilen und die geringe rhythmische Variation. Sie kann gemildert werden, wenn wir vier Schüler nacheinander in Strophengruppen vortragen lassen, und zwar I—V, VI—XI, XII—XVII und XVIII—XX.

Balladencharakter

Der Leitgedanke der Ballade wird an zwei Stellen deutlich herausgestellt:

Des rühme der blutge Tyrann sich nicht,
Daß der Freund dem Freunde gebrochen die Pflicht,
Er schlachte der Opfer zweie
Und glaube an Liebe und Treue!
(XVII, 4—7)

Und die Treue, sie ist doch kein leerer Wahn —
(XX, 4)

Die Freundschaft war lebenslang ein innerstes Anliegen Schillers, deren Bedrohung ihn zu erschüttern vermochte. Er selbst hat seine freundschaftlichen Bindungen mit beispielhafter Treue durchgehalten. „Freundschaft ist für Schiller von Jugend an der Versuch, das Ideal der Menschheit, wie es ihm vor der Seele steht, auf konkrete und persönliche Weise zu verwirklichen“[38]. Man braucht nur auf seine Freunde in der Karlsschule und auf die Freundschaft mit Streicher, Körner und Goethe hinzuweisen. — Die hohen Ideale der „Bürgschaft“: Freiheit, Menschenwürde, Freundschaft, Treue und Mut sind auch heute noch gerade für Jugendliche beispielhaft wirksam. Es wäre jedoch verfehlt, Schillers „Bürgschaft“ als reine Ideenlyrik zu betrachten und an ihr seine Ideenlehre von Pflicht und Neigung herausarbeiten zu wollen. Damit würde man der Struktur der Ballade als Erzählung in praller Handlungsfülle nicht gerecht. „Denn hier wird ein von der Phantasie hervorgebrachter, frei erfundener Vorgang, wenn auch manchmal in Anknüpfung an bereits überlieferte Stoffe, im Erzählen ständig gesteigert, dramatisiert und dem

Hörer so dargeboten, daß seine gleichnishafte geistige Bedeutung sich in der Versinnlichung, und nur in dieser zugleich mit enthüllt. Nichts ist verfehlter, als solche Balladen nur als Beispiele für Sentenzen und Sittensprüche zu lesen"[39].

B. v. Wiese bezeichnet die „Bürgschaft" als dramatische Kurzgeschichte mit märchenhaften und parabolischen Zügen ohne psychologische Motivierungen[40]. Die balladesken Kennzeichen des unteren und oberen Vorgangs sind kaum anzuwenden, da die Ideale aus menschlicher Kraft verwirklicht werden und die Götter nur „Dekoration" bilden. Man kann diese Ballade als das Hohe Lied der Freundschaftsliebe und Treue bezeichnen.

Aufgaben

1. Gliedere die Ballade in szenische Abschnitte und gib jedem eine Überschrift!
2. Sammle alle Hinweise zum Stand der Sonne und überlege, welche Funktion sie im Handlungsablauf haben!
3. Charakterisiere den König! Was will er „in arger List" erreichen? Wodurch wird er zum Schluß gewandelt?
4. Welche Veränderungen nahm Schiller an seiner Quelle vor? Was hat er gestrichen, was hinzugefügt? Wie hat sich all das ausgewirkt?
5. Was läßt sich zu Metrik und Rhythmus feststellen?

Schallplatten

Polyglotte D 2958 (zus. m. ‚Der Taucher'), Sprecher: Ernst Ginsberg.
D 7967 (zus. mit ‚Der Taucher' und ‚Der Handschuh'), Sprecher: Albin Skoda.
D 79790 (zus. m. ‚Der Kampf mit dem Drachen' u. ‚Teilung der Erde'), Sprecher: Klaus Kinski.

Clemens Brentano
Zu Bacharach am Rheine . . .

Heinrich Heine
Ich weiß nicht, was soll es bedeuten . . .

– Von der Ballade zum Lied –

Clemens Brentano, Zu Bacharach am Rheine . . .

I Zu Bacharach am Rheine
wohnt' eine Zauberin;
sie war so schön und feine
und riß viel Herzen hin.

II Und brachte viel zuschanden
der Männer ringsumher;
aus ihren Liebesbanden
war keine Rettung mehr.

III Der Bischof ließ sie laden
vor geistliche Gewalt —
und mußte sie begnaden,
so schön war ihr' Gestalt.

IV Er sprach zu ihr gerühret:
„Du arme Lore Lay!
Wer hat dich denn verführet
zu böser Zauberei?" —

V „Herr Bischof, laßt mich sterben,
ich bin des Lebens müd,
weil jeder muß verderben,
der meine Augen sieht.

VI Die Augen sind zwei Flammen,
mein Arm ein Zauberstab —
Oh, legt mich in die Flammen!
Oh, brechet mir den Stab!" —

VII „Ich kann dich nicht verdammen,
bis du mir erst bekennt,
warum in diesen Flammen
mein eigen Herz schon brennt!

VIII Den Stab kann ich nicht brechen,
du schöne Lore Lay!
Ich müßte dann zerbrechen
mein eigen Herz entzwei!" —

IX „Herr Bischof, mit mir Armen
treibt nicht so bösen Spott,
und bittet um Erbarmen
für mich den lieben Gott!

X Ich darf nicht länger leben,
ich liebe keinen mehr —
Den Tod sollt Ihr mir geben,
drum kam ich zu Euch her!

XI Mein Schatz hat mich betrogen,
hat sich von mir gewandt,
ist fort von hier gezogen,
fort in ein fremdes Land.

XII Die Augen sanft und wilde,
die Wangen rot und weiß,
die Worte still und milde,
das ist mein Zauberkreis.

XIII Ich selbst muß drin verderben,
das Herz tut mir so weh,
vor Schmerzen möcht' ich sterben,
wenn ich mein Bildnis seh'.

XIV Drum laßt mein Recht mich finden,
mich sterben, wie ein Christ!
Denn alles muß verschwinden,
weil er nicht bei mir ist."

XV Drei Ritter läßt er holen:
„Bringt sie ins Kloster hin!
Geh, Lore! — Gott befohlen
sei dein berückter Sinn!

XVI Du sollst ein Nönnchen werden,
ein Nönnchen schwarz und weiß,
bereite dich auf Erden
zu deines Todes Reis'!"

XVII Zum Kloster sie nun ritten,
die Ritter alle drei,
und traurig in der Mitten
die schöne Lore Lay.

XVIII „O Ritter, laßt mich gehen
auf diesen Felsen groß!
Ich will noch einmal sehen
nach meines Lieben Schloß.

XIX Ich will noch einmal sehen
wohl in den tiefen Rhein
und dann ins Kloster gehen
und Gottes Jungfrau sein."

XX Der Felsen ist so jähe,
so steil ist seine Wand,
doch klimmt sie in die Höhe,
bis daß sie oben stand.

XXI Es binden die drei Ritter
die Rosse unten an
und klettern immer weiter
zum Felsen auch hinan.

XXII Die Jungfrau sprach: „Da gehet
ein Schifflein auf dem Rhein;
der in dem Schifflein stehet,
der soll mein Liebster sein!

XXIII Mein Herz wird mir so munter,
er muß mein Liebster sein!“ —
Da lehnt sie sich hinunter
und stürzet in den Rhein.

XXIV Die Ritter mußten sterben,
sie konnten nicht hinab;
sie mußten all' verderben
ohn' Priester und ohn' Grab.

XXV Wer hat dies Lied gesungen?
Ein Schiffer auf dem Rhein,
und immer hat's geklungen
von dem Dreiritterstein:

Lore Lay!
Lore Lay!
Lore Lay!

Als wären es meiner drei.

Heinrich Heine, Ich weiß nicht, was soll es bedeuten ...

I Ich weiß nicht, was soll es bedeuten,
Daß ich so traurig bin;
Ein Märchen aus alten Zeiten,
Das kommt mir nicht aus dem Sinn.

II Die Luft ist kühl und es dunkelt,
Und ruhig fließt der Rhein;
Der Gipfel des Berges funkelt
Im Abendsonnenschein.

III Die schönste Jungfrau sitzet
Dort oben wunderbar,
Ihr goldnes Geschmeide blitzet,
Sie kämmt ihr goldenes Haar.

IV Sie kämmt es mit goldenem Kamme,
Und singt ein Lied dabei;
Das hat eine wundersame,
Gewaltige Melodei.

V Den Schiffer im kleinen Schiffe
Ergreift es mit wildem Weh;
Er schaut nicht die Felsenriffe,
Er schaut nur hinauf in die Höh'.

VI Ich glaube, die Wellen verschlingen
Am Ende Schiffer und Kahn;
Und das hat mit ihrem Singen
Die Lorelei getan.

Die Lorelei, Hauptgestalt in vier Gedichten von Brentano, Eichendorff, Loeben und Heine, scheint aus alten Märchen, Sagen oder Volksliedern zu stammen — so volkstümlich ist sie geworden, zumal in Heines Gestaltung, die durch Silchers Vertonung weite Verbreitung fand. Jedoch nur der Name ist dem Volkmund entnommen. Ernst Beutler[1] gibt Hinweise auf ältere literarische Anklänge; aber immer hört man nur von Zwergen in einem „Lorleberg", „Lurlenberge" oder „Lurleyberg", der zwar am Rhein liegt, jedoch nirgends genauer lokalisiert wird. Erst später wurde der Name auf den bei Bacharach in den Rhein springenden und der Schiffahrt gefährlichen Echofelsen festgelegt. Er bedeutet: Elben- oder Albfelsen (Lurelei, Lourlei, Lorelei — Lur = ein älterer nicht mehr verstandener Elbenname, lei = Schiefer und Schieferfels am Mittel- und Niederrhein und in der Moselgegend). Aus dem Lorelay wurde durch Brentano die Lore Lay, aus dem geheimnisumwitterten Felsen eine geheimnisvolle Frauengestalt, deren Liebeszauber die Männer ins Verderben führt. Die „Zauberin" wurde von dem „Albfelsen" gelöst, der nur noch der Ort bleibt, von dem sie sich in die Tiefe stürzt und somit ihr tragisches Schicksal beendet. Verselbständigt wird die Geschichte einer Liebesdämonie, unter der nicht nur die Umwelt, sondern die Trägerin am stärksten leidet.

Die um 1800 entstandene Versballade Brentanos erschien im 2. Teil des „Godwi" und tauchte wenig später in Vogts „Rheinsagen" als Prosafassung unter echten Volksmären auf. Unter dem Einfluß Clemens Brentanos entstand Eichendorffs Gedicht, das in seinen Roman „Ahnung und Gegenwart" (1815) eingelegt war und später als selbständiges Gedicht unter dem Titel „Waldgespräch" erschien. Eichendorffs Freund, der Graf Heinrich Otto von Loeben, vereinigte in seinem farblosen Gedicht „Der Lureleyfels" (1821) Zauberfräulein und Felsen und warnte in belehrenden Imperativen die Schiffer vor der magischen Anziehungskraft, die zum Schluß ganz realistisch als Wasserstrudel gesehen wird:

Drum scheu die Wassertücke,
Denn Flut bleibt falsch und kühl[2].

Auf dieser Fassung fußt Heines Gedicht, das er 3 Jahre später als Sechsundzwanzigjähriger schrieb.

Clemens Brentano, Zu Bacharach am Rheine ...

Aufbau und Deutung

Im knappen Berichtstil umreißen die ersten drei Strophen Ort und Situation, wobei in dreifacher Steigerung der Grund für die Vorladung vor ein geistliches Gericht herausgestellt wird:

sie war so schön und feine
und riß viel Herzen hin. (I 2—3)

Und brachte viel zuschanden
der Männer rings umher
aus ihren Liebesbanden
war keine Rettung mehr. (II)

Die Gerichtsverhandlung malen 13 Strophen in breiter Wechselrede aus, deren Ausgang bereits am Ende der dritten Strophe angekündigt wird. Die Vernehmung führt der Bischof milde und hilflos, selbst angerührt von dem Zauber, der von ihrer Schönheit ausstrahlt. Vergebens fragt er zweimal, wer sie „Zu böser Zauberei" verführt habe und wie dieser Zauber zu erklären sei (Str. IV u. VII). Der Hinweis auf die Untreue ihres Geliebten deutet nur auf den Beginn, allenfalls auf den Anlaß ihrer unheimlichen Verstrickung hin, gibt aber keine Begründung (Str. X). Mit einfachen Worten gibt sie lediglich eine Umschreibung der rätselhaften Kräfte, denen sie selbst unterworfen ist und aus deren qualvollem Bann sie nicht ausbrechen kann (Str. VI, XII, XIII). In ihrer existentieller Not geht es ihr nicht um Klärung, sondern um Befreiung. Die Fronten verkehren sich: nicht der Richter drängt auf die Verurteilung, sondern die Angeklagte. In einem elementaren Ausbruch wird wortreich der Wunsch nach dem Tod in den Flammen laut und dabei das Motiv des „Zerbrechens" umkreist: „O, brechet mir den Stab!" — „Den Stab kann ich nicht brechen" — „Ich müßte dann zerbrechen / mein eigen Herz entzwei." Am Rande taucht die Hoffnung auf Erlösung durch den Sühnetod auf („Drum laßt mein Recht mich finden / mich sterben wie ein Christ"), doch rasch verdrängt von einem neuen Bild, der Gestalt des Liebsten, die mit dem begehrten Ziel des Todes verschmilzt (Str. XIV). Hier wird bereits die Erlösung durch Vernichtung am Schluß der Ballade angedeutet („Denn alles muß verschwinden, / weil er nicht bei mir ist"). — Der Bischof weicht auf eine für ihn naheliegende Lösung aus: auf die geduldige Vorbereitung „auf Erden" für des „Todes Reis" in einem Kloster. Er entläßt sie mit: „Gott befohlen sei dein berückter Sinn!" Über zwei Strophen (XVIII u. XIX) bleibt im zweiten Abschnitt des Hauptteils (Str. XVII—XXIV) das Ende in der Schwebe zwischen „Kloster" und „meines Lieben Schloß", zwischen „Gottes Jungfrau" und dem Sturz in die Tiefe. Ebenso in der Schwebe bleiben die Motive für den Untergang in den Fluten des Rheins. „Er erfolgt erstens aus allgemeinem Lebens- und Liebesüberdruß, er erfolgt zweitens vielleicht — ohne daß wir es genau wüßten —, um sich dem Kloster zu entziehen, in dem diese lebensmüde Liebeszauberin trotzdem nicht leben könnte, und er erfolgt drittens aus plötzlich erneutem Liebeskummer. Denn die beiden Strophen, in denen die Lorelay ein Schifflein auf dem Rheine und einen Mann darauf erblickt, von dem es im Volksliedtone heißt: ‚Der soll mein Liebster sein' sollen doch offenbar so aufgefaßt werden, als ob dieser Mann der treulose Liebste der Liebeszauberin und der einzige sei, über den ihr Liebeszauber keine dauernde Gewalt gehabt"[3].

Ist das so gewiß? Ist es wirklich ihr Liebster, den sie in dem Schifflein erblickt? Oder ist es nicht vielmehr irgendein Schiffer, den sie für ihren Liebsten hält oder ihn ersatzweise statt seiner annimmt? Sie steigert das „soll" zum „muß" und verstärkt damit das Impulsiv-Eigenwillige ihres Entschlusses. Der Vorgang bleibt ambivalent[4]. Ebenso ist in dem Ausdruck: „Da lehnt sie sich hinunter" keine eindeutige Selbstmordabsicht zu erkennen. Sicher ist nur, daß die Liebessehnsucht sich erneut in ihr regt und ihr ein neues Lebensgefühl schenkt („Mein Herz wird mir so munter"), nachdem sie kurz zuvor dem Bischof bekannte: „Ich liebe keinen mehr" (Str. X).

Sprache und Metrik

Gleitend sind auch die Zeitebenen. Das Präteritum der Einleitung schafft Erzähl-Distanz. Das langatmige Gespräch des Hauptteils wirkt durch seinen Dialogcharakter gegenwärtig; obgleich es als vergangenes dargeboten wird, verschwimmen die Zeitstufen. Daher überrascht zum Schluß nicht das Präsens aus dem Munde des Bischofs: „Drei Ritter läßt er holen". Das Imperfekt im zweiten Abschnitt des Hauptteils distanziert zunächst wieder die Erzählsituation: „Zum Kloster sie nun ritten". Die Handlung schreitet nach der wortreichen Bitte der Lore Lay (Str. XVIII u. XIX) rasch voran, nahegerückt im Präsens, das mit „stand" und „sprach" zweimal Haltepunkte des Verweilens und vielleicht des Überdenkens im Imperfekt erfährt. Das Perfekt des Schlusses hebt Frage und Feststellung ins Überzeitliche, und der Konjunktiv des letzten Verses läßt das Echo ins Traumhaft-Unwirkliche verklingen. Ebenfalls gleitend ist die Rolle der Geschehens- und Handlungsträger, der tragenden Subjekte: des Bischofs, der Lore Lay, des Liebsten, der drei Ritter, des Schiffers auf dem Rhein bis hin zu dem Ich des Erzählers. Das läßt erkennen, „wie Handlung sich zwischen Gestalt und Gestalt in Umkehrungen spannt; wie Handeln über die Grenzen hinweg auf ein höchstes Objekt greifen möchte (‚bittet ... den lieben Gott'); wie das Handeln eines unfaßbaren Subjekts ungründig als Anlaß erscheint (‚wer hat dich denn verführet'); wie die Verstrickung sich unheilvoll darin zusammenzieht, daß das Subjekt sich selbst als Objekt erfaßt (‚wenn ich mein Bildnis seh')"[5]. In diesem Zusammenhang muß die intransitive Darstellung von Wirken und Geschehenlassen gesehen werden: „laßt mich sterben" — „mein Herz brennt" — „ich darf nicht länger leben" — „mein Schatz ist fortgezogen" — „ich selbst muß drin verderben" u. a. Zudem die Situative und Präpositionsglieder, die Spannung der Bewegung zu etwas hin: „in den Flammen" — „in ein fremdes Land" — „ins Kloster" — „nach meines Lieben Schloß" — „in den Rhein".

Das Vokabular ist in volksliedhafter Manier bewußt einfach gehalten. Manche Wendungen wirken altertümlich; variierende Wiederholungen stehen im Gegensatz zu knappster Aussage. Der Satzbau ist einfach, aber nicht gleichförmig; die Satzglieder wechseln ihre Stellung, einige Gefüge haben kunstvolle Verschränkungen, z. B. in Str. V und VII, in denen die Zauberwirkung umschrieben wird. In Strophe XI dienen dem vorangestellten Subjekt vier Verszeilen als prädikative Aussagen, umgekehrt beziehen sich in der folgenden Strophe drei Subjekte, parallel gesetzt mit zurückgenommenen Attributen, auf das Prädikat der letzten Verszeile: „Dies ist mein Zauberstab" — ein anakoluthartiger syntaktischer Neuansatz. Schwach verbunden ist auch die letzte Zeile: „Als wären es meiner drei" zu der vorhergehenden Strophe, dem echoartigen Ausklang entsprechend.

Die *rhythmische* Bewegung ist denkbar einfach: Vier Verse mit vierfüßigen Jamben fließen mit wechselnden Kadenzen gleichförmig dahin. Hier hat sich das Volkslied als Vorbild am stärksten ausgewirkt[6]. — *Klanglich* geben e, i und ei den Grundton, a-Klänge umspielend und nur selten von o und u verdunkelt.

Heinrich Heine, Ich weiß nicht, was soll es bedeuten ...

Aufbau und Gehalt

Das vielfältige balladeske Geschehen in Brentanos Lore Lay ist bei Heine beschnitten und in sechs Strophen konzentriert. In der symmetrischen Anordnung bilden Eingangs- und Schlußstrophen den Rahmen, die mittleren (III u. IV) den Kern und die zweite und fünfte die Kulisse. — Das balladenferne Ich der Rahmenstrophen setzt die Akzente einer subjektiven Stimmung, in die das Geschehen des Mittelteils eingebettet wird. Das geschieht anfangs noch zögernd und unsicher durch den syntaktischen Bruch in I, 1 und I, 4, wodurch der „Eindruck tastend beklommenen Sprechens"[7] erweckt wird. In beiden Zeilen erfolgt hinter dem Komma beim Satzbau ein Neuansatz, so daß die vorangehenden Satzglieder („ich weiß nicht" und „Ein Märchen aus alten Zeiten") zu Satzfragmenten werden. — Das lyrische Ich tritt in der zweiten Strophe zurück. In geschmeidigem Satzfluß wird eine Landschaft gezeichnet, die mit ihren geringen Bildelementen (kühler Abend, ruhig fließender Strom und ein im Licht der Abendsonne funkelnder Berggipfel) eine stimmunggebende Kulisse aufbaut, die sich für die Atmosphäre des ganzen Gedichts auswirkt. — So vorbereitet, erscheint die „schönste Jungfrau" im traumhaften Für-Sich-Sein, „wunderbar" von der goldenen Abendsonne angestrahlt, im goldenen Geschmeide, ihr goldenes Haar mit goldenem Kamm kämmend. Die Attribute stilisieren die Sirene („Und singt ein Lied dabei") zur Märchenfigur und liefern das Gewand für die Verzauberte und Bezaubernde. Von der ungewollten Wirkung hören wir in der nächsten Strophe: „hingerissen von der Klang- und Lichtvision"[8] wird ein Schiffer vom „wilden Weh" erfaßt, so daß er nicht auf Riffe und Strudel achtet und ihn die Wellen verschlingen. — Die Gefahr der Sentimentalität wird in der letzten Strophe durch den Rückzug auf das erzählende Ich gebannt. Der Untergang wird nur vermutet, die Distanz zum Vorgang erneut bezogen und die Wehmut in kühler Überlegung aufgelöst. Abschließend wird noch einmal der Märchengestalt gedacht und nun erst ihr Name genannt, der dem titellosen Gedicht seine Überschrift gibt.

Metrik und Klang

Die dämonische Ausstrahlung wird weiterhin durch die formale Gestaltung gemildert. Heine wählte die von ihm vielfältig benutzte Liedform. Die dreihebigen jambischen Verse in Kreuzreimbindung fließen in daktylischer Auflockerung geschmeidig dahin, die Wellenbewegung des Stromes und des Haares assoziierend. Der $^6/_8$ Takt in Silchers Vertonung hebt den wiegenden Charakter des fließenden Rhythmus' hervor. Dagegen betonen Inhalt und Satzbau die Eigenständigkeit der einzelnen Strophen. Ein weicher Rhythmus und ein scharf konturierter Aufbau stehen in ausgewogener Schwebe. — Die Tonlage ist ausgeglichen: die dunklen u, a, o und au werden durch helle i, e, ei, und eu ausgeglichen, so daß insgesamt ein ausgewogener Klang entsteht, welcher der Intention und Struktur des Gedichts entspricht.

Balladencharakter

Brentanos Lore Lay erinnert an die Volksballade: an die Ballade vom Dannhauser und an das Lied von den drei Grafen und der Nonne: „Ich stund auf hohem Berge und sah ins tiefe Tal, ein Schifflein sah ich schwimmen". Die Kennzeichen der alten mythischen Volksballade kehren wieder: himmlischer und dämonischer Bereich, Zauberin und Vertreter der Kirche, Liebesverstrickung und Sterben ohne Sakrament, Natur und Magie. Die Bereiche sind aber dort klar geschieden, während sie bei Brentano ineinanderfließen." Es gibt eigentlich nur einen Bereich: den Zauberkreis. Die ganze Natur ist sein Rahmen, die menschlichen Orte liegen am Rand des fließenden Wassers, in dessen Tiefe der Urgrund des Zauberkreises verborgen bleibt. Gegenüber dieser Mächtigkeit ist der himmlische Bereich blaß geworden, das Kloster hat keinen Ort, der Vertreter der Kirche ist selbst in den Zauberkreis gezogen. Sein Verhalten auf der Schwelle, am Rande des Kreises, hat nicht die Kraft der Entscheidung zwischen Himmel und Hölle, weil ‚Hölle' nicht mehr böse, sondern nur noch geheimnisvoll rührend und unausweichbar anziehend ist [...]. In diesem Gedicht hat der Mensch seine menschliche, seine irdische und seine himmlische Geborgenheit verloren, das rätselhafte Wesen der Natur ist allgegenwärtig geworden. Aber nun sind auch die Grenzen aufgehoben: wie das Bild des Jenseitigen sich verflüchtigt, wird das Diesseits schwebend und durchsichtig. Rätselhaft und zwiespältig wird auch das menschliche Wesen, sich selbst im Geheimnisvollen spiegelnd und dem Wesen der Natur verwandt, in Sehnsucht, ganz Natur zu werden. Urbildhafte Einheit von Stromestiefe, Liebe und Tod klingt aus alten Erinnerungen herauf, in denen Tod und Leben eines, Natur und Religion untrennbar waren"[9].

Bei Eichendorff ist die Mythe von der Lorelei zu einem knappen Dialog zusammengeschmolzen. Balladesk ist nur noch die Form des Zwiegesprächs, das genau verteilt über vier Strophen in Rede und Gegenrede verläuft. Rhein und Fels werden nebenbei erwähnt, spielen aber keine handlungstragende Rolle. Schauplatz ist der Wald geworden, in dem die Lorelei als Waldhexe wie das Waldhorn „hin und her" geistert. Geblieben ist das Motiv der Untreue und die verhängnisvolle Anziehungskraft, durch die sie die Männer ins Verderben führt. Man kann sie als das mythisierte Sich-Verirren im Walde auffassen[10]. Nicht der Strom, sondern der Wald wird zum magischen Untergang. Eichendorffs „Waldgespräch" steht „genau auf der Grenze von Ballade und Lyrik"[11].

Diese Grenze wird von Heine überschritten. Der lyrisch-subjektive Rahmen und die stimmungsgetränkte Landschaftskulisse lassen den Ansatz einer Handlung (III—V) als Märchenbild erscheinen, wohin auch das Vokabular dieser Strophen weist. Aus einer melancholischen Gestimmtheit wird im Rückblick von einer Begegnung gesprochen, die bereits in den Wendungen „gewaltige Melodei" und „mit wildem Weh" eine Distanzierung verrät. Wenn man auch erstere sinngemäß als „überwältigend" und letztere als klangschöne Alliteration faßt, so wird doch die eine als ironisierende Überhöhung und die andere als nicht mehr ernst zu nehmendes Klischee empfunden. Rhythmus und Klang vollenden den liedhaften Charakter von Heines Stimmungsgemälde und lassen die dämonische Wirksamkeit der Zauberin in ein Traumland entschwinden, das weitab von der balladesken Erschütterung liegt. Heines „Lied" wirkt zwar abgerundeter und plastischer als Brentanos „Ballade", doch ist das Geheimnisvolle durch die gestalterischen Mittel, vor allem durch die distanzierende Ironie und auch durch die dekorative Metaphorik gemindert. Es ist nicht verwunderlich, daß die leichter zugängliche „Lorelei" Heines die große Beliebtheit erreichte.

Aufgaben

1. Gliedere die beiden Gedichte Brentanos und Heines! Bei welchem sind die Abschnitte deutlicher zu erkennen?
2. Vergleiche die beiden Lorelei-Gestalten! Welche Unterschiede sind zu erkennen?
3. Wie ist das Verhalten des Bischofs in Brentanos „Lorelei" zu verstehen?
4. Sprich zu Sprache und Metrik in beiden Gedichten! Welches zeigt größere Anlehnung an das Volkslied?

Vertonungen

Eichendorffs „Waldgespräch" von Schumann
Heines Lorelei von Silcher

Heinrich Heine

Belsazar

I Die Mitternacht zog näher schon;
In stiller Ruh' lag Babylon.

II Nur oben in des Königs Schloß,
Da flackert's, da lärmt des Königs Troß.

III Dort oben in dem Königssaal
Belsazar hielt sein Königsmahl.

IV Die Knechte saßen in schimmernden Reihn,
Und leerten die Becher mit funkelndem Wein.

V Es klirrten die Becher, es jauchzten die Knecht';
So klang es dem störrigen Könige recht.

VI Des Königs Wangen leuchten Glut;
Im Wein erwuchs ihm kecker Mut.

VII Und blindlings reißt der Mut ihn fort;
Und er lästert die Gottheit mit sündigem Wort.

VIII Und er brüstet sich frech, und lästert wild;
Die Knechtenschar ihm Beifall brüllt.

IX Der König rief mit stolzem Blick;
Der Diener eilt und kehrt zurück.

X Er trug viel gülden Gerät auf dem Haupt;
Das war aus dem Tempel Jehovas geraubt.

XI Und der König ergriff mit frevler Hand
Einen heiligen Becher, gefüllt bis am Rand.

XII Und er leert ihn hastig bis auf den Grund,
Und rufet laut mit schäumendem Mund:

XIII „Jehova! dir künd ich auf ewig Hohn —
Ich bin der König von Babylon!"

XIV Doch kaum das grause Wort verklang,
Dem König ward's heimlich im Busen bang.

XV Das gellende Lachen verstummte zumal;
Es wurde leichenstill im Saal.

XVI Und sieh! und sieh! an weißer Wand
Da kam's hervor wie Menschenhand;

XVII Und schrieb, und schrieb an weißer Wand
Buchstaben von Feuer, und schrieb und schwand.

XVIII Der König stieren Blicks da saß,
Mit schlotternden Knien und totenblaß.

XIX Die Knechtenschar saß kalt durchgraut,
Und saß gar still, gab keinen Laut.

XX Die Magier kamen, doch keiner verstand
Zu deuten die Flammenschrift an der Wand.

XXI Belsazar ward aber in selbiger Nacht
Von seinen Knechten umgebracht.

Die volkstümliche Ballade entstand 1820 in der ersten Fassung und wurde unter den „Romanzen" im „Buch der Lieder" 1827 veröffentlicht. Angeregt wurde Heine durch Byrons Gedicht „Vision of Belshazzar" und durch eine kurze hebräische Hymne. „... wissen Sie, was mich inspiriert hat? Ein paar Worte in der hebräischen Hymne ‚Bachazoz halajla' (Um Mitternacht), die man, wie Sie wissen, an den zwei Osterabenden singt"[12]. Nicht Herodots Erzählung liegt als historischer Kern zugrunde, sondern die Darstellung im Buch Daniel, Kap. 5. Es ist aufschlußreich für die Gestaltung dieser Ballade — für das Entstehen von Dichtung überhaupt —, was weggelassen und hinzugefügt, was gestrafft und was ausgemalt wurde. Darum sollte eingangs der biblische Bericht vorgelesen werden.

Aufbau

1. Die ersten drei Strophen umreißen Ort, Zeit und Personen, geben also die Exposition. Der Blick wird von der Residenz Babylon zum Schloß des Königs geführt und auf das Königsmahl verengt. Die Genitiv-Wendungen deuten auf die Besitz- und Abhängigkeitsverhältnisse hin. Belsazar wird eindeutig herausgehoben; die Knechte sind nur Statisten und spiegeln die Vorgänge. Im Bibeltext heißt es: „Der König Belsazar veranstaltete ein großes Gastmahl für seine tausend Großwürdenträger, und mit den Tausenden zechte er Wein" (Pattloch-Bibel). Aus den Großwürdenträgern sind Knechte geworden, und selbst wenn man für letztere engl. knight = Ritter oder die alte Bedeutung (= Mann, Knappe, Held) heranzieht und die Knechte von den Dienern abhebt, verbleibt die distanzierende und isolierende Hoheit des selbstherrlichen Herrschers, der seinen Untertanen kein Festessen gibt, sondern „sein Königsmahl" hält. Damit wird für seine Hybris die Plattform geschaffen und auch die Ermordung durch die eigenen Knechte im numinosen Erschauern verständlich.

2. Die Strophen IV—VI leiten über zur Gotteslästerung, die in VII—XIII sich abspielt. In der Bibel ist sie bei weitem nicht so deutlich ausgesprochen und nicht auf Belsazar zugespitzt. Dort wird als einziger Frevel berichtet, daß „der König, seine Großwürdenträger, seine Frauen und Nebenfrauen" aus den geraubten Tempel-Gefäßen tranken; hier ergreift nur der König mit „frevler Hand einen heiligen Becher". Weiter heißt es in der Bibel: „Sie ... priesen die Götter aus Gold, Silber, Erz,

Eisen, Holz und Stein", woraus sich keine weitere Lästerung des Gottes der Juden entnehmen läßt. Dazu kommt es erst eindeutig in VII, 2 und VIII, 1 der Ballade (zweimal „lästert"). Die herausfordernden Lästerworte, die einzige direkte Rede in dieser Ballade, sind von Heine hinzugefügt und führen zum ersten Höhepunkt.

3. Die magische Antwort wird effektvoll ausgemalt (XIV—XVII). Den eigentlichen Höhepunkt, die Flammenschrift, schildert Daniel V, 5 so: „Zur gleichen Stunde erschienen Finger einer Menschenhand und schrieben auf der Kalktünche an der Wand des königlichen Palastes gegenüber dem Leuchter. Der König bemerkte den schreibenden Handrücken. Es verfärbte sich das Angesicht des Königs, seine Gedanken gerieten in Verwirrung, seine Hüftgelenke lösten sich und seine Knie schlugen aneinander." — Bei Heine wird der Vorgang handlungs- und stimmungsreicher gestaltet. In der ersten Fassung lautete XVII, 2: „Eine leuchtende Flammenschrift, und schwand", was wirkungsvoller in „Buchstaben von Feuer und schrieb und schwand" verändert wurde. Der Wortlaut des Menetekels und seine Deutung durch den Propheten Daniel werden im Gegensatz zur Bibel nicht gegeben, um dem magischen Geschehen nicht durch völlige Klärung das Geheimnisvolle zu nehmen (vgl. die Ausführungen v. Münchhausens)[13].

4. Der Hybris folgt die Nemesis (XVIII—XXI). Von Reaktion und Strafe wird nach Schillers Vorbild nur kurz berichtet. Die letzte Strophe bringt den Abschluß in trockenem Chronistenstil und lehnt sich am stärksten an den Wortlaut der Bibel an, wobei jedoch die Mörder bezeichnet werden.

Metrik und Sprache

Die kurzen viertaktigen Verszeilen sind durch Paarreim zu Kurzstrophen gebündelt. Sie haben durchgehend männliche Kadenzen, in denen die dunklen Vokale vorherrschen. Sie passen in ihrer Härte zum wüsten Festgelage und zu dem unerbittlichen Gericht. Die kurzen Strophen sind geschickt miteinander verzahnt: durch reihende „und" (zehnmal am Zeilenanfang) und durch Wiederaufnahme desselben Wortes (auffallend in IV—VIII), was zum epischen Fluß beiträgt. Die Monotonie im Sprachfluß wird durch den Wechsel von Jamben und Anapästen vermieden; erstere herrschen beim Bericht, letztere bei der lyrischen Ausmalung vor. Doch gehen sie nicht zwingend aus der jeweiligen Situation hervor, sondern dienen vorwiegend der Abwechslung und bewirken den lebendigen Rhythmus. So wird der gleiche Vorgangsbericht in IX und X zunächst in Jamben und dann in Anapästen gegeben, und der knappe Bericht in XXI vereint beide Versfüße. Jedoch fällt auf, daß nur die Zeilen des frevelnden Tuns (VII, 2, VIII, 1, XI, 1, XII, 1) anapästisch eingeleitet werden, als ob die Gotteslästerung eines längeren Anlaufs bedürfe. Eindrucksvoll heben die beiden Zeilen XIII, 2 und XVII, 2 mit versetzter Betonung die Höhepunkte heraus.

Die Steigerung der Spannung wird in XVI und XVII durch das einfache Mittel der Wiederholung erreicht, die Farbigkeit der Darstellung durch Gegensätze: Die Glut der Wangen wandelt sich in Totenblässe, das Jauchzen der Knechte zu kaltem Grauen, der Lärm des Zechgelages zu angsterfüllter Stille. — Zudem wird die Klangfarbe der Vokale für die Stimmung der einzelnen Szenen ausgenutzt. So die dunkle Tönung in I, die Aufhellung in IV—VIII und die spitz-ziehenden i-Laute in XVI—XVIII.

Stehende Wendungen wie: „stumme Ruh, schimmernde Reihn, funkelnder Wein, kecker Mut, stolzer Blick, gülden Gerät, heiliger Becher, gellendes Lachen, weiße Wand, stierer Blick, schlotternde Knie“ geben dem Stil ein volkstümliches Dekor und zielen auf eine objektive Charakterisierung, die auf jede subjektive Deutung des Geschehens verzichtet. Altertümliche Wendungen: „viel gülden Gerät, dem König wards [...] bang, das gellende Lachen verstummte zumal, [...] und saß gar still, Belsazar ward [...] umgebracht“ sollen den Erzählstil der Bibel anklingen lassen.

Balladencharakter

Der Balladencharakter wird durch epische, dramatische und lyrische Elemente bestimmt. Präteritum und Präsens wechseln, so daß Bericht und szenische Vergegenwärtigung in der Schwebe gehalten werden. Das erregende Geschehen wird durch Straffung des Bibeltextes und durch spannungsreiche Effekte dramatisch verdichtet. Die farbige Ausmalung, die zur lyrischen Stimmung führt, wird vor allem mit Adjektiven erreicht. — Die Idee der Ballade ist leicht zugänglich: Die Vermessenheit des Menschen wird von der Nemesis gerächt. Der Untat folgt die Sühne. — Man braucht sich nicht dem harten Urteil Müller-Seidels anzuschließen: „Der balladische Vorgang geht bei Heine in dem auf, wovon er handelt. Er ist so durchsichtig, daß der poetische Sinn darunter leidet. Das Balladische ist in Gefahr, sich im Thema von Schuld und Sühne zu erschöpfen. Das Irrationale wird einsehbar. Es wird wie ein Versatzstück gebraucht, das man benutzt, um balladische Wirkungen zu erzielen“[14]. Doch erkennt man im Vergleich mit Schillers „Kranichen“, um wieviel einfacher hier die Linienführung ist, die das Vorder- und Hintergründige überdeutlich herausstellt. Immerhin ist Heines „Belsazar“ zu einer der beliebtesten Balladen geworden, nicht nur wegen seiner durchsichtigen Gestaltung, sondern auch durch die spannungsvolle Darbietung, den numinosen Schauder und die plastische Darstellung der alttestamentarischen Gottesvorstellung.

Aufgaben

1. Wie hat der Dichter die biblische Vorlage verändert? Warum?
2. Stelle das Vorder- und Hintergründige der Ballade heraus!
3. Welche sprachlichen Mittel dienen dem Erzählfluß und der dramatischen Gestaltung?

Vertonung

Robert Schumann (1840)

Schallplatten

Teldec Telefunken TSF 13014 und TSC 13411 (zus. m. „Schelm von Bergen"), Sprecher: Martin Held.

Heinrich Heine

Schelm von Bergen

I Im Schloß zu Düsseldorf am Rhein
Wird Mummenschanz gehalten;
Da flimmern die Kerzen, da rauscht die Musik,
Da tanzen die bunten Gestalten.

II Da tanzt die schöne Herzogin,
Sie lacht laut auf beständig;
Ihr Tänzer ist ein schlanker Fant,
Gar höfisch und behendig.

III Er trägt eine Maske von schwarzem Samt,
Daraus gar freudig blicket
Ein Auge, wie ein blanker Dolch,
Halb aus der Scheide gezücket.

IV Es jubelt die Fastnachtsgeckenschar,
Wenn jene vorüberwalzen.
Der Drickes und die Marizzebill
Grüßen mit Schnarren und Schnalzen.

V Und die Trompeten schmettern drein,
Der närrische Brummbaß brummet,
Bis endlich der Tanz ein Ende nimmt
Und die Musik verstummet.

VI „Durchlauchtigste Frau, gebt Urlaub mir,
Ich muß nach Hause gehen —“
Die Herzogin lacht: „Ich laß dich nicht fort,
Bevor ich dein Antlitz gesehen.“

VII „Durchlauchtigste Frau, gebt Urlaub mir,
Mein Anblick bringt Schrecken und Grauen —“
Die Herzogin lacht: „Ich fürchte mich nicht,
Ich will dein Antlitz schauen.“

VIII „Durchlauchtigste Frau, gebt Urlaub mir,
Der Nacht und dem Tode gehör ich —“
Die Herzogin lacht: „Ich lasse dich nicht,
Dein Antlitz zu schauen begehr ich.“

IX Wohl sträubt sich der Mann mit finsterm Wort,
Das Weib nicht zähmen kunnt er;
Sie riß zuletzt ihm mit Gewalt
Die Maske vom Antlitz herunter.

X „Das ist der Scharfrichter von Bergen!“ so schreit
Entsetzt die Menge im Saale
Und weichet scheusam — die Herzogin
Stürzt fort zu ihrem Gemahle.

XI Der Herzog ist klug, er tilgte die Schmach
Der Gattin auf der Stelle.
Er zog sein blankes Schwert und sprach:
„Knie vor mir nieder, Geselle!

XII Mit diesem Schwertschlag mach ich dich
Jetzt ehrlich und ritterzünftig,
Und weil du ein Schelm, so nenne dich
Herr Schelm von Bergen künftig."

XIII So ward der Henker ein Edelmann
Und Ahnherr der Schelme von Bergen.
Ein stolzes Geschlecht! es blühte am Rhein.
Jetzt schläft es in steinernen Särgen.

Das Gedicht erschien 1851 im „Romanzero", der dritten großen Lyriksammlung Heines.

Aufbau

Eine knappe Handlung wird balladesk aufgeschwellt. Die Übergänge sind fließend, nur die erste und letzte Strophe heben sich als Rahmen ab.

1. Einleitung: Ort und Situation, aber zeitlich unbestimmt (I).
2. Ein tanzendes Paar erregt die Aufmerksamkeit der lustigen Geckenschar (II—V).
3. Entlarvung trotz hartnäckiger Abwehr (VI—IX).
4. Erschrecken und Tilgung der Schmach durch das kluge Verhalten des Herzogs (X—XII).
5. Ausklang (XIII).

Atmosphäre

Als Rheinländer hat Heine den Karneval geliebt und öfter den Mummenschanz motivisch in verschiedenster Auspägung verwandt. In einem Brief schreibt er: „Aber was ist daran gelegen, wer unter der Maske steckt? Man will sich freuen, und zur Freude bedarf man nur Menschen. Und Mensch ist man erst recht auf dem Maskenballe, wo die wächserne Larve unsere gewöhnliche Fleischlarve bedeckt, wo das schlichte Du die urgesellschaftliche Vertraulichkeit herstellt, wo ein alle Ansprüche verhüllender Domino die schönste Gleichheit hervorbringt, und wo die schönste Freiheit herrscht — Maskenfreiheit". — Der Maskenball ist im „Schelm von Bergen" Schauplatz und Strukturelement zugleich.

Die aristokratische Gesellschaft ist unter der Larve mit dem Volk vereint, die höfischen Schranken sind aufgehoben. Die Drickes und Marizzebill (entstanden aus Hendrik und Maria Sibylle), volkstümliche kölnische Karnevalsfiguren, klatschen der Herzogin und ihrem Tänzer Beifall, wenn sie vorüberwalzen (IV, 4: Lautmalerei). In die ausgelassene Fastnachtsfreude bricht jäh das Entsetzen, als der „schlanke Fant" sich als der verfemte Scharfrichter von Bergen entpuppt. Die Lebensfreude gerät in die Schauer des Todes, der in dessen Gestalt auftritt. Doch der Stimmungsumschwung währt nicht lange. Der kluge Herzog stellt gelassen Ehre und Heiterkeit wieder her, indem er mit witzigem Einfall den Eindringling in den Adelsstand erhebt. Der adelnde Schwertschlag ist ein Überraschungseffekt, da der Leser eine Hinrichtung erwartet, als das „blanke Schwert" gezogen wird.

Sprache und Metrik

Aus dem Mummenschanz erwächst das poetische Spiel und damit der Abstand, den die Ironie fordert. Diese steckt in Bild und Handlung, wird in Sprache und Rhythmus hörbar und durch Gegensätze grundgelegt: Die höfische Gesellschaft vergnügt sich im Schloß mit gemeinem Volk, die Herzogin flirtet mit einem maskierten „Schelm", dessen Auge „gar freudig" aus der „schwarzen" Maske blicket „wie ein blanker Dolch, halb aus der Scheide gezücket"; das ungestüme Werben der schönen Fürstin begegnet dem hartnäckigen Sträuben des finsteren Gesellen mit rätselhaft dunklen Hinweisen, durch die sie nur stärker gereizt wird; der Verfemte, der Schrecken und Grauen bringt und der „Nacht und dem Tod" gehört, tanzt inmitten einer bunten und lauten Karnevalsgesellschaft; ratloses Entsetzen nach der Entlarvung; überlegene Haltung des Fürsten; ein stolzes Geschlecht, das am Rhein blühte, schläft jetzt in steinernen Särgen — all das wird mit lässiger Sprachgebärde entwickelt, die vor Klischees nicht zurückschreckt (z. B. I, 3) und „kunnt er" auf „herunter" reimt. Locker gegliederte Perioden reihen Beschreibungen und Begebenheiten aneinander (fünfmal „und" am Zeilenanfang), die in rascher Folge einander ablösen. Stimmung und Ironie sind ineinander verklammert; Stimmungsbrüche lassen ein balladeskes Erschauern nicht aufkommen und geben der Satire Raum.

Der bei Heine oft gerühmte Sinn für Nuancen prägt den Rhythmus. Die „Sorglosigkeit" ist überlegt und gezielt eingesetzt. — Die vierzeiligen Strophen wechseln zwischen vier und drei Hebungen, ebenso die stumpfen mit klingenden Kadenzen, wobei nur letztere durch Endreim verknüpft sind. Kurze Verszeilen erzeugen eine schnell fließende Bewegung. Jamben (bzw. Trochäen) werden unregelmäßig mit Daktylen (bzw. Anapästen) gemischt, vor allem dort, wo ein tänzerischer Fluß angebracht ist. Betonungsverschiebungen am Zeilenanfang (III, 4 — IV, 4 — V, 1 — VII, 1 — VIII, 1 u. 4 — IX, 1 — X, 4 — XII, 4) beleben den Rhythmus, der an verschiedenen Stellen im Tanzschritt des Schnadahüpfls variiert wird. Charakteristisch für Heine ist folgende Beziehung zwischen den zweiten und vierten Zeilen:

II, 2	× / ×́ ×̀ / ×́ ×/×́ ×̀ Sie lacht laut auf beständig
und II, 4	×̀ /×́ ×̀/ ×́ ×/×́ ×̀ gar höfisch und behendig

gegenüber dem häufigen Schema:

I, 2	× /×́ × / ×́ ×/×́ × wird Mummenschanz gehalten
und I, 4	×/×́ × ×/×́ × × / ×́ × da tanzen die bunten Gestalten.

Die Hebungen sind in II, 2 und II, 4 gekappt und auf die dem Metrum nach unbetonten Silben verteilt, so daß der rhythmische Fluß gestutzt wird. Eindeutig wird also der Rhythmus über das Metrum gesetzt. — Langsam und gravitätisch schreiten die ersten Zeilen von VI, VII und VIII dahin; sie ironisieren die höfische Courtoisie und bringen in ihrer Wiederholung das beharrliche Sträuben zum Ausdruck.

Balladencharakter

Der motivische Einfall ähnelt einer alten Schauerballade mit gutem Ausgang. Die Ritterballade wird bewußt parodiert. Die Handlung ist auf wenige Augenblicke zusammengezogen und wird von der verspielten Atmosphäre überdeckt. Die ironischen Stilmittel, die komische Schlußpointe vor allem, desillusionieren und schaffen Abstand. Die Romanze darf nicht naiv gelesen werden. Und das ist bei Jugendlichen nicht leicht zu erreichen.

Aufgaben

1. Inwiefern wird die Atmosphäre des Gedichts vom Maskenball geprägt?
2. Welche Gegensätze lassen sich herausstellen? Wodurch entsteht Komik?
3. Was läßt sich zu Metrum und Rhythmus sagen?
4. Inwiefern wird hier die Ritterballade parodiert?

Schallplatten

s. Belsazar

Annette von Droste-Hülshoff

Die Vergeltung

1.

I Der Kapitän steht an der Spiere,
Das Fernrohr in gebräunter Hand,
Dem schwarzgelockten Passagiere
Hat er den Rücken zugewandt.
Nach einem Wolkenstreif in Sinnen
Die beiden wie zwei Pfeiler sehn,
Der Fremde spricht: „Was braut da drinnen?" —
„Der Teufel", brummt der Kapitän.

II Da hebt von morschen Balkens Trümmer
Ein Kranker seine feuchte Stirn,
Des Äthers Blau, der See Geflimmer,
Ach, alles quält sein fiebernd Hirn!
Er läßt die Blicke, schwer und düster,
Entlängs dem harten Pfühle gehn,
Die eingegrabnen Worte liest er:
„Batavia. Fünfhundertzehn."

III Die Wolke steigt, zur Mittagsstunde
Das Schiff ächzt auf der Wellen Höhn.
Gezisch, Geheul aus wüstem Grunde,
Die Bohlen weichen mit Gestöhn.
„Jesus, Marie! wir sind verloren!"
Vom Mast geschleudert der Matros',
Ein dumpfer Krach in aller Ohren,
Und langsam löst der Bau sich los.

IV Noch liegt der Kranke am Verdecke,
Um seinen Balken fest geklemmt,
Da kommt die Flut, und eine Strecke
Wird er ins wüste Meer geschwemmt.
Was nicht geläng der Kräfte Sporne,
Das leistet ihm der starre Krampf,
Und wie ein Narwal mit dem Horne
Schießt fort er durch der Wellen Dampf.

V Wie lange so? — er weiß es nimmer,
Dann trifft ein Strahl des Auges Ball,
Und langsam schwimmt er mit der Trümmer
Auf ödem glitzerndem Kristall.
Das Schiff! — die Mannschaft! — sie versanken.
Doch nein, dort auf der Wasserbahn,
Dort sieht den Passagier er schwanken
In einer Kiste morschem Kahn.

VI Armsel'ge Lade! sie wird sinken,
Er strengt die heisre Stimme an:

„Nur grade! Freund, du drückst zur Linken!“
Und immer näher schwankts heran,
Und immer näher treibt die Trümmer,
Wie ein verwehtes Möwennest;
„Courage!“ ruft der kranke Schwimmer,
„Mich dünkt, ich sehe Land im West!“

VII Nun rühren sich der Fähren Ende,
Es sieht des fremden Auges Blitz,
Da plötzlich fühlt er starke Hände,
Fühlt wütend sich gezerrt vom Sitz.
„Barmherzigkeit! ich kann nicht kämpfen.“
Er klammert dort, er klemmt sich hier;
Ein heisrer Schrei, den Wellen dämpfen,
Am Balken schwimmt der Passagier.

VIII Dann hat er kräftig sich geschwungen
Und schaukelt durch das öde Blau,
Er sieht das Land wie Dämmerungen
Enttauchen und zergehn in Grau.
Noch lange ist er so geschwommen,
Umflattert von der Möwe Schrei,
Dann hat ein Schiff ihn aufgenommen,
Viktoria! nun ist er frei!

2.

IX Drei kurze Monde sind verronnen,
Und die Fregatte liegt am Strand,
Wo mittags sich die Robben sonnen
Und Bursche klettern übern Rand,
Den Mädchen ists ein Abenteuer,
Es zu erschaun vom fernen Riff,
Denn noch zerstört ist nicht geheuer
Das greuliche Korsarenschiff.

X Und vor der Stadt, da ist ein Waten,
Ein Wühlen durch das Kiesgeschrill,
Da die verrufenen Piraten
Ein jeder sterben sehen will.
Aus Strandgebälken, morsch, zertrümmert,
Hat man den Galgen, dicht am Meer,
In wüster Eile aufgezimmert.
Dort dräut er von der Düne her!

XI Welch ein Getümmel an den Schranken! —
„Da kommt der Frei — der Hessel jetzt —
Da bringen sie den schwarzen Franken,
Der hat geleugnet bis zuletzt.“ —
„Schiffbrüchig sei er hergeschwommen,“
Höhnt eine Alte, „ei, wie kühn!
Doch keiner sprach zu seinem Frommen,
Die ganze Bande gegen ihn.“

XII Der Passagier, am Galgen stehend,
Hohläugig, mit zerbrochnem Mut,
Zu jedem Räuber flüstert flehend:
„Was tat dir mein unschuldig Blut?
Barmherzigkeit! — so muß ich sterben
Durch des Gesindels Lügenwort,
O, mög die Seele euch verderben!"
Da zieht ihn schon der Scherge fort.

XIII Er sieht die Menge wogend spalten —
Er hört das Summen im Gewühl —
Nun weiß er, daß des Himmels Walten
Nur seiner Pfaffen Gaukelspiel!
Und als er in des Hohnes Stolze
Will starren nach den Ätherhöhn,
Da liest er an des Galgens Holze:
„Batavia. Fünfhundertzehn."

Das Gedicht entstand 1841 als erste der „Meersburger Balladen". Um den Handlungsablauf und die Zusammenhänge zu klären, müssen beim ersten Durchgang einige Verständnisschwierigkeiten beseitigt werden. So die Fachwörter: Spiere (= langer Balken, den die Droste wohl für Mast oder Segelstange verwendet), Batavia (= Hauptstadt von Java, Indonesien — heute: Djakarta), Narwal (= 5—6 m langer Einhornwal der Nordmeere; bei den männlichen Tieren ist der linke obere Eckzahn zu einem bis zu 3 m langen, spiralig gedrehten Stoßzahn entwickelt), Fregatte (= it. Segelschiff mit 3 Masten), Franke (= Franzose) und Korsar (= Seeräuber im Mittelmeer seit dem ausgehenden Mittelalter) sowie die Fremdwörter: Passagier, Äther, Courage und Viktoria; ebenso die wenig gebräuchlichen Wörter wie Pfühl und Pfaffe, die Trümmer (dreimal als Singular verwandt) und Bursche (Plural), Kiesgeschrill (= Geräusch beim Gehen durch muscheldurchsetzten Strandkies), dräut und Scherge. Einige sprachlich verknappte Stellen müssen „übersetzt" werden, um den Sinn herauszustellen:

I, 5/6 Kapitän und Passagier sehen unbewegt (wie zwei Pfeiler) und sinnend (nachdenklich, besorgt) nach einem Wolkenstreifen.

III, 1/2 Während die Gewitterwolke aufsteigt, ächzt das Schiff um die Mittagsstunde auf den Wellenkämmen.

III, 3/4 Unter dem Gezisch und Geheul der aufgewühlten See lösen sich stöhnend die Bohlen (= Planken) des Schiffes.

IV, 5/6 Was nicht mit angespannten Kräften gelänge, erreicht der Kranke durch seine Verkrampfung.

V, 2 Ein Sonnenstrahl erreicht sein Auge.

VII, 1 Nun berühren sich die Enden der beiden Fähren (nämlich der Balken mit dem Kranken und die morsche Kiste mit dem Passagier).

IX Punkte statt der Kommata nach Z. 1, 3, 4 u. 6 erleichtern die Sinnerfassung.

XI, 7/8 Keiner sprach zu seinen Gunsten; alle Seeräuber waren gegen ihn, was in XII, 6 vom Passagier selbst bestätigt wird.

XIII, 1 Er sieht, wie sich die Menge wogend spaltet.

XIII, 3/4 Nun weiß er, daß das Walten des Himmels (= die göttliche Vorsehung) nur eine Vortäuschung der Pfaffen ist.

Sprache und Metrik

Jede Strophe skizziert einen deutlich abgesetzten Vorgang, der mit wenigen Worten erfaßt werden kann. Viele der scharf umrissenen Bilder werden mit den Augen der Hauptpersonen wahrgenommen: Kapitän und Passagier sehen das herannahende Unwetter; der Kranke liest die auf seinem Balken eingegrabene Inschrift; er erblickt den Passagier und dirigiert ihn zu sich heran; der Passagier sieht das Land entschwinden; ihn und die Seeräuber wollen jung und alt der Stadt sterben sehen, und mit den letzten Wahrnehmungen des Passagiers schließt die Ballade. — Das Ohr hat Anteil an wenigen, aber gewichtigen Stellen in den Strophen III, VII, XII und XIII. Auch wo die Autorin direkt berichtet, überrascht die Anschaulichkeit der Darstellung bei sprachlicher Knappheit. Beispielhaft ist die Schilderung des Schiffsuntergangs (III). — Reichlich verwandt werden Satzzeichen — Kommata, Ausrufzeichen und Gedankenstriche —, die Pausen schaffen und in Verein mit Satzbrüchen und Satzverkürzungen den Sprachfluß verlangsamen. Die im Kreuzreim stehenden vierfüßigen jambischen Verse erhalten damit vielfach einen gestauten Rhythmus und verhindern ein schnelles gleichmäßiges Lesen. — Sparsam wird die wörtliche Rede verwandt. Ein Kurzdialog kündigt den Sturm an, ein Aufschrei die Schiffskatastrophe. Die Bemerkungen der sensationslüsternen Zuschauer charakterisieren diese selbst und vertiefen die farbig ausgemalte Atmosphäre am Rande der Hinrichtung (IX u. X). Das Flehen um Barmherzigkeit wiederholt sich und löst im Leser gegensätzliche Empfindungen aus. Die letzten Worte des Passagiers spiegeln seine innere Verfassung, den jähen Umschlag von Verzweiflung zu Verwünschung und Verhöhnung (wenn man XIII 3—6 hinzunimmt). — Die zahlreichen Assonanzen schaffen Klangeinheiten, und zwar in einem Wort wie bei „Batavia“ oder in zwei aufeinanderfolgenden Wörtern wie „zwei Pfeiler — fiebernd Hirn — starre Krampf — heiserer Schrei — Robben sonnen. Darüber hinaus werden ganze Verszeilen klanglich verspannt wie in V 2: „Dann trifft ein Strahl des Auges Ball“, in VIII 2:

„Und schaukelt durch das öde Blau", oder es werden zwei Verszeilen zu Klangbögen verbunden wie V 5/6 und IX 7/8. — Gleiche Wirkung haben die geringer anzutreffenden Alliterationen: „In einer Kiste morschem Kahn" (V 8), „Er klammert dort, er klemmt sich hier" (VII 6), „Dort dräut er von der Düne her" (X 8). — Düster ist die Szenerie in beiden Teilen des Gedichts. Das Blau des Meeres wird „öde" genannt (V 4 u. VIII 2), „des Äthers Blau" und „der See Geflimmer" quälen den Kranken. Die Eigenschafts- und Umstandswörter unterstreichen die Bedrohung und Ausweglosigkeit. Zweimal wird „morsch, öde, heiser" und dreimal „wüst" gebraucht. Der namenlose Passagier ist durch das Attribut „schwarz" gekennzeichnet (I 3: dem schwarzgelockten Passagiere, XI 3: den schwarzen Franken). —

Insgesamt läßt sich sagen: „Die sprachliche Kunst zielt auf Unruhe und nicht auf besänftigende epische Breite hin"[1].

Balladencharakter

Der Titel „Gottes Hand" im Konzept der Dichterin weist noch deutlicher als die endgültige Überschrift „Die Vergeltung" auf die Idee der Ballade hin. Wie in der „Judenbuche" wird das Walten der göttlichen Gerechtigkeit dargestellt. Und wie dort eine Buche mit ihren Zeichen wird hier ein Balken mit der Inschrift: „Batavia, Fünfhundertzehn" zum Dingsymbol. Was zunächst als belanglose, wenn auch durch den Druck hervorgehobene Anmerkung erscheint, wird in X, 8 personifiziert und zur persona dramatis, die von der Düne her „dräut". Die Schlußzeile läßt die balladeske Funktion des Balkens vollends deutlich werden: er wird zur Hand Gottes, die den Übeltäter richtet und damit Vergeltung übt. Aus dem stummen Zeugen der Untat wird der drohende Ankläger, aus dem Werkzeug der scheinbaren Rettung der Galgen für die Hinrichtung. Was anfangs bloßer Zufall schien, wird zur Fügung. Es bleibt offen, ob und wieweit dies vom Passagier selbst erkannt wird, der noch vor dem Aufblick „des Himmels Walten" als bloßes „Gaukelspiel der Pfaffen" ansah. Ob sich beim Lesen der Aufschrift ein blitzartiger Umschlag von trotzigem Hohn in vernichtende Erkenntnis und damit in Reue und Sühne vollzieht, ist aus den letzten Zeilen nicht zu entnehmen. Obgleich der Schluß aus der Sicht des „schwarzen Franken" gegeben wird, ist kein psychologischer Vorgang zu erkennen. Wichtig war der Dichterin anscheinend nur der Vollzug einer höheren Gerechtigkeit, die sich anders verwirklicht als die irdische und somit die Überschrift der Ballade geheimnisvoll zum Abschluß bringt.

Das Ineinandergreifen von packender Schilderung und von sittlichem Gehalt ist nahtlos und überzeugend gelungen. „Auf die Eindringlichkeit des Vorgangshaften kommt es an, das uns den sittlichen Gehalt gleichsam von sich aus aufzwingt und das rätselhafte Walten Gottes in das objektive Sinnbild einprägt, nicht aber auf eine reflektierende Stellungnahme der Dichterin, die einen Stoff im sentimentalischen Sinne Schillers auf eine übergeordnete ‚Idee' bezöge"[2].

Die Qualität dieser Ballade ist in der Literaturhistorie umstritten. Börries von Münchhausen lobt sie als meisterhafte Leistung in seiner ihm eigenen Balladenbetrachtung mit der Heraushebung einer unteren und oberen Schicht. Wolfgang Kayser nennt die Tat unbegründet, die Strafe kalt und schematisch, das Ganze „ungleich moralischer" als die „Judenbuche". Walter Hinck will aber gerade darin eine künstlerische Meisterschaft erkennen: „Nicht nur das Schuldigwerden steht unter den Bedingungen der Ausnahmesituation, sondern auch das Gericht." Clemens Heselhaus sagt im Vergleich mit Drostes Ballade „Der Geierpfiff": „eine Vorsehung, die ein Verbrechen durch einen Zufall der Natur verhindert, ist immer willkommener als eine, die das Versagen des Gerichts noch für die Wiederherstellung der Gerechtigkeit in Anspruch nimmt. In beiden Balladen wird versucht, dem Zufall einen Sinn zu geben, den er nur aus einem anderen Bezugssystem erhalten kann, das im Gedicht selbst nicht entwickelt worden ist. Die altertümliche Form der Ballade wird beide Male benutzt, um eine religiöse Weltdeutung zu geben, die von der naiven Auffassung ausgeht, Gottes Wirken habe dafür zu sorgen, daß die Unschuld gerettet und das Böse bestraft wird"[3].

Aufgaben

1. Gib den beiden Abschnitten der Ballade Überschriften, durch die das Geschehen erfaßt wird!
2. Welche Idee wird in der Ballade gestaltet? Überlege dabei, welche Bedeutung die ursprüngliche Überschrift „Gottes Hand" hat!
3. Stelle Funktion und Bedeutung des Balkens als Dingsymbol heraus! Vergleiche sie mit der „Judenbuche"!
4. Viele der scharf umrissenen Bilder werden mit den Augen der Hauptpersonen wahrgenommen. Wie wirkt sich das auf den Erzählstil aus? Beachte Anschaulichkeit und Knappheit der Darstellung!
5. Was läßt sich zu Klang und Rhythmus sagen? Beachte die zahlreichen Assonanzen!

Schallplatten

Teldec-Decca DSD 13703, Meisterballaden. Sprecher: Albin Skoda.
Ariola-Athena 60210 GW. Sprecher: Horst Caspar.

Annette von Droste-Hülshoff

Der Knabe im Moor

I O schaurig ists übers Moor zu gehn,
Wenn es wimmelt vom Heiderauche,
Sich wie Phantome die Dünste drehn
Und die Ranke häkelt am Strauche,
Unter jedem Tritte ein Quellchen springt,
Wenn aus der Spalte es zischt und singt,
O schaurig ists übers Moor zu gehn,
Wenn das Röhricht knistert im Hauche!

II Fest hält die Fibel das zitternde Kind
Und rennt, als ob man es jage;
Hohl über die Fläche sauset der Wind —
Was raschelt drüben am Hage?
Das ist der gespenstische Gräberknecht,
Der dem Meister die besten Torfe verzecht;
Hu, hu, es bricht wie ein irres Rind!
Hinducket das Knäblein zage.

III Vom Ufer starret Gestumpf hervor,
Unheimlich nicket die Föhre,
Der Knabe rennt, gespannt das Ohr,
Durch Riesenhalme wie Speere;
Und wie es rieselt und knittert darin!
Das ist die unselige Spinnerin,
Das ist die gebannte Spinnlenor',
Die den Haspel dreht im Geröhre!

IV Voran, voran! nur immer im Lauf,
Voran, als woll es ihn holen!
Vor seinem Fuße brodelt es auf,
Es pfeift ihm unter den Sohlen
Wie eine gespenstige Melodei;
Das ist der Geigemann ungetreu,
Das ist der diebische Fiedler Knauf,
Der den Hochzeitheller gestohlen!

V Da birst das Moor, ein Seufzer geht
Hervor aus der klaffenden Höhle;
Weh, weh, da ruft die verdammte Margret:
„Ho, ho, meine arme Seele!"
Der Knabe springt wie ein wundes Reh;
Wär nicht Schutzengel in seiner Näh,
Seine bleichenden Knöchelchen fände spät
Ein Gräber im Moorgeschwele.

VI Da mählich gründet der Boden sich,
Und drüben, neben der Weide,
Die Lampe flimmert so heimatlich,

Der Knabe steht an der Scheide.
Tief atmet er auf, zum Moor zurück
Noch immer wirft er den scheuen Blick:
Ja, im Geröhre wars fürchterlich,
O schaurig wars in der Heide!

Das Gedicht „Der Knabe im Moor" entstand im Winter 1841/42 in Meersburg als erstes ihrer „Heidebilder", bei denen es in der Cottaschen Ausgabe 1844 von der Dichterin selbst an den Schluß gestellt wurde.

Aufbau

Der endgültige Titel „Der Knabe im Moor" vereint die beiden vorausgegangenen („Im Moor" und „Das Kind") und weist hin auf die Begegnung eines Kindes mit einer bestimmten Landschaft, wobei „im Moor" sowohl den Ort wie die Situation erfaßt. Die Strophen I und VI bilden den Rahmen und geben dem Gedicht eine eindrucksvolle Geschlossenheit. Die erste Strophe bereitet im Präsens das schauerliche Geschehen vor, die letzte bringt die Rettung auf festem Grund im Hinblick auf die flimmernde Lampe, die mit tiefem Aufatmen als Zeichen heimatlicher Geborgenheit empfunden wird. Was in I, 1 + 7 zunächst Behauptung der Dichterin ist, wird im Präteritum der Schlußzeile eine vom Knaben erfahrene Aussage. — In II—V wird das grausige Erlebnis entfaltet, aus drei Schichten fließend: aus der gespenstigen Moorlandschaft, den unerlösten Geistern und der angsterfüllten Seele des Kindes. Das bewegte Nacheinander der einzelnen Phasen (insgesamt neun Ausruf- und Fragezeichen) ist geschickt ineinander verfugt. Im Mittelpunkt jeder dieser vier Strophen steht eine unheimliche Gestalt (= Wiedergänger): der gespenstige Gräberknecht, die unselige Spinnlenor, der ungetreue Geigenmann und die verdammte Margret. Dieser unseligen und unerlösten Welt steht der Schutzengel gegenüber — Sinnbild der christlichen Gnade —, der am Schluß der fünften Strophe die Rettung anbahnt.

Sprache

Die Sprache fängt Atmosphäre und Erleben mit einer Fülle von Wahrnehmungen ein, wobei die Gehörseindrücke überwiegen, der Tageszeit entsprechend. Die visuellen Sinneseindrücke sind daneben weitaus geringer: der wimmelnde und sich drehende Rauch, das Gestumpf und die Föhre am Rande des Moors, die in der Nacht größer erscheinenden Schilfhalme, in etwa auch die häkelnde Ranke und am Schluß das flimmernde Licht des Elternhauses, Gegenstände also, wie sie auch im Dunkel in dieser Weise wahrgenommen werden. Die erschreckenden Gestalten werden im Knaben durch Naturvorgänge evoziert: der Gräberknecht am Rascheln, die im „Geröhre“ hausende Spinnerin am Rieseln und Knittern, der Geigenmann am Gepfeife des unter den Füßen aufbrodelnden Bodens und die verdammte Margret an ihrem Aufschrei, der mit dem Geräusch des berstenden Moorbodens in Beziehung gesetzt wird („... ein Seufzer geht / hervor aus der klaffenden Höhle“). Bild und Vorgang werden von aktionsstarken Verben mit lautmalerischer Wirkung geprägt: wimmeln, drehen, häkeln, zischen, singen, sausen, rascheln, nicken, rieseln, knittern, brodeln, pfeifen, bersten, flimmern — zudem die Reaktion des fliehenden Knaben: zittern, rennen, jagen, brechen, hinducken, springen, stehen, aufatmen. Die Natur wird genauso bewegt empfunden wie der gehetzte Knabe. Selbst das Gestumpf „starret“.

Die anschauliche Schilderung des Moors (I) ist auf den Menschen bezogen, auf seinen Gang durch diese ihn gefährdende Natur. Zweimal wird gesagt, daß es „schaurig ist, übers Moor zu gehn“, verstärkt durch den vorausgeschickten emotionalen Ausruf „O“. „Moor“ und „Heide“ (VI, 8) sind gleich gemeint: unbebautes und unbewohntes Land, Wildnis, keine menschliche Heimat. Die sechs mit dreifachem „Wenn“ eingeleiteten Nebensätze sind nicht konditional, sondern temporal zu fassen und kausal zu verstehen, da sie Hinweise für die Gefahr geben. — Die Vergleiche verstärken die Bedrohung und Verfolgung: als ob man es jage; wie ein irres Rind; Riesenhalme wie Speere; als woll es ihn holen; wie eine gespenstige Melodei; wie ein wundes Reh. Die Attribute treten gegenüber den Verben zurück, deuten jedoch entscheidend das Geschehen im Sinne der wissenden Erzählerin: schaurig, zitternd, hohl, gespenstisch, irres, zag, unselig, arm, wund, scheu, heimatlich. — Anschauung und Laut werden im Wort zur sinnlichen Vergegenwärtigung.

Strophenbau und Rhythmus

Die von der Droste einmalig verwandte achtzeilige Strophe ging aus der siebenzeiligen hervor, die in ihren Balladen öfter anzutreffen ist. Die kunstvolle Reimordnung (a b a b c c a b) bietet Kreuzreime (1—4), Paarreime (5—6) und einen abschließenden Nachklang der beiden ersten Zeilen (7—8). Letzteres wirkt refrainartig und damit liedhaft. Die acht Zeilen haben jeweils nur drei Reimklänge. Die männlichen Kadenzen überwiegen und geben dem angsterfüllten Gehetze feste Konturen. Dabei fällt auf, daß der einsilbige Reim der ersten und dritten Zeile fast in allen Strophen bei der siebten Zeile wiederkehrt. So entspricht die kunstvolle Verflechtung der Reime „auch jener besonderen Darstellungsweise, daß ein gleicher Blickwechsel regelmäßig wiederkehrt“[4]. An anderer Stelle fügt Clemens Heselhaus hinzu: „Der Wiederkehr der Reime entspricht die Wiederkehr des wechselnden Perspektivismus. Obwohl die Autorin das ganze Gedicht hindurch dem verängstigten Kind wie ein treuer Schatten folgt (‚Fest hält die Fibel das zitternde Kind ..., Der Knabe rennt, gespannt das Ohr ..., Der Knabe springt wie ein wundes Reh ..., Tief atmet er auf ..., hat sie in jeder Strophe auch die Laute der Natur im Ohr (‚Was raschelt drüben am Hage? ... Und wie es rieselt und knittert darin ..., Es pfeift ihm unter den Sohlen ..., Da birst das Moor ...‘), schließlich noch den Volksglauben, der diese Natur mit Wiedergängern belebt hat, im Kopfe (‚Das ist der gespenstische Gräberknecht ..., die gebannte Spinnlenor ..., der diebische Fiedler Knauf ..., da ruft die verdammte Margret‘). Durch diese Darstellungsweise bleibt es offen, ob es nur die schauerlichen Naturlaute sind, die den Knaben ängstigen, oder ob es die Ängste der Vorwelt sind, die in den Wiedergängern des Volksaberglaubens durch das Moor geistern. Es ist die Kunst der Darstellung, Schauer der Natur und der Phantasie nebeneinander zu stellen und doch getrennt zu lassen: eine geradezu raffinierte Darstellung, die zwischen Psychologie, Volksglauben und realistischer Schilderung die Mitte hält“[5].

Vierhebige Verszeilen wechseln mit dreihebigen; die Senken sind unterschiedlich. Schwebende Betonung überspielt an zahlreichen Stellen das Metrum und erschwert die Bestimmung des Versmaßes: II, 1, 3, 8 — III, 2 — V, 1, 6 — VI, 5, 7. Das ergibt einen recht differenzierten Rhythmus, der die innere Bewegung auffängt und wirkungsvoll zum Ausdruck bringt. „Das Gedicht der Droste verläuft in einem heftigen, drängenden Zug auf das lösende Ende zu“[6]. Um so wirksamer heben die Staus das Stocken der Bewegung heraus, eindrucksvoll in V, 1 und VI, 5, aber auch in II, 2, 7 und V, 3, 4. — Der Vortrag stellt hohe Anforderungen an Einfühlungsvermögen und Sprechleistung; schwierig sind vor allem die Doppelfiguren „Huh, huh“, „Weh, weh“ und „Ho, ho“.

Balladencharakter

Obgleich das Balladische und das Lyrische bei der Droste sich berühren, hat sie feste Vorstellungen von der „Balladennatur“. Offenbar genügten ihr nicht das Naturmagische und Spukhafte. Die Thematik ihrer Balladen bilden überwiegend Tod, Gericht und Untergang. Demzufolge sprechen Walter Müller-Seidel und Clemens Heselhaus bei der Droste von der Schicksalsballade und wollen diesen Balladentyp bei ihr zumindest als Oberbegriff einführen.“ Allenfalls wäre noch von der halluzinatorischen Schicksalsballade zu sprechen, um die Perspektive anzudeuten, in der das Schicksal Erscheinung wird. Damit ist auch ein plausibler Grund angegeben, warum die Droste diejenigen Gedichte, die den

Schicksalsvorstellungen nicht entsprechen, nicht als Balladen angesehen hat"[7].

„Der Knabe im Moor" wurde von der Dichterin selbst nicht ihren Balladen, sondern den „Heidebildern" zugeordnet und als „Landschaftsbild" bezeichnet. Dieses Landschaftsbild erscheint uns als der Geist einer Landschaft, und zwar einer Heide- und Moorlandschaft, die in Erscheinungen und Vorgängen realistisch geschildert, mit Gestalten des Volksglaubens bevölkert und aus der Perspektive eines verängstigten Kindes gesehen wird. Die auch für andere Balladen charakteristische Atmosphäre, nämlich die des Grauens, wird mehrfach direkt benannt (gespenstisch, unheimlich, unselig, gespenstig, verdammt, fürchterlich) und durchzieht das gesamte Gedicht, indem das von Auge und Ohr Wahrnehmbare einer Landschaft in halluzinative Vorstellungen verwandelt wird, in „eine gespenstige Melodei", wie es in der vierten Strophe umschrieben wird. Diese Ballade stellt „zunächst und in ganzer Gegenwärtigkeit das Abenteuer eines Knaben dar, der in der Nachtdämmerung durch das Moor eilt und — von Angst getrieben — das feste Ufer erreicht. In einer zweiten Schicht sind die ‚Einbildungen' des die Gespenster fürchtenden Knaben Folgen einer aus der Natur auf ihn eindringenden Verfassung der Kreatur, ihres Unerlöstseins, des ‚dumpfen Bannes', der durch die Schuld der Menschen auf ihr liegt. Und endlich in einer noch tieferen Schicht, die aber durch die unerhörte Dichte und Intensität der Vergegenwärtigung nur leise hindurchschimmert, versinnbildlicht das Gedicht das Abenteuer des Menschen überhaupt, der durch Anfechtung und Bedrohung mit Hilfe der Gnade das Heile und das Heil gewinnt"[8]. Das schaurige Moor und der gegründete Boden erscheinen als konträre Seelenlandschaften, hinter denen sich Glaubensvorstellungen verbergen. In der Gefährdung des Menschen durch eine verfallene, unerlöste Natur wird zugleich sein Bedrohtsein von Sünde und unerlöster Schuld eingefangen (vgl. das Gedicht „Die ächzende Kreatur"). Die Rettung auf festem Grund geht einher mit dem göttlichen Schutz und der „heimatlichen" Geborgenheit im Hinblick auf die flimmernde Lampe, die man mit dem „ewigen Licht" der Kirche vergleichen kann (vgl. „Das Hospiz auf dem großen Sankt Bernhard"). Der Vergleich mit Goethes „Erlkönig" liegt nahe, birgt aber Gefahren. Jeweilig wird ein Knabe von der numinosen Natur bedroht. Und in beiden Balladen ist das furchtbare Erleben keine bloß bildhafte Umschreibung psychologischer Vorgänge. Auch bei der Droste wird die Natur zum transparenten Medium für ein vergeistigtes Geschehen und bleibt nicht im Volksaberglauben stecken[9]. Allerdings ist das Verhältnis zur Natur bei beiden Dichtern verschieden, und der durch sie hindurchschimmernde existentielle Hintergrund ist verschiedenartig empfunden und gestaltet.

Aufgaben

1. Zum Aufbau: Welche Aufgaben haben die erste und die letzte Strophe? Welche Gestalten stehen im Mittelpunkt der Strophen II bis V?
2. Wie sind diese Gestalten zu verstehen?
3. Wodurch kommt die Rettung des Knaben zustande?
4. Welche Wortart herrscht vor? Und welche Sinneseindrücke? Welche Aufgabe haben Adjektive und Partizipien? Beachte die Satzzeichen!
5. Was läßt sich im Vergleich mit Goethes „Erlkönig“ zum naturmagischen Charakter der Ballade sagen?

Eduard Mörike

Der Feuerreiter

I Sehet ihr am Fensterlein
Dort die rote Mütze wieder?
Nicht geheuer muß es sein,
Denn er geht schon auf und nieder.
Und auf einmal welch Gewühle
Bei der Brücke, nach dem Feld!
Horch! das Feuerglöcklein gellt:
Hinterm Berg,
Hinterm Berg
Brennt es in der Mühle!

II Schaut! da sprengt er wütend schier
Durch das Tor, der Feuerreiter,
Auf dem rippendürren Tier,
Als auf einer Feuerleiter!
Querfeldein! Durch Qualm und Schwüle
Rennt er schon und ist am Ort!
Drüben schallt es fort und fort:
Hinterm Berg,
Hinterm Berg
Brennt es in der Mühle!

III Der so oft den roten Hahn
Meilenweit von fern gerochen,
Mit des heil'gen Kreuzes Span
Freventlich die Glut besprochen —
Weh! dir grinst vom Dachgestühle
Dort der Feind im Höllenschein.
Gnade Gott der Seele dein!
Hinterm Berg,
Hinterm Berg
Rast er in der Mühle!

IV Keine Stunde hielt es an,
Bis die Mühle borst in Trümmer:
Doch den kecken Reitersmann
Sah man von der Stunde nimmer.
Volk und Wagen im Gewühle
Kehren heim von all dem Graus;
Auch das Glöcklein klinget aus:
Hinterm Berg,
Hinterm Berg
Brennt's! —

V Nach der Zeit ein Müller fand
Ein Gerippe samt der Mützen
Aufrecht an der Kellerwand
Auf der beinern Mähre sitzen:

5 Feuerreiter, wie so kühle
Reitest du in deinem Grab!
Husch! da fällt's in Asche ab.
Ruhe wohl,
Ruhe wohl
Drunten in der Mühle!

Die Erstfassung entstand 1824 als „Romanze vom wahnsinnigen Feuerreiter". Bereits der frühesten uns erhaltenen Niederschrift im „Grünen Heft" geht eine Einführung voran, die fast wörtlich mit diesem Gedicht in den „Maler Nolten" (1832) übernommen wurde. In der Gedichtsammlung von 1838 wurde „wahnsinnig" in der Überschrift gestrichen und eine Fußnote angehängt, welche die erläuternde Einleitung wiederholt. Als Mörike 1841 bei der Überarbeitung der Ballade die dritte Strophe hinzufügte, sah er die Einführung als unnötig an: „wodurch er [der Feuerreiter] ohne Note [gemeint ist die Fußnote] und ohne das Prädikat ‚wahnsinnig' in der Aufschrift verständlich wird" (an Hartlaub, 3. 12. 1841). Damit gibt der Dichter selbst eine Begründung für die eingefügte Strophe[1].

Im Urnolten ist das Gedicht in den einleitenden Prosazeilen an die Gestalt eines menschenscheuen jungen Mannes geknüpft, der mit geheimnisvollen Kräften das Feuer wittert und noch vor einem Alarm in einer scharlachroten Mütze auf seinem mageren Klepper wie der Satan zum Brandorte davonjagt. In der zweiten Noltenfassung ist der Sonderling eine schärfer umrissene Figur, nämlich ein Hauptmann aus dem Dreißigjährigen Kriege: „Wenn Sie etwa über den Kornmarkt gehn, wird Ihnen ein altes, weitläufiges Wirtshaus auffallen, wo gewöhnlich die Frachtfuhrleute herbergen. Es lehnt sich an einen runden Turm, der zu dem Haus gehört und wohnbar ist. Darin saß in den Zeiten des Dreißigjährigen Krieges ein sonderbarer Kauz zur Miete; man nannte ihn den tollen Kapitän. Er soll in einem kaiserlichen Regiment Hauptmann gewesen sein und seine Heimatrechte durch irgendein Verbrechen verwirkt haben. Sein Schicksal machte ihn menschenscheu, mit niemand trat er in näheren Verkehr, ließe sich das ganze Jahr auch niemals auf der Straße blicken, außer wenn in der Stadt oder in der Umgebung Feuer ausbrach. Er witterte das jedesmal. Man sah ihn dann an seinem kleinen Fenster in einer roten Mütze totenblaß unruhig hin und wieder gehn. Gleich mit dem ersten Feuerlärm, nicht selten auch wohl schon zuvor und eh' man nur recht wußte, wo es brenne, kam er auf einem mageren Klepper unten aus dem Stall hervorgesprengt und jagte spornstreichs unfehlbar der Unglücksstätte zu. Nun geschah's —"

Diesen Vorspann kann man bei der unterrichtlichen Behandlung als Einführung verwerten. — Abzuraten ist jedoch von den angeblichen Erlebnisbezügen Mörikes — dem ruhelosen Auf- und Abgehen des umnachteten Hölderlin an den Fenstern seiner Turmstube am Neckar, dem Brand des Tübinger Klinikums im Sommer 1824, dem Schicksal seines Freundes Waiblinger u. a. —, da sie durch persönliche Zeugnisse des Dichters nicht als Anlaß und Quelle festgelegt werden können[2].

Als Beleg bleibt nur eine Briefstelle Mörikes, in der er Ort und Zeit der Entstehung der Erstfassung angibt, nämlich 1824 „im Sommer auf einem schönen Rasenplätzchen beim Philosophenbrunnen"[3] in Tübingen. — Nach Maync dürfte Mörike den Volksglauben gekannt haben, „wonach Herzog Karl, von einem Zigeuner in den Besitz des Feuersegens gesetzt, durch dreimaliges Umreiten das Feuer zu bannen pflegte"[4]. Zudem wurden in Tübingen zu jener Zeit die radikalen Burschenschaftler „Feuerreiter" genannt[5].

Aufbau

In impressionistisch lockerer Fügung wird das balladeske Geschehen dargeboten, wobei sich drei Bilder herausheben: Die rote Mütze als Vorbote (I), Ritt des Feuerreiters (II—IV), Grausiger Fund im Keller der ausgebrannten Mühle (V). — Die beiden ersten Strophen vergegenwärtigen in starker Bewegtheit den Geschehensablauf (Präsens, II, 1 „schier" = beinahe, II, 4 als = wie), die vorwärtsdrängende Bewegung wird jedoch durch die wiegenden Rhythmen der Refrains aufgefangen, so daß sie in einem zweimal heranrollenden Wellengang verläuft. Das Ende des Ritts bringt erst der Schluß der dritten Strophe. Das Verbrennen des Feuerreiters wird ausgespart und damit der dramatische Höhepunkt weggelassen. Statt dessen ist ein reflektierender Rückblick im Perfekt eingeschoben und das Tun des Feuerreiters motiviert (III, 1—4). Der dämonisch Getriebene frevelt, weil er mit dem Kreuz die Glut bannen will, eine Glut, die zum Höllenschein wird, in welcher der Satan ihn grinsend erwartet (III, 5—6). Damit wird der Ausgang der Ballade angedeutet. Die beiden letzten Strophen zeigen fallende Bewegung, in der das erzählende Präteritum überwiegt und die Zeitangaben — keine Stunde hielt es an (= dauerte es) [...] von der Stunde nimmer [...] Nach der Zeit — den Ablauf als Bericht verdeutlichen. Hier wird der Erzähler merklich spürbar, der sich in den drei ersten Strophen hinter den Fragen, Ausrufen und Kommentaren verbirgt, die in den Mund der Zuschauer gelegt erscheinen.

Die Hauptgestalt wird stets „von außen" gesehen und dadurch in Distanz gehalten, am stärksten in der letzten Strophe, die den Ausgang aus der Sicht eines Müllers berichtet. Trotz der wechselnden Erzählperspektive werden Blick und Empfinden des Lesers unmerklich gelenkt und in ein erregendes Geschehen versetzt, das in jeder Strophe die drei Handlungsträger vereint: den Feuerreiter, das Volk und die Glocke. Letztere durchtönt als musikalisches Leitmotiv das ganze Gedicht.

Sprache und Metrik

Die dramatischen und stimmungshaften Effekte werden durch sprachliche Mittel erreicht, durch Satzbau und Wortwahl, Rhythmus und Klang. Frage- und Ausrufsätze aktivieren die Phantasie des Hörers und lassen ihn zum Zuschauer werden. Die kurzen Ausrufe „Horch! Schaut! Querfeldein! Weh! Husch! sowie persönliche Anreden (III, 5—7, V, 5—6) und ungewöhnlicher Satzbau: die Herausstellung des Subjekts in II, 1—4 und der syntaktische Neuansatz in III, 1—6 (Anakoluth) schaffen Spannung und stimmungsstarke Gedrängtheit. Dabei helfen klang- und bilderreiche Worte und Wendungen: ... welch Gewühle / Bei der Brücke nach dem Feld ... gellt ... da sprengt er wütend schier ... Auf dem rippendürren Tier / Als auf einer Feuerleiter! ... Durch Qualm und Schwüle ... schallt es fort und fort (= Nachklang der Glocke ... Der so oft den roten Hahn / Meilenweit von fern gerochen, ... Weh! dir grinst vom Dachgestühle / Dort der Feind im Höllenschein ... Bis die Mühle barst in Trümmer; ... Ein Gerippe samt der Mützen / Aufrecht an der Kellerwand / Auf der beinern Mähre sitzen. — Hinzu kommen die Enjambements, die in I und II das Tempo beschleunigen, in III—V dagegen zu langen, ruhigen Tonbögen werden und den epischen Fluß verstärken (I, 1/2, 5/6, II, 1/2, 5/6, III, 1/2, 3/4, 5/6, IV, 3/4, V, 1—4, 5/6). Zudem muß der hämmernde Rhythmus im trochäischen Takt herangezogen werden, bei dem Hebungsakzente und Sinndominanten zusammentreffen und kurze Kola von parataktischer Füllung sich zumeist mit der Verszeile decken. — Das Endreimschema gliedert die Strophen in drei Teile, bei denen sich die ersten vier Zeilen im Kreuzreim und die drei letzten im Refrain klar abheben. Die dem Paarreim vorangehende fünfte Zeile reimt mit der letzten, und beide verknüpfen im ü-Laut die Strophen miteinander. Rhythmisch und klanglich von großer Bedeutung ist die stimmungsträchtige Monotonie des Kehrreims, der am Schluß jeder Strophe die Glocke erklingen läßt, am Ende in den dunklen Tönen einer Totenglocke.

Balladencharakter

Dramatische, epische und lyrische Elemente durchziehen die gesamte Ballade, wobei das lyrische vorherrscht. Diesen bereits bei einem guten Vortrag gewonnenen Eindruck verstärkt der Kontext im „Maler Nolten" (2. Fassung). Dort wird die Ballade von einem Schauspieler im „schönen

Bariton" vorgetragen, „sein schwarzseidenes Dominomäntelchen über die Schulter geworfen" (vgl. Don Juan auf der Bühne). „Das Instrument stimmte, dem seltsamen Inhalt des Lieds entsprechend, mehr grell und ängstlich monoton, als eigentlich melodisch zum Gesang, welchem ein mäßiges Spiel in Gebärden und Mienen erst seinen vollkommenen Ausdruck verlieh." — Weiterhin ist der Kontext aufschlußreich für die Untersuchung der Balladenart. In der 2. Noltenfassung wird sie eine „hübsche Volkssage aus der hiesigen Altstadt" genannt und kann als eine Art novellistischer Ortssage erscheinen. Im Urnolten wird einmal die Bezeichnung „Märchen", sodann „Geschichtchen" gebraucht und mit einer „Musterkarte phantastischer Stoffe" und dem „abenteuerlichen Widerschein jener bunten Gaukelbilder des Maskensaales" in Verbindung gebracht. In der Überschrift stand ursprünglich „Romanze". Mörike schwankte also bei der Benennung. Und so schwanken auch die Interpreten bei der Zuordnung zwischen Märchen und Sage, zwischen Dämonenmythus und Sagengestalt des Volksaberglaubens. Die Umformung der Ballade hat ihre Charakterisierung weiter erschwert[6]. Ohne Zweifel hat die eingefügte dritte Strophe ihren Charakter entscheidend geprägt, und zwar so, daß die ethisch-religiöse Ausprägung die magisch-dämonische zurückdrängte. Der Feuerreiter bleibt jedoch ein geheimnisvoll Getriebener, der durch seinen Frevel leiblich dem Satan verfällt, dessen Seele aber der Gnade Gottes empfohlen wird (III, 7 u. V, 8/9). Die Ballade hat „eine überraschend große Stimmungsweite, vom Ängstlichen, Nicht-Geheuren (I) über den Schauder vor dem Frevel des Besprechens (III) bis zur Lust am erregenden Ereignis und dem versöhnlichen Trost des Schlusses"[7].

Aufgaben

1. Die Gestalt des Feuerreiters (sein Getriebensein, sein Frevel, sein Ende — Bedeutung von III, 5—7 u. V, 5—10.
2. Welche Bedeutung hat das Feuer? (Zerstörendes Naturelement — Dämonisches Getriebensein des Menschen — Höllenfeuer als Sinnbild des Teufels)
3. Welche Funktion hat die Glocke im Verein mit dem Refrain? (Feuer- und Totenglocke — Stimmungselement — musikalisches Motiv)
4. Die Erzählperspektive. Wie wird das Geschehen dargeboten?

Vertonungen

von Hugo Wolf und Hugo Distler. Letztere auf der Langspielplatte „Musikkunde in Beispielen, Die Ballade". LPEM 19320, Deutsche Grammophongesellschaft.

Schallplatten

Ariola, 25 cm, Athena 60204 GW, Sprecher: Jürgen Goslar.
Teldec, 25 cm, Decca DSD 13703 „Meisterballaden", Sprecher: Albin Skoda.

Eduard Mörike

Die traurige Krönung

I Es war ein König Milesint,
Von dem will ich euch sagen:
Der meuchelte sein Bruderskind,
Wollte selbst die Krone tragen.
Die Krönung ward mit Prangen
Auf Liffey-Schloß begangen.
O Irland! Irland! warest du so blind?

II Der König sitzt um Mitternacht
Im leeren Marmorsaale,
Sieht irr' in all die neue Pracht,
Wie trunken von dem Mahle;
Er spricht zu seinem Sohne:
„Noch einmal bring die Krone!
Doch schau, wer hat die Pforten aufgemacht?"

III Da kommt ein seltsam Totenspiel,
Ein Zug mit leisen Tritten,
Vermummte Gäste groß und viel,
Eine Krone schwankt inmitten;
Es drängt sich durch die Pforte
Mit Flüstern ohne Worte;
Dem Könige, dem wird so geisterschwül.

IV Und aus der schwarzen Menge blickt
Ein Kind mit frischer Wunde,
Es lächelt sterbensweh und nickt,
Es macht im Saal die Runde,
Es trippelt zu dem Throne,
Es reichet eine Krone
Dem Könige, des Herze tief erschrickt.

V Darauf der Zug von dannen strich,
Von Morgenluft berauschet,
Die Kerzen flackern wunderlich,
Der Mond am Fenster lauschet;
Der Sohn mit Angst und Schweigen
Zum Vater tät sich neigen, —
Er neiget über eine Leiche sich.

Aufbau und Deutung

Die erste Strophe berichtet in gedrängter Form die Vorgeschichte der 1828 entstandenen Ballade. Sachlich knapp wird im Präteritum von einem König Milesint erzählt, der das Kind seines Bruders ermordete, um sich in den Besitz der Krone zu bringen. Die erste Strophe kann anstatt einer

Einstimmung vorgelesen und damit im Unterrichtsgespräch die Exposition geklärt und das schaurige Geschehen vorbereitet werden. Welche Antriebe verführten den König? Wem gilt die ernste Mahnung am Schluß (I, 7), und worauf zielt sie? — Der Mittelteil (II—IV) bringt im Präsens das balladeske Ereignis. Die Eingangsszenerie (um Mitternacht — im leeren Marmorsaale — neue Pracht) bezieht sich auf die innere Verfassung des Königs, der nach der prunkvollen Krönung „irr" und „trunken" dasitzt und in diesem irren Trunkensein (was nichts mit Alkoholgenuß zu tun hat) erneut nach der Krone verlangt, um sich ihrer zu vergewissern und sich an ihrem Anblick zu berauschen. Mit dem „Totenspiel" (= Totentanz) beginnt der „obere" Vorgang, das totenmagisch Hintergründige, und damit wird das Doppelbödige der Handlung sichtbar. Der Gespensterzug wird ohne affektives Vokabular beschrieben, „aus der präzisen Mitteilung des Ablaufs entbinden sich jedoch Intensivierung und Steigerung: Das Grausige und das Liebliche fließen zu fast shakespearischer Tönung ineinander"[8]. Aus dem unheimlichen Zuge vermummter Gäste löst sich ein Kind, das unschwer an der „frischen Wunde" als der ermordete Erbe zu erkennen ist. Verhalten und Bewegung sind kindlich-rührend. Nicht in dämonischer Grausamkeit vollzieht sich die ausgleichende Gerechtigkeit; in beschämender Großmut überreicht der Ermordete dem Mörder seinen Raub als freiwilliges Geschenk. Ebenso überraschend ist die Wirkung: Mit der Krone empfängt der König den Tod. „Man erkennt in der Heimsuchung des Mörders durch den Geist des Opfers ein gewiß herkömmliches Motiv — doch ist es hier so sehr in den seelischen Vorgang verknüpft, daß das ‚seltsam Totenspiel' auch als eine Vergegenständlichung innerer Gesichte gedacht werden kann. Natürlich würde die psychologische Deutung wesentliche Dimensionen des Gedichtes verfehlen; aber daß sie als Möglichkeit nicht gänzlich ausgeschlossen bleibt, bereichert noch die Sinnvielfalt dieser Dichtung und gibt ihr die relative Modernität [...]. Deshalb haben jene Interpreten nicht recht, die im Namen einer unreflektierten Mythologie und Sagenwelt jeglichen psychologischen Frageansatz verwerfen: sie fallen hinter die Bewußtseinsstufe des Dichters selbst zurück"[9]. — Die letzte Strophe läßt das Geschehen mit einer atmosphärischen Ausmalung verklingen, welche dieser Ballade ihren charakteristischen Stimmungszauber verleiht (V, 2—4). Am Ende stellt der Königssohn den Tod seines Vaters fest, der bereits am Schluß der vierten Strophe eintrat. — Die Krone durchzieht als Dingsymbol die gesamte Ballade: als Motiv des Mordes (I, 4), als Sinnbild der Machtgier (II, 6), als geisterhaftes Wesen (III, 4) und als magisches Geschenk, das den Tod bringt (IV, 6—7).

Sprache und Metrik

Die „archaisch getönte Rhapsodenweise"[10] entspricht dem epischen Gang der Ballade im ruhig ausschwingenden jambischen Takt. Manche Wendungen erinnern in Bild und Rhythmik an Goethes „König in Thule". Im Vergleich mit dem volksliedhaften Vierzeiler sind der Strophenbau jedoch geräumiger und der Endreim verschlungener. Die ersten vier Zeilen im Kreuzreim bilden eine Art Aufgesang, die drei letzten den Abgesang mit einem Paarreim und einer um einen Takt verlängerten Schlußzeile, einem syntaktischen und rhythmischen Auffang, wie wir ihn von Walther von der Vogelweide her kennen. Verszeile und Satzkolon decken sich weitgehend, besonders auffällig in IV, 3—6 mit gleichem Anfang (anaphorische Klimax), wodurch das Rührend-Zarte der kindlichen Gesten betont wird. Der Sprachfluß variiert durch Verschiebung von Hebung und Senkung (besonders auffallend in I, 4 u. III, 4), durch die unterschiedliche Länge der einzelnen Verszeilen und durch ihren männlichen und weiblichen Endungswechsel, so daß Dynamik und Stimmung rhythmisch zum Ausdruck kommen. Die auf den ersten Blick befremdende Wiederholung von „neigen" und „neiget" am Schluß erscheint bei näherer Betrachtung wohlüberlegt. Zunächst wird damit der äußere Vorgang, die körperliche Bewegung (verdeutlicht in „tät") erfaßt, sodann der innere Vorgang, das Erschrecken, wobei der Gedankenstrich am Ende der vorletzten und die hellen Vokale der letzten Zeile „Angst und Schweigen" (V, 5) des Königssohnes spürbar werden lassen.

Balladencharakter

Mörike schloß sich mit dem frei erfundenen irischen Stoff an die Tradition der nordischen Ballade an. Der Anfang (Es war — will ich euch sagen) läßt Märchen und Sage anklingen. Märchenzüge haben zudem die Figur des bösen Königs sowie die Wiederherstellung der moralischen Ordnung. Und sagenhaft wirken „Liffey-Schloß" — Liffey bezeichnet sowohl einen Ort wie einen Fluß an der Ostküste Irlands — und die Anklage am Schluß der ersten Strophe: „O Irland! Irland! warest du so blind?" — Der Dichter wollte die Ballade in einem religiösen Roman verwerten, der Fragment blieb. In ihm wird der Vortrag eingeleitet von einem „auffallend starken und prächtigen Akkord, welchen auf einmal die Äolsharfen zum Saal hereinsandten". Von dem Gedicht selbst heißt es: „eine alte Romanze, deren schaurige Melodie nicht bezeichnender hätte sein können"[11]. Das klingt nach Schauerballade und läßt an die alten totenmagischen Geisterballaden denken, die mit Bürgers „Lenore" ihren Einzug in die Kunstballade hielten. Das Geschehen erinnert an Shakespeares „Macbeth" und „Hamlet": Ein schuldlos Gemordeter kehrt aus dem Totenreich zurück, um an seinem Mörder Rache zu nehmen. Das sind jedoch nur äußerliche Bezüge, die nicht den eigentlichen Charakter dieser Ballade erfassen. „Mörike beschwört das Geisterhafte einer Balladenstimmung, um es als ein nicht mehr ganz Geglaubtes in die Schwebe zu bringen. Seine Balladen suchen Distanz. Das wird in den Eingangsversen deutlich: ‚Es war ein König Milesint / von dem will ich euch sagen ...' Das ist zwar eine Bestätigung der Märchenstimmung, die zu Mörikes Balladenform gehört. Aber der Abstand wird gleichwohl angedeutet. Es kommt in der Anrede an den gedachten Hörer zum Ausdruck. Der so düstere Gehalt wird nicht unmittelbar erzählt. Er erscheint in einem Rahmen. Die Märchenstimmung, die der Erzähler beschwört, indem er sich an andere wendet, ist dieser Rahmen. Eben damit verliert das erzählte Märchen zu seinem Vorteil etwas von seiner Unmittelbarkeit, von seiner unmittelbaren Geglaubtheit. Es wird in die Schwebe dessen gebracht, den das Düstere solcher Märchen bedrängt und der doch zugleich erkennt, daß es nur Märchen sind. Der balladische Vorgang und die Ballade selbst sind nebensächlich gegenüber der Stellung des Erzählers zu ihr [...]. Die eigentümliche Zwischenstellung zwischen dem Geglaubten und dem nicht mehr ganz Geglaubten ist ein Signum dieser ‚Artistik'"[12].

Aufgaben

1. Welche Schuld lud der König auf sich? Wie wird er bestraft?
2. Welche Mittel braucht der Dichter für die atmosphärische Ausmalung? Welche Stimmung wird erzeugt?
3. Was ist weiterhin an der Sprache festzustellen? Welche Wirkung hat der altertümliche Stil?

Vertonung

Hugo Distler (Chorwerk)

Eduard Mörike

Die Geister am Mummelsee

I Vom Berge was kommt dort um Mitternacht spät
Mit Fackeln so prächtig herunter?
Ob das wohl zum Tanze, zum Feste noch geht?
Mir klingen die Lieder so munter.
O nein!
So sage, was mag es wohl sein?

II Das, was du da siehest, ist Totengeleit,
Und was du da hörest, sind Klagen.
Dem König, dem Zauberer, gilt es zu Leid,
Sie bringen ihn wieder getragen.
O weh!
So sind es die Geister vom See!

III Sie schweben herunter ins Mummelseetal —
Sie haben den See schon betreten —
Sie rühren und netzen den Fuß nicht einmal —
Sie schwirren in leisen Gebeten —
O schau,
Am Sarge die glänzende Frau!

IV Jetzt öffnet der See das grünspiegelnde Tor;
Gib acht, nun tauchen sie nieder!
Es schwankt eine lebende Treppe hervor,
Und — drunten schon summen die Lieder.
Hörst du?
Sie singen ihn unten zur Ruh'.

V Die Wasser, wie lieblich sie brennen und glühn!
Sie spielen in grünendem Feuer;
Es geisten die Nebel am Ufer dahin,
Zum Meere verzieht sich der Weiher —
Nur still!
Ob dort sich nichts rühren will?

VI Es zuckt in der Mitten — o Himmel! ach hilf!
Nun kommen sie wieder, sie kommen!
Es orgelt im Rohr, und es klirret im Schilf;
Nur hurtig, die Flucht nur genommen!
Davon!
Sie wittern, sie haschen mich schon!

Die am sagenumwobenen Schwarzwaldsee spielende Ballade stand in der ersten Fassung innerhalb des Märchenspiels ‚Der letzte König von Orplid', das ursprünglich dem ‚Maler Nolten' eingefügt und mit der Handlung verflochten war. Dort war das Gedicht ein Zwiegespräch zwischen zwei Feenkindern, die sich abwechselnd ihre Beobachtungen und Empfindungen mitteilen. Mörike hat es später aus diesem Zusammenhang gelöst und mit einigen Änderungen in seine Gedichtsammlung aufgenommen.

Aufbau

Aus dem Zwiegespräch wurde ein Selbstgespräch, indem der Sprecher einem Du erregt berichtet. Dieses Du — im Märchenspiel der Gesprächspartner — ist sein eigenes Ich geworden, zu dem der Erzähler spricht, wobei aber auch der Leser einbezogen wird. Im Verlaufe des Gedichts werden Geschehen und Beobachter immer mehr einander angenähert. Die letzte Strophe macht vollends deutlich, daß es nicht um das geheimnisvolle Geschehen an sich geht, sondern um die Wirkung auf den Beobachter, den Sprecher des Gedichts.

Sprachliche Mittel

Die syntaktisch und rhythmisch aufgeregten Frage- und Ausrufsätze überfluten die schlichten Beobachtungs- und Feststellungssätze. Diese bereits der Volksballade bekannten dramatischen Stilmittel spiegeln die innere Erregtheit des Sprechers. Die direkten Aufforderungen: „O sage ...", „Gib acht!", „Hörst du?", „Nur still!" und „Davon!" ziehen den Leser immer stärker in den Bann des Erzählers. — Wortwahl und Klang entsprechen den jeweiligen Situationen. Hervorzuheben ist die flirrende Bewegung in III, IV u. V; die Geister „schweben" und „schwirren", die „lebende" Treppe „schwankt" hervor, der See öffnet ein „spiegelndes" Tor, die Wasser „spielen", die Nebel „geistern". Die unheimlichen Bewegungen werden von faszinierendem Licht („grünendem Feuer") erhellt. Die dunklen u-Laute in IV, 4—6 (un-un-um-u-un-ur-uh) vergegenwärtigen die dumpfen Gesänge der Geister. Die Lautmalerei in VI, 3 vervollständigt die angsterfüllte Stimmung des Gedichts.

Metrik

Beim Strophenbau läßt sich in den ersten vier im Kreuzreim stehenden Zeilen ein Aufgesang und in dem Paarreim am Schluß ein Abgesang unterscheiden. Im ersten Abschnitt überwiegen die Beobachtungen und Feststellungen, im zweiten die Reaktionen: das fragende Erstaunen, das Hingerissenwerden und das Erschrecken. Der Wechsel von vier- und dreihebigen Takten sowie der stumpfen und klingenden Kadenzen ergeben zusammen mit dem daktylischen Versmaß einen bewegten Rhythmus, der schwebenden Bewegung der Geister entsprechend; dagegen stemmt sich jedoch der Stau in der fünften eintaktigen Verszeile, so daß in der gleitenden Bewegung eine wirkungsvolle Unruhe entsteht und die emotionalen Ausrufe dieser Zeilen verstärkt werden.

Balladencharakter

Ohne Wissen um den Orplid-Mythos bleibt manches dunkel. Wer ist der König, der Zauberer, der „wieder" unter feierlicher Totenklage bestattet wird? Wer die glänzende Frau am Sarge? Und wie ist die Beziehung von Wasser und mitternächtlicher Bestattung zu deuten? Ulmon, der letzte König von Orplid, war nach dem Untergang seines Reiches mit allen Menschen von den Göttern dazu verurteilt, noch tausend Jahre zu leben und zu reifen, um dann schließlich durch den Tod erlöst zu werden. Er schaut in dem Märchenspiel seiner eigenen Bestattung zu, die sich ständig wiederholt, und ruft dem Geisterzug in der 9. Szene nach:

Halt! Haltet! Steht! Hier ist der König Ulmon!
Ihr habt den leeren Sarg versenkt, o kommt!
Ich, der ihn füllen sollte, bin noch hier.
Almissa, Königin! Hier ist dein Gatte!

Die Königin ist die „glänzende Frau" in der Zeile III, 6. Die unheimlich-rätselhafte Atmosphäre erwächst aus dem Wassermythos und der Totenmagie, die eng miteinander verknüpft sind. Der vor den Augen des Beobachters visionenhaft vorüberziehende Totenzug taucht in die geheimnisvolle Tiefe des Sees, der sich endlos „zum Meere verzieht" (V, 4). Die immer wiederkehrende, gespensterhafte Beerdigung um Mitternacht gilt einem Lebenden, dessen Tod beständig vorweggenommen wird. Sie findet statt in dem „lieblich" brennenden und glühenden Wasser, diesem betörend lockendem Element, das um Mitternacht seinen vollen Zauber entfaltet. Die totenmagische Geisterwelt lebt unabhängig von der Menschenwelt ihren eigenen Gesetzen. „Wer den Gang in die Nacht und in die dunkle Tiefe der Natur wagt, wird von ihrer Dämonie ergriffen"[13]. Es gibt keinen Widerstand, sondern nur Flucht. Ob sie am Schluß des Gedichtes gelingt, bleibt offen.

„Das Geisterhafte dieses Gedichtes ist Verdichtung Mörikescher Urangst vor dem schaudervollen Es, das den Menschen sowie allen anderen Wesen nur noch die Flucht vor dem Unbegreiflichen erlaubt"[14]. Ohne Zweifel tritt in der Endfassung das naturmagische Element stärker hervor. Doch sind die Restbestände des ehemaligen Rollengedichts noch durchaus wirksam. Der zeigende Gestus von Frage und Antwort, von Beobachtung und Erklärung (sehr deutlich in den beiden ersten Strophen) bewirkt Distanz, so daß die furchterregende Szenerie dieser Geisterballade gemildert wird. Ihr besonderer Reiz erwächst aus der Verflechtung von Sage und Märchen, wodurch das balladeske Geschehen „als ein nicht mehr ganz Geglaubtes in die Schwebe"[15] gebracht wird. Diese eigenwillige Balladenprägung finden wir auch in „Nixe Binsefuß", in „Die traurige Krönung" und im „Feuerreiter". —

Aufgaben

1. Zeige auf, wieso das Gedicht als Selbstgespräch zu fassen ist? An welchen Stellen kommt die Erregtheit des Sprechers zum Ausdruck? Wie ist sie zu erklären?
2. Was läßt sich zu Strophenbau, Metrum und Rhythmus sagen?
3. Sprich zum Balladencharakter!

Vertonung

Die ursprüngliche Fassung wurde als ‚Lied der Feenkinder' von Mörikes Bruder vertont, zudem von Hugo Wolf und Heinrich van Eycken.

Eduard Mörike

Nixe Binsefuß

I Des Wassermanns sein Töchterlein
Tanzt auf dem Eis im Vollmondschein,
Sie singt und lachet sonder Scheu
Wohl an des Fischers Haus vorbei.

II „Ich bin die Jungfer Binsefuß
Und meine Fisch' wohl hüten muß;
Meine Fisch', die sind im Kasten,
Sie haben kalte Fasten;
Von Böhmerglas mein Kasten ist,
Da zähl' ich sie zu jeder Frist.

III Gelt, Fischer-Matz? gelt, alter Tropf,
Dir will der Winter nicht in Kopf?
Komm mir mit deinen Netzen!
Die will ich schön zerfetzen!
Dein Mägdlein zwar ist fromm und gut,
Ihr Schatz ein braves Jägerblut.

IV Drum häng' ich ihr, zum Hochzeitstrauß,
Ein schilfen Kränzlein vor das Haus
Und einen Hecht, von Silber schwer,
Er stammt von König Artus her,
Ein Zwergen-Goldschmieds-Meisterstück,
Wer's hat, dem bringt es eitel Glück:
Er läßt sich schuppen Jahr für Jahr,
Da sind's fünfhundert Gröschlein bar.

V Ade, mein Kind! Ade für heut'!
Der Morgenhahn im Dorfe schreit."

Die wahrscheinlich 1828 entstandene Ballade steht als zweites Gedicht innerhalb der „Schiffer- und Nixen-Märchen" (1828—36).

Worterklärungen

Matz (III, 1) ist kontrahiert aus Matthias und dient hier zur Bezeichnung eines Tölpels im Sinne des folgenden „alter Tropf" (vgl. Hosenmatz). Artus (IV, 4), auch Arthur, historischer bretonischer König († 537), wanderte als sagenhafte und mythologische Gestalt durch zahlreiche Dichtungen.

Sprache und Ton

Sprache und Ton bringen „Nixe Binsefuß" in die Nachbarschaft der balladischen Lieder des „Wunderhorn". Anfang und Schluß umreißen eine heitere Szenerie trotz mitternächtlicher Spukzeit: Tanz eines elfischen Wesens auf dem zugefrorenen Wasser bei Vollmondschein, beendet durch den ersten Schrei des Dorfhahns. — Die Länge der Strophen wechselt zwischen zwei und acht Verszeilen. Jeweilig zwei Zeilen werden durch Paarreim gebündelt. Die Syntax hilft, sie auch als Sinneinheiten zu empfinden. Die viertaktigen Jamben mit jeweilig zwei Hauptthebungen sowie die Assonanzen und unreinen Reime (I, 3/4, V, 1/2) weisen auf das Volkslied. Akzentverlagerungen, zumal am Beginn der Verszeilen, variieren den Rhythmus (I, 2, I, 4, II, 3, III, 1, III, 3, III, 5, IV, 1). Stumpfe Versschlüsse herrschen vor, werden jedoch in II, 3/4 und III, 3/4 von klingenden unterbrochen. Diese beiden Verspaare ähneln in Sprache und Klang Kinderreimen. Der reihende Satzbau ist einfach und wird nur in wenigen Zeilen durch Appositionen und Anreden bereichert. Statt der sinngemäß zu erwartenden Nebensätze stehen an einigen Stellen angehängte Hauptsätze (II, 4, II, 6, III, 4, IV, 8, V, 2), so daß keine hypotaktischen Verklammerungen entstehen, sondern ein kindgemäßes Nebeneinander verbleibt. Die kurzen, nicht ganz regelmäßigen klanglichen und syntaktischen Einheiten, die durch kräftig einschneidende Pausen abgegrenzt sind, können mit kurzem Atem gesprochen werden. Der Klang ist frisch, der Rhythmus spielerisch-tänzelnd. Gesamteindruck: Auflockerung durch belebende Unregelmäßigkeit, volkstümlich-kindgemäße Sprache, dem Monolog eines verspielten, aber beherzten Mädchens entsprechend. Sprechton und Klangfarbe entsprechen der Nixengestalt und ihrem Monolog aufs genaueste. Storz sagt dazu: „[...] im Sprechen einer erdachten Figur gelingt die heitere Ballade aufs völligste [...]"[16]. — Man darf jedoch diese reizvolle Nixe nicht nur als harmlos-übermütiges Mädchen verstehen. Manches bei ihr bleibt geheimnisvoll. Woher nimmt sie die vertrauliche Überlegenheit gegenüber dem Fischer? Und wieso ist sie dessen Tochter so zugetan, die sie — selbst ein „Töchterlein" — mit ‚Kind' betitelt?

Balladencharakter

Mörike war stark vom Wassermythos beeindruckt (vgl. „Die Geister am Mummelsee"). Der heidnische Zaubersegen, den die dämonischen Wesen des Wassers spenden oder ins Gegenteil verkehren, ist in den „Schiffer- und Nixen-Märchen" in verschiedenster Abwandlung zu erkennen. „Der Kontrast des Menschlichen zum Elementaren braucht nicht immer tragisch, er kann auch humoristisch sein, wie in der ‚Nixe Binsefuß'"[17]. Das Töchterlein des Wassermanns will zwar als Hüterin der Fische die Netze des Fischers „schön zerfetzen", wenn er es wagt, sie aus dem zugefrorenen Wasser, dem Kasten von Böhmerglas, zu holen, aber seinem frommen und guten Mägdelein und dessen Schatz verspricht sie

„ein schilfen Kränzlein“ als Hochzeitsstrauß und „einen Hecht, von Silber schwer“, magische Zeichen für irdisches Glück.

Die düstere Grundstimmung der frühen Balladen Mörikes ist hier merklich aufgehellt. Die Wassernixe ist nicht unheimlich und verderblich, sondern schelmisch und hilfsbereit. In den knappen Umrissen erscheint die schelmisch-übermütige Jungfer Binsefuß als Vorläuferin der schönen Lau im „Hutzelmännlein“. Eine Mischung von Magie und neckisch-mutwilligem Spiel, „wundersam“ und „lustig“, ist über das ganze Gedicht ausgebreitet. Sie löst ein Lächeln aus, das gelöste Lächeln des Märchens. Wer freilich von v. Münchhausens Definition herkommt, wird sich sträuben, diese liebliche Idylle „Ballade“ zu nennen, da von einer schaurigen Dämonie nichts zu verspüren ist und selbst das Gespenstige menschlich weiche Züge trägt.

Aufgaben

1. Welchen Eindruck gewinnt man in dem langen Selbstgespräch von der Nixe? Wie ist ihr Verhältnis zum Fischermädchen?
2. Inwieweit steht das Gedicht dem Volkslied und Märchen nahe?
3. Warum müssen wir uns bei diesem Gedicht von der üblichen Balladenvorstellung lösen?

Vertonung

Hugo Wolf

Theodor Fontane

Archibald Douglas

I „Ich hab' es getragen sieben Jahr,
Und ich kann es nicht tragen mehr!
Wo immer die Welt am schönsten war,
Da war sie öd' und leer.

II Ich will hintreten vor sein Gesicht
In dieser Knechtsgestalt,
Er kann meine Bitte versagen nicht,
Ich bin ja worden alt.

III Und trüg' er noch den alten Groll,
Frisch wie am ersten Tag,
So komme, was da kommen soll,
Und komme, was da mag."

IV Graf Douglas spricht's. Am Weg ein Stein
Lud ihn zu harter Ruh,
Er sah in Wald und Feld hinein,
Die Augen fielen ihm zu.

V Er trug einen Harnisch rostig und schwer,
Darüber ein Pilgerkleid. —
Da horch! vom Waldrand scholl es her
Wie von Hörnern und Jagdgeleit.

VI Und Kies und Staub aufwirbelte dicht,
Her jagte Meut' und Mann,
Und ehe der Graf sich aufgericht't,
Waren Roß und Reiter heran.

VII König Jakob saß auf hohem Roß,
Graf Douglas grüßte tief;
Dem König das Blut in die Wange schoß,
Der Douglas aber rief:

VIII „König Jakob, schaue mich gnädig an
Und höre mich in Geduld,
Was meine Brüder dir angetan,
Es war nicht meine Schuld.

IX Denk nicht an den alten Douglas-Neid,
Der trotzig dich bekriegt,
Denk lieber an deine Kinderzeit,
Wo ich dich auf den Knien gewiegt.

X Denk lieber zurück an Stirlingschloß,
Wo ich Spielzeug dir geschnitzt,
Dich gehoben auf deines Vaters Roß
Und Pfeile dir zugespitzt.

XI Denk lieber zurück an Linlithgow,
An den See und den Vogelherd,
Wo ich dich fischen und jagen froh
Und schwimmen und springen gelehrt.

XII O denk an alles, was einsten war,
Und sänftige deinen Sinn —
Ich hab' es gebüßet sieben Jahr,
Daß ich ein Douglas bin."

XIII „Ich seh' dich nicht, Graf Archibald,
Ich hör' deine Stimme nicht,
Mir ist, als ob ein Rauschen im Wald
Von alten Zeiten spricht.

XIV Mir klingt das Rauschen süß und traut,
Ich lausch' ihm immer noch,
Dazwischen aber klingt es laut:
Er ist ein Douglas doch.

XV Ich seh' dich nicht, ich höre dich nicht,
Das ist alles, was ich kann —
Ein Douglas vor meinem Angesicht
Wär' ein verlorener Mann."

XVI König Jakob gab seinem Roß den Sporn,
Bergan ging jetzt sein Ritt,
Graf Douglas faßte den Zügel vorn
Und hielt mit dem Könige Schritt.

XVII Der Weg war steil, und die Sonne stach,
Und sein Panzerhemd war schwer,
Doch ob er schier zusammenbrach,
Er lief doch nebenher.

XVIII „König Jakob, ich war dein Seneschall,
Ich will es nicht fürder sein,
Ich will nur warten dein Roß im Stall
Und ihm schütten die Körner ein.

XIX Ich will ihm selber machen die Streu
Und es tränken mit eigner Hand,
Nur laß mich atmen wieder aufs neu
Die Luft im Vaterland!

XX Und willst du nicht, so hab einen Mut,
Und ich will es danken dir,
Und zieh dein Schwert und triff mich gut
Und laß mich sterben hier."

XXI König Jakob sprang herab vom Pferd,
Hell leuchtete sein Gesicht,
Aus der Scheide zog er sein breites Schwert,
Aber fallen ließ er es nicht.

XXII „Nimm's hin, nimm's hin und trag es neu
Und bewache mir meine Ruh!
Der ist in tiefster Seele treu,
Wer die Heimat liebt wie du.

XXIII Zu Roß, wir reiten nach Linlithgow,
Und du reitest an meiner Seit',
Da wollen wir fischen und jagen froh
Als wie in alter Zeit."

Fontane wurde in seinem Balladenschaffen stark beeinflußt von Bischof Percys „Reliques of ancient English poetry" und Walter Scotts „Ministrelsy of the Scottish border", zwei Büchern, „die auf Jahre hin meine Richtung und meinen Geschmack bestimmten"[1]. In letzterem findet sich die von Scott auch anderswo erzählte Anekdote von dem Grafen Archibald Douglas von Kilspindie, der von dem schottischen König Jakob V. mit dem ganzen Geschlecht der Douglas verbannt wurde, obgleich dieser an dem alten Waffenmeister und Gefährten seiner Jugend in großer Liebe hing. Als Douglas hochbetagt in seine Heimat zurückkehrte, um des Königs Gnade zu erflehen, wurde er abgewiesen, mußte ins Exil zurückkehren und starb in Frankreich an „gebrochenem Herzen". Der englische König Heinrich VIII. mißbilligte das Verhalten seines Neffen mit dem alten Reimspruch: A king's face should give grace. „Diese kleine Douglas-Geschichte machte großen Eindruck auf mich, und da ich ganz der Ansicht von Heinrich VIII. war, so modelte ich den Stoff in dem entsprechenden Sinne. Die Ansprache des Douglas und die Antwort des Königs darauf schrieb ich noch am selben Abend, und zwar auf dem kalten, weißgetünchten Vorflur des königlichen Schauspielhauses. Ich sehe mich noch stehen, wie ich ein kleines Blatt nach dem anderen an den Wandpfeiler legte, um mit dem Bleistift, der keine rechte Spitze mehr hatte, besser zu schreiben oder doch das Nötigste festzuhalten"[2]. — Am 3. 12. 1854 wurde die Ballade beim Stiftungsfest des „Tunnels" unter dem Titel „Der Verbannte" mit Beifall vorgetragen. Der erste Druck erfolgte in der „Argo, Album für Kunst und Dichtung", 1857.

Aufbau

Eine klare Gliederung ergeben die Erzähl- und Redestrophen, wobei letztere das größere Gewicht haben.

I—III: Die Ballade beginnt mit einem Selbstgespräch, das eindrucksvoll die Entschlossenheit des Sprechers spürbar macht, seine seelische Last nicht länger zu ertragen. Das Was und Warum wird in dem zweifachen „es" (I) und dem „sein" und „er" (II u. III) angedeutet, aber erst im weiteren Verlauf geklärt.

IV—VII: Die vier folgenden Erzählstrophen beenden die Exposition. In die bedrückende Einsamkeit des alten Grafen bricht der lärmende Jagdzug des jungen Königs. Unerwartet schnell ist der Wunsch, vor den König zu treten, in Erfüllung gegangen. Die Unterschiede in Haltung und Verhalten deuten auf die Unterschiede, die beide Männer trennen.

VIII—XII: Die breit ausgemalte Erinnerung an gemeinsame Erlebnisse soll den harten Sinn des Königs sänftigen. Anfang und Schluß der Ansprache weisen auf die Unschuld hin; nur um seines Namens willen hat Douglas sieben Jahre gebüßt.

XIII—XV: Die Erinnerungen sind nicht ohne Wirkung, vermögen aber nicht, den Entschluß des Königs zu ändern. Erster Höhepunkt.

XVI—XVII erzählen, wie der alte Graf sich nicht abweisen läßt und mühsam mit dem Pferde Schritt hält. Der Handlungsgang wird schneller.

XVIII—XX: Zum Äußersten entschlossen, wird das eigentliche Anliegen (XIX 3/4) hervorgestoßen.

XXI: Die Heimatliebe bewirkt die Sinnesänderung des Königs. In theatralischer Geste gewährt er die Bitte. Kulminationspunkt der Ballade.

XXII—XXIII: Die Schlußstrophen geben die Begründung und malen eine gemeinsame Zukunft aus.

Metrik und Sprache

Fontane verwendet die im 18. Jahrhundert aus England übernommene Chevy-Chase-Strophe, eines straffe, einprägsame Form von volksliedhaftem Charakter. Die vier im Kreuzreim stehenden Verse mit männlichen Ausgängen haben einen regelmäßigen Wechsel von vier und drei Hebungen; die Senkungen sind wie im Volkslied ein- oder zweisilbig. Eine starke Atempause verwirklicht rhythmisch die fehlende Hebung am Ende der zweiten und vierten Zeile, so daß die Strophe gleichmäßig klopfbar ist.

Dieses Strophenschema wird hier feinfühlig variiert und jeweilig dem Sprecher und der Situation angepaßt. Die beiden ersten Sprechpartien des Grafen Douglas wirken umständlich, aber schlicht, und charakterisieren mit ihren rhetorischen Parallelismen und Wiederholungen die Sprechweise des alten Mannes („hab es getragen — kann es nicht tragen; — Denk nicht — Denk lieber — Denk lieber — Denk lieber — O denk an alles“; zudem die vielfachen „und“). Die kummervoll-schleppende Rückschau in I wandelt sich in II und III zur festen Entschlossenheit mit langsam steigendem Spannungsbogen. Die frohen Erinnerungen in X und XI werden durch die o-Klänge verbunden und unterstrichen. (Stirlingschloß — Vaters Roß; Linlithgow — jagen froh). Ähnlich wird das Schwanken des Königs zwischen Härte und Milde rhythmisch und klanglich gekennzeichnet. Das mühsame, stoßhafte Sprechen beim Bergantritt kommt zum Ausdruck durch die kurzen, mit „Ich" beginnenden oder durch „und" verbundenen Sätze mit steigendem, zerhacktem Rhythmus, der hinter jedem Vers und in XX auch innerhalb der ersten und dritten Zeile eine deutlich markierte Atempause nahelegt.

Die herannahende Jagd (V, 3/4 u. VI, 1/2) wirkt in Bild, Klang und Rhythmus auf Auge und Ohr. Die einfühlende Gestaltung Fontanes zeigt sich oft an Feinheiten. So an der Stellung und der Betonung eines „aber", „doch" oder „nicht", an der rhythmisch wirksamen Akzentverschiebung (z. B. in XXI) oder einer plötzlichen Verlangsamung." Er vermeidet die großen Effekte, die große Komposition, das reich Ornamentierte, das große Gewebe von Klang und Farbe. Als Künstler arbeitet er immer rasch und mit kleinsten Mitteln"[3].

Für den Vortrag gibt Chr. Winkler folgende Hinweise: „Diese Ballade spricht sich am besten im Stehen [...] Atemversammlung eher hoch, wenn auch der Ton immer voll und gut gestützt bleiben muß [...] Liedmäßig-langsam das Ganze, aber rufmäßig-laut und kraftvoll, jeweils ein Verspaar in weitgespanntem Bogen als einheitliche Aussage nehmend. Die moderne Manier, den Redefluß in rasch dahingeworfene Bruchstücke zu zerhacken, die das geprägte Dichterwort dem Gestammel der Alltagsrede annähert — für diese Ballade wäre sie tödlich. Der Wortlaut steht vorwiegend auf den Vokalen. Dennoch kommen die Mitlaute — und besonders die stimmhaften und die Auslaute — kräftig"[4].

Balladencharakter

Durch die Umformung der schottischen Anekdote, deren Handlungsführung zielstrebig auf den königlichen Eid ausgerichtet ist und tragisch unversöhnlich endet, gab Fontane seiner Ballade eine völlig andere Struktur, wenn auch viele Einzelheiten der Vorlage übernommen werden. „Die neue Fassung des Endes wirkt sogleich im Sinne eines organisierten Prinzips, welches das Ganze durchdringt und die Substanz des Heldenbildes und die Struktur der Ballade von Grund auf verändert"[5].

Das auf wenige Augenblicke geraffte Geschehen, bei dem die Erzählzeit fast ebenso lang ist wie die erzählte Zeit, fließt allein aus dem Charakter der beiden Personen. Die äußere Handlung ist gering; das Gewicht liegt auf den seelischen Vorgängen, die behutsam und spannend in den sechzehn Rede-Strophen entfaltet werden. Die sieben Erzählstrophen haben daneben nur regiehafte Bedeutung. Das „Rollenmäßig-Dramatische"[6] wird jedoch durch die liedhafte Strophenform und durch die weichen, gefühlhaften Partien lyrisch gemildert. — Wertend stellt W. Hinck fest: „Ein wenig zu beredt mag das Gefühl der Heimatliebe und -treue sein; ein leichtes Zuviel in den Demutsgesten könnte verstimmen — aber nirgendwo veräußerlichen sich Gefühl und Gesinnung in der leeren Effektgebärde, weder bei Archibald Douglas noch bei seinem Gegenspieler. Ungleich größer als in der Strachwitzschen ist deshalb die innere Wahrhaftigkeit des ‚Heldentums' in der Fontaneschen Ballade"[7].

Der Aufbau der Ballade verrät uns, wie alles auf den gehaltlichen Kern zuläuft, der in der Vertonung Loewes durch Wiederholung, Ritardando und Adagio hervorgehoben wird: „Der ist in tiefster Seele treu, wer die Heimat liebt wie du." Die Liebe zur Heimat prägt die Haltung des alten Grafen, lenkt sein Tun und schenkt ihm die ergreifenden Worte, durch die der junge König schließlich gerührt und gewandelt wird. Aus der Heimatliebe fließen Treue und Versöhnungsbereitschaft, wodurch die humane Du-Bezogenheit und der untragische Ausgang ermöglicht werden. Damit änderte sich auch die „Substanz des Heldenbildes", das nicht mehr dem starren Heldentyp der „nordischen" Ballade entspricht. Nicht der geschichtliche Hintergrund ist strukturbildend, der auch in der stofflichen Vorlage nur anekdotenhaft zu verstehen ist. Es wäre daher recht vordergründig, sie mit W. Kayser als historische Ballade zu kennzeichnen. Wir können sie als Ideenballade im historischen Gewand ansprechen, als ein „Preislied" auf die Heimatliebe. W. Hinck faßt sie nach seiner balladischen Konzeption als legendenhafte Ballade, wobei er die Leiderfahrung des alten Grafen sowie die Menschlichkeit der beiden Handlungsträger betont, wodurch Feindschaft und Rache überwunden werden und der versöhnliche Ausgang erreicht wird[8].

Aufgaben

1. Gliedere die Ballade in Abschnitte und stelle die Höhepunkte heraus!
2. Sprich über die Funktion und Bedeutung der Rede- und Erzählstrophen! Welche seelischen Vorgänge sind in ersteren zu erkennen, wie stehen Erzählzeit und erzählte Zeit in letzteren zueinander?
3. Warum hat Fontane den Schluß seiner Vorlage, die anekdotenhafte Erzählung vom Grafen Archibald Douglas von Kilspindie, verändert? Welches Gepräge erhielt damit die Ballade?
4. Auf welchen Kernsatz läuft das Geschehen zu? Welche Idee liegt damit der Ballade zugrunde?
5. Wie werden Graf Douglas und König Jakob durch ihre Sprache charakterisiert?
6. Untersuche Metrik und Rhythmus in den einzelnen Strophen!

Theodor Fontane

Gorm Grymme

I König Gorm herrscht über Dänemark,
Er herrscht die dreißig Jahr,
Sein Sinn ist fest, seine Hand ist stark,
Weiß worden ist nur sein Haar,
Weiß worden sind nur seine buschigen Brau'n,
Die machten manchen stumm;
In Grimme liebt er drein zu schaun —
Gorm Grymme heißt er drum.

II Und die Jarls kamen zum Feste des Jul,
Gorm Grymme sitzt im Saal,
Und neben ihm sitzt, auf beinernem Stuhl,
Thyra Danebod, sein Gemahl;
Sie reichen einander still die Hand
Und blicken sich an zugleich,
Ein Lächeln in beider Auge stand —
Gorm Grymme, was macht dich so weich?

III Den Saal hinunter, in offner Hall',
Da fliegt es wie Locken im Wind,
Jung-Harald spielt mit dem Federball,
Jung-Harald, ihr einziges Kind,
Sein Wuchs ist schlank, blond ist sein Haar,
Blau-golden ist sein Kleid,
Jung-Harald ist heut fünfzehn Jahr,
Und sie lieben ihn allbeid'.

IV Sie lieben ihn beid'; eine Ahnung bang
Kommt über die Königin,
Gorm Grymme aber, den Saal entlang
Auf Jung-Harald deutet er hin,
Und er hebt sich zum Sprechen — sein Mantel rot
Gleitet nieder auf den Grund:
„Wer je mir spräche ‚er ist tot',
Der müßte sterben zur Stund."

V Und Monde gehn. Es schmolz der Schnee,
Der Sommer kam zu Gast,
Dreihundert Schiffe fahren in See,
Jung-Harald steht am Mast,
Er steht am Mast, er singt ein Lied,
Bis sich's im Winde brach,
Das letzte Segel, es schwand, es schied —
Gorm Grymme schaut ihm nach.

VI Und wieder Monde. Grau-Herbstestag
Liegt über Sund und Meer,
Drei Schiffe mit mattem Ruderschlag
Rudern heimwärts drüber her;

Schwarz hängen die Wimpel; auf Brömsebro-Moor
Jung-Harald liegt im Blut —
Wer bringt die Kunde vor Königs Ohr?
Keiner hat den Mut.

VII Thyra Danebod schreitet hinab an den Strand,
Sie hatte die Segel gesehn;
Sie spricht: „Und bangt sich euer Mund,
Ich meld' ihm, was geschehn."
Ab legt sie ihr rotes Korallengeschmeid
Und die Gemme von Opal,
Sie kleidet sich in ein schwarzes Kleid
Und tritt in Hall' und Saal.

VIII In Hall' und Saal. An Pfeiler und Wand
Goldteppiche ziehen sich hin,
Schwarze Teppiche nun mit eigener Hand
Hängt drüber die Königin,
Und sie zündet zwölf Kerzen, ihr flackernd Licht,
Es gab einen trüben Schein,
Und sie legt ein Gewebe, schwarz und dicht,
Auf den Stuhl von Elfenbein.

IX Ein tritt Gorm Grymme. Es zittert sein Gang.
Er schreitet wie im Traum,
Er starrt die schwarze Hall' entlang,
Die Lichter, er sieht sie kaum,
Er spricht: „Es weht wie Schwüle hier,
Ich will an Meer und Strand,
Reich meinen rot-goldenen Mantel mir
Und reiche mir deine Hand."

X Sie gab ihm um einen Mantel dicht,
Der war nicht golden, nicht rot,
Gorm Grymme sprach: „Was niemand spricht,
Ich sprech' es: Er ist tot."
Er setzte sich nieder, wo er stand,
Ein Windstoß fuhr durchs Haus,
Die Königin hielt des Königs Hand,
Die Lichter loschen aus.

Für die 1864 entstandene Ballade benutzte Fontane als Vorlage die dänische Chronik des Saxo Grammaticus:

„Nun hatte Gormo, an die äußerste Mark des Lebensalters gekommen, eine beträchtliche Reihe von Jahren erblindet verbracht. Denn bis an die letzten Grenzen, die dem Menschen zu erreichen vergönnt, dehnte er sein Greisenalter, mehr in Angst und Sorge um das Leben und Gedeihen seiner Söhne als um das ihm selber noch beschiedene Dasein. Dem ältesten Sohn aber war er in solcher Liebe zugetan, daß er schwor, wer ihm zuerst dessen Tod melde, der müsse sterben. Als es sich aber traf, daß Thyra gewisse Botschaft vom Tode dieses Sohnes erhielt und niemand den Mut hatte, dies offen vor Gorms Ohr zu bringen, da schützte sich die Königin durch ihre Klugheit: sie führte das Geschick, das sie mit dem Munde zu verkünden fürchtete, dem König durch eine Handlung vor, die sie selbst verrichtete. Sie zog ihrem Gemahl die königliche Gewandung aus, legte ihm eine dürftige um und brachte noch andere Zeichen des Schmerzes an: Da sagte Gormo: ‚Wehe mir, kündest du mir meines Sohnes Geschick?' Thyra aber erwiderte: ‚Du selbst sprachst es aus, nicht wir.' Mit diesem Worte brachte sie ihrem Gatten den Tod, sich selbst das Los der Witwenschaft und mußte den Sohn zusammen mit dem Gemahl beklagen"[9].

Aus Dahlmanns „Geschichte von Dänemark" ist weiterhin zu entnehmen: Gorm der Alte, gestorben nach 935, herrschte als dänischer König über Jütland. Aus seiner Ehe mit Thyra Danebod hatte er zwei Söhne: Knud und Harald Blauzahn. Der Vater liebte allein den älteren, und er schwur, wer ihm Knuds Tod melden würde, solle sterben. Die beiden Brüder trafen auf einem ihrer Seezüge aufeinander, wobei Harald den Bruder tötete. Thyra sprach: „Zwei Habichte stießen aufeinander, der graue hat den weißen getötet." Gorm verstand die Rede nicht. Nun ließ Thyra den königlichen Saal mit schwarzen und auch grauen Teppichen bekleiden und legte Trauergewand an. Da rief Gorm: „Gewiß ist mein Sohn Knud tot." Da sprach Thyra: „Du selber und kein anderer hast es dir verkündet." Gorm starb darauf vor Gram[10].

Worterklärung

Die Jarls: königliche Statthalter in den Provinzen des Reiches.

Jul: Fest der Wintersonnenwende.

Brömsebro-Moor: Dorf und Schloß in Schweden südl.

Kalmar, unweit der Mündung der Brömsa, des ehemaligen Grenzflusses zwischen dänischem und schwedischem Skandinavien.

Aufbau

I: Gorm Grymme — einführende Beschreibung.

II—IV: Die Handlung beginnt mit dem Julfest; Gorms verhängnisvoller Schwur in Sorge und Liebe zu seinem einzigen Sohn.

V—VI: Ausfahrt der Flotte und Heimkehr mit dem toten Königssohn.

VII—VIII: Thyra Danebods Meldung durch hinweisende Zeichen.

IX—X: Des Königs Ahnung und tragische Erkenntnis.

Die erste Strophe gibt eine allgemeine Einführung zur Hauptgestalt. Die Handlung setzt mit der zweiten ein, erreicht mit dem Schwur des Königs zum Ende der vierten ihren Höhepunkt, fällt in den folgenden langsam und in den beiden letzten schnell ab. Das Verhängnis wird bereits mit der Ahnung der Königin angedeutet (IV, 1/2), dem sich der

König in trotziger Haltung verschließt („Gorm Grymme aber ...“). Durch Drohung will er das Schicksal abwehren, fordert es aber damit geradezu heraus.

Metrik

Die achtzeiligen Strophen stehen im Kreuzreim und können in zwei Hälften geteilt werden. Die durchgehenden männlichen Versschlüsse passen gut zum Charakter des Königs und zur Härte des heraufbeschworenen Schicksals. Die vier- und dreihebigen Jamben schreiten ruhig dahin, wo einfacher Bericht vorliegt:

Und Monde gehn. Es schmolz der Schnee,
Der Sommer kam zu Gast, (V, 7/8)

Anapästische Auflockerung ist dort zu erkennen, wo innere oder äußere Bewegung spürbar wird:

Gorm Grymme, was macht dich so weich? (II, 8)
Den Saal hinunter in offener Hall,
Da fliegt es wie Locken im Wind, (III, 1/2)

Dagegen verlangsamen die versetzten Betonungen am Zeilenanfang den Rhythmus: „König Gorm ..., Weiß worden ..., Ein tritt Gorm Grymme ...“ Zahlreich sind diese Tonverschiebungen in der sechsten Strophe vorhanden und schaffen im Verein mit dunklen Vokalen einen schleppenden Sprachfluß und eine düstere Atmosphäre.

Sprache

Verstärkt wird der schwergewichtige Rhythmus durch die kurzen Hauptsätze oder Sinneinheiten, die — von einigen Zeilensprüngen abgesehen — mit den stumpfen Versenden zusammenfallen und den Eindruck eines archaisierenden Saga-Stils bewirken. In gleiche Richtung zielen die häufigen Wiederholungen, Parallelismen und Inversionen. Als Beispiele u. a.:

Sein Sinn ist fest, seine Hand ist stark (I, 3)
Weiß worden ist nur sein Haar,
Weiß worden sind nur seine buschigen Brau’n (I, 4/5)

Der in Volkslied und Volksballade sorglos gebrauchte Wechsel von Präsens und Präteritum wird hier bewußt eingesetzt, um Bericht und Geschehen beständig in der Schwebe zwischen historischer Distanz und unmittelbarem Erleben zu halten.

Ein auffallendes Mittel für die balladeske Gestaltung stellen die vorausdeutenden und andeutenden Farben, Gesten und Handlungen. Der König wird durch die starke Hand, das weiße Haar, die buschigen

Brau'n und den grimmigen Gesichtsausdruck charakterisiert; seine Liebe zum Kind wird durch das Lächeln, die Verbundenheit mit seiner Gattin durch einen stummen Händedruck angedeutet (II, 5, IX, 8, X, 7). Locken und Federballspiel, schlanker Wuchs und Gesang sowie die Farben blond und blau-golden weisen auf die jugendliche Unbekümmertheit des Königssohnes hin. Macht und Reichtum künden der rot-goldene Königsmantel, die Goldteppiche, das rote Korallengeschmeide, die Gemme von Opal und der Stuhl von Elfenbein. Die dunklen Farben des Unheils beginnen in der sechsten Strophe mit „Grau-Herbstestag" und den schwarzen Wimpeln, die zusammen mit dem matten Ruderschlag den Tod Jung-Haralds melden. Sie setzen sich fort in der siebten und verstärken sich in der achten und neunten: Schwarz ist das Kleid der Königin, sind Teppiche, Gewebe und Halle. Das flackernde Licht der Kerzen spendet nur trüben Schein; zum Schluß erlöschen die Lichter und deuten damit auf das tragische Ende hin. Das zweimal am Versschluß herausgehobene „dicht" (VIII, 7, X, 1) veranschaulicht das Unentrinnbare des Schicksals. Bilder sprechen vom hereinbrechenden Unheil:

[. . .] — sein Mantel rot
Gleitet nieder auf den Grund. (IV, 5/6)

[. . .] er singt ein Lied,
Bis sich's im Winde brach,
Das letzte Segel, es schwand, es schied — (V, 5—7).

Mehrfach sind Versstellen aufeinander bezogen und werden bedeutsam in ihrem Gegensatz:

Und er hebt sich zum Sprechen — [. . .] (IV, 5)
Er setzte sich nieder, wo er stand, (X, 5);

Den Saal hinunter, in offener Hall',
Da fliegt es wie Locken im Wind, (III, 1/2)
Ein Windstoß fuhr durchs Haus, (X, 6);

Dreihundert Schiffe fahren in See, (V, 3)
Drei Schiffe mit mattem Ruderschlag
Rudern heimwärts [. . .] (VI, 3)

Sein Sinn ist fest, seine Hand ist stark, (I, 3)
[. . .] Es zittert sein Gang,
Er schreitet wie im Traum, (IX, 1/2)

Sie reichen einander still die Hand (II, 5)
Die Königin hielt des Königs Hand, (X, 7)

„Wer je mir spräche ‚er ist tot‘,
Der müßte sterben zur Stund.“ (IV, 7/8)
[...] „Was niemand spricht,
Ich sprech' es: Er ist tot.“ (X, 3/4)

Balladencharakter

Der Balladencharakter wird im Vergleich mit den Vorlagen deutlich. Fontane hat den Vorgang gestrafft und auf den König konzentriert. Statt der beiden Söhne ist Jung-Harald sein einziges Kind, um dessen Leben der Herrscher sich verständlicherweise sorgt, zumal jener noch unverheiratet und die Erbfolge noch nicht gesichert ist. Mit seinem Tode stirbt das Königsgeschlecht aus, wodurch die Tragik vertieft wird. Das Geschehen ist auf den Königssitz Brömsebro-Moor und auf das Herrscherpaar beschränkt. Die Nebenhandlung des Brudermordes entfällt. In der Chronik ist die Königin Gegenspielerin und eigentliche Trägerin der Handlung, die sie klug und geschickt lenkt, um die Bedrohung des Schwurs auf den König selbst zu richten. In der Ballade wird sie zur fürsorglichen Lebensgefährtin, die ihrem Gatten in hellen und dunklen Stunden zur Seite steht. Man kann hier nicht wie in der Chronik von einer Überlistung sprechen, mit der sie den angedrohten Tod von sich und ihrer Umgebung abwehrt. Ihr Verhalten wird von verständnisinniger Liebe und zarter Rücksicht getragen. Es bleibt am Ende offen, ob der König „vor Gram“ stirbt oder sich gar selbst tötet, wenn auch die verlöschenden Lichter auf sein Ableben hinzuweisen scheinen. Der Tod des Sohnes wäre Schicksalsschlag genug, der die Vereinsamung des Herrscherpaares und damit die Tragik des Ausgangs bewirkt. Der König erliegt dem Schicksal, das er zu bannen versuchte. Wenn auch Liebe und Sorge, also menschlich verständliche Antriebe ihn zu dem verhängnisvollen Schwur verführen, so ist doch auch hier die Verblendung Hybris zu nennen, eine Hybris, die nicht aus der Machtgier erwächst, welche aber die Schicksalsmächte verkennt und das Leben Unschuldiger bedroht. — Im Gegensatz zur Chronik wird damit der König die Hauptperson, dessen Namen die Überschrift bildet (wie in einigen anderen Balladen Fontanes: Archibald Douglas, John Maynard, Herr von Ribbeck auf Ribbeck im Havelland).

„Der Dichter hat einem anekdotischen Stoff eine metaphysische Bedeutung gegeben, indem er ihn als tragischen Kampf eines Menschen mit dem Schicksal darstellt. Den irrationalen Hintergrund hat er als Atmosphäre und in Sinnbildern erlebbar gemacht. Der epische Bericht der Chronik ist dadurch mit drastischer Spannung und lyrischer Stimmung erfüllt worden“[11]. Was der nüchterne Chronikstil nur andeutet, ist in der Ballade durch die symbolhaft zu verstehenden Farben, Gesten und Vorgänge zu einem dichten Gewebe geworden. Was in den Vorlagen noch durchaus in dem Bereich des rational Faßbaren abläuft, wird in der dichterischen Gestaltung zum Schicksalhaft-Unergründlichen, das zwar vom Menschen entfacht, aber von ihm nicht gebannt und gelenkt werden kann. Wir haben es mit einer Schicksalsballade zu tun, deren psychologische Ausformung nicht übersehen werden darf.

Zusammenfassend schreibt A. C. Baumgärtner zur künstlerischen Bedeutung: „‚Gorm Grymme', gewiß eine der künstlerisch vollendetsten Balladen Fontanes, zeichnet sich aus durch die eindringliche und oft durch Gesten bewirkte Charakteristik der Gestalten — vor allem des harten und nur in seiner Liebe zum Sohne Gefühle zeigenden Gorm und der milden Thyra — durch die symbolische Vertiefung des Dargestellten zu einem Gleichnis menschlicher Schicksalsunterworfenheit und durch die Übereinstimmung von Sprachgestaltung und Sinngehalt, die sich namentlich an der Lautsymbolik der beschreibenden Passagen erweist"[12].

Aufgaben

1. Wie hat Fontane seine Vorlage verändert?
2. Wodurch fordert Gorm Grymme das Schicksal heraus und wie wirkt sich seine Drohung aus?
3. Wie wird das Geschehen symbolisch vorausgedeutet und angedeutet?
4. Untersuche weiterhin Sprache und Metrik!
5. In welchem Verhältnis stehen in dieser Ballade das epische, lyrische und dramatische Element?

Schallplatte

Austrophon, 30 cm, Elite Special PLPE 332 20, Sprecher: Albin Skoda.

Theodor Fontane

Die Brück' am Tay

(28. Dezember 1879)

When shall we three meet again?
Macbeth.

I „Wann treffen wir drei wieder zusamm?"
„Um die siebente Stund', am Brückendamm."
„Am Mittelpfeiler."
„Ich lösche die Flamm."

„Ich mit."
„Ich komme vom Norden her."
„Und ich vom Süden."
„Und ich vom Meer."

„Hei, das gibt einen Ringelreihn,
Und die Brücke muß in den Grund hinein."

„Und der Zug, der in die Brücke tritt
Um die siebente Stund'?"
„Ei, der muß mit."

„Muß mit."
„Tand, Tand
Ist das Gebilde von Menschenhand!"

*

II Auf der Norderseite, das Brückenhaus —
Alle Fenster sehen nach Süden aus,
Und die Brücknersleut' ohne Rast und Ruh
Und in Bangen sehen nach Süden zu,
Sehen und warten, ob nicht ein Licht
Übers Wasser hin „Ich komme" spricht,
„Ich komme, trotz Nacht und Sturmesflug,
Ich, der Edinburgher Zug."

III Und der Brückner jetzt: „Ich seh' einen Schein
Am anderen Ufer. Das muß er sein.
Nun, Mutter, weg mit dem bangen Traum,
Unser Johnie kommt und will seinen Baum,
Und was noch am Baume von Lichtern ist,
Zünd alles an wie zum Heiligen Christ,
Der will heuer *zweimal* mit uns sein —
Und in elf Minuten ist er herein."

IV Und es war der Zug. Am Süderturm
Keucht er vorbei jetzt gegen den Sturm,
Und Johnie spricht: „Die Brücke noch!
Aber was tut es, wir zwingen es doch.
Ein fester Kessel, ein doppelter Dampf,

Die bleiben Sieger in solchem Kampf.
Und wie's auch rast und ringt und rennt,
Wir kriegen es unter, das Element.

V Und unser Stolz ist unsre Brück';
Ich lache, denk' ich an früher zurück,
An all den Jammer und all die Not
Mit dem elend alten Schifferboot;
Wie manche liebe Christfestnacht
Hab' ich im Fährhaus zugebracht
Und sah unsrer Fenster lichten Schein
Und zählte und konnte nicht drüben sein."

VI Auf der Norderseite, das Brückenhaus —
Alle Fenster sehen nach Süden aus,
Und die Brücknersleut' ohne Rast und Ruh'
Und in Bangen sehen nach Süden zu;
Denn wütender wurde der Winde Spiel,
Und jetzt, als ob Feuer vom Himmel fiel',
Erglüht es in niederschießender Pracht
Überm Wasser unten ... Und wieder ist Nacht.

VII „Wann treffen wir drei wieder zusamm?"
„Um Mitternacht, am Bergeskamm."
„Auf dem hohen Moor, am Erlenstamm."

„Ich komme."
„Ich mit."
„Ich nenn' euch die Zahl."
„Und ich die Namen."
„Und ich die Qual."
„Hei!
Wie Splitter brach das Gebälk entzwei."
„Tand,Tand
Ist das Gebilde von Menschenhand."

Unter dem Eindruck des furchtbaren Eisenbahnunfalls bei Dundee am Firth of Tay in der Nacht vom 28. zum 29. Dezember 1879 schrieb Fontane am 6. Januar 1880 diese Ballade, die bereits im gleichen Monat in der Zeitschrift „Die Gegenwart" veröffentlicht wurde. Als Quelle diente ihm der Bericht der „Vossischen Zeitung" vom 30. 12. 1879, der hier im vollen Wortlaut wiedergegeben wird, da er sich gut eignet für eine vergleichende Betrachtung mit der dichterischen Gestaltung:

‚Das Eisenbahnunglück auf der Taybrücke'

Die Eisenbahnbrücke über den Firth of Tay, der breiten meerartigen Mündung des Tay, die im Mai vorigen Jahres dem Verkehr übergeben wurde, ist eines der Wunder der Brückenbaukunst gewesen; sie ist ohne Frage die längste Brücke in der Welt, sofern die Breite des fließenden Wassers, welches überspannt ist, in Betracht gezogen wird. Mit Einschluß der Verlängerung am nördlichen Ufer mißt sie 10612 Fuß englisch in 85 Spannungen verschiedener Weite. Elf Bögen haben 245' Weite. Am Ufer lag sie auf 70 bis 80' über dem Meere, in der Mitte war sie 130' hoch über Hochwasser. Alle Hilfsmittel, welche die moderne Technik an die Hand gibt, waren aufgeboten, um dies Werk herzustellen. Die größten Schwierigkeiten bot der Grund. Am Ufer machte der felsige Boden die Fundierung der Pfeiler leicht, in der Mitte dagegen mußte durch mit Beton gefüllte Cylinder fester Grund gewonnen werden. Die Plattform auf der Spitze der Pfeiler, welche nur für ein Schienengleis Raum bietet, ist 15' breit. Die Brücke ist nicht ganz gerade, sondern am Nordende biegt sie sich etwas östlich, um östlich von Dundee zu landen. Der ganze Bau hat ein höchst gefälliges und leichtes Aussehen. Er ist so lang, so luftig, so dünn, daß, von den Höhen von Newport (an der Südseite des Tay) aus gesehen, die Brücke wie ein von Ufer zu Ufer gezogenes Tau aussieht, und der Anblick eines über die Brücke dahin rollenden Eisenbahnzuges unwillkürlich nervöse Unruhe verursacht. Leider scheint dieser ängstigende Eindruck richtiger gewesen zu sein als die Berechnungen der Techniker, obwohl im Augenblick die Nachrichten über die entsetzliche Katastrophe noch so widersprechend sind, daß sich noch kaum mit absoluter Sicherheit angeben läßt, ob die Brücke durch den Sturm zerstört und dadurch der Zug ins Verderben gestürzt ist, oder ob der entgleiste Zug mehrere Joche der Brücke zum Einsturz gebracht hat.

Die telegraphischen Meldungen über das Unglück besagen Folgendes: Ein entsetzlicher Sturm fegte heute (Sonntag) Nacht über Dundee hin und riß einen Teil der Taybrücke nieder, auf welcher sich der um 7¼ Uhr fällige Eisenbahnzug von Edinburgh befand. Man nimmt an, daß der Zug im Wasser begraben ist, allein der Sturm ist noch immer so heftig, daß kein Dampfboot im Stande war, sich der Brücke zu nähern. Von der Fifeseite war gehörig signalisiert worden, daß der Zug 14 Minuten nach 7 Uhr die Dundeebrücke überschritten habe; man hat denselben auch auf der Brücke gesehen und kurz darauf einen plötzlichen Feuerstrahl. Man glaubt, daß der Zug die Schienen verlassen und über die Brücke gestürzt sei. Diejenigen, welche das Unglück mit angesehen, eilten sofort zur Taybrückenstation in Dundee und ertheilten dem Stationsvorsteher Bericht. Derselbe setzte sich sofort in telegraphische Verbindung mit dem Signalisten auf der Nordseite der Brücke; als man den Telegraph über die Brücke spielen lassen wollte, ergab es sich, daß die Drähte zerrissen waren. Der Stationsvorsteher und der Lokomotivsuperintendent entschlossen sich hierauf, ungeachtet des furchtbaren Sturmes so weit als möglich auf der Brücke vorzudringen, um sich über den Umfang des Unglücks zu vergewissern: die beiden waren im Stande, eine beträchtliche Entfernung vorzurücken; das erste, was sie erblickten, war ein Wasserstrahl aus einer zerbrochenen Röhre, welche Newport mit Wasser versorgt und der Brücke entlang geführt ist. Etwas weiter vordringend, konnten sie bei dem hellen Mondlichte deutlich eine große Lücke entdecken, welche durch den Einsturz entstanden war; nach ihrer Schätzung etwa zwei oder drei der wichtigsten Bögen. Sie glaubten jedoch am anderen Ende der Brücke ein rothes Licht zu entdecken und gaben sich der Hoffnung hin, daß der Zug zum Stillstand gebracht worden, nachdem der Maschinist den Einsturz der Brücke bemerkt. Diese Hoffnung erwies sich aber leider als eine trügerische. An der Broughly-Ferry, vier Meilen unterhalb der Brücke, wurden mehrere Postbeutel ans Ufer geschwemmt und herrscht jetzt kein Zweifel mehr darüber, daß der Zug im Flusse liegt. Über die Anzahl der Passagiere, welche sich im Zug befanden, verlautet bislang nichts Bestimmtes; man spricht unterschiedlich von 150 bis 200 Personen. (Die Zahl der Opfer stellt sich mittlerweile auf ca. 90.)

In Dundee wurde inzwischen ein großes Dampfschiff zur Abfahrt bereit gemacht, und sobald der Sturm soweit nachgelassen hatte, daß es auslaufen konnte, fuhr es nach der Unglücksstelle ab. So wie es sich der Brücke näherte, konnte man sehen, daß deren ganzer mittlerer Theil, 12 Spannweiten (ungefähr 3000 Fuß lang) sammt den eisernen Tragsäulen, fast spurlos verschwunden war. Nur eine Reihe von Strudeln zeigte die Stelle an, wo Eisenwerke und Zug in der Tiefe lagen. Ein Boot wurde hinuntergelassen und die herzhafte Bemannung desselben untersuchte eine von den klaffenden Brückenöffnungen nach der andern. Nur das bis zur Hochwassermarke reichende Mauerwerk der Pfeiler ward vorgefunden, so wie hier und da ein paar unbedeutende Eisenstücke.

Da sich das schreckliche Unglück in der Mitte der Brücke, also ungefähr eine Meile von jedem der Ufer entfernt, bei heftigem Sturm ereignete, so wurde angenommen, daß kein einziger der auf dem Zuge Anwesenden mit dem Leben davongekommen sei, zumal man bedachte, daß auch der beste Schwimmer wenig Aussicht gehabt hätte, sich zu retten, selbst wenn ihm der beträchtliche Fall — gegen 100 Fuß — Besinnung und Kraft dazu gelassen hätte.

Die Scenen am Bahnhof von Dundee, woselbst Angehörige der auf dem Zuge befindlichen Reisenden deren Ankunft erwartet hatten, sollen über alle Maßen ergreifend gewesen sein. Gestern (Sonntag) Abend trieben bei Broughly Ferry (unweit Dundee) ein halbes Dutzend Briefsäcke an Land, und (Montag) Morgen wurden dort eine Anzahl von Schleiern, Muffs, Shawls und Reisesäcken aufgefischt. Mehrere Dampfer mit Tauchern an Bord fuhren heute (Montag) Morgen nach der Unglücksstelle ab, um die Leichen der so gräßlich Umgekommenen zu bergen. Auf der Londoner Börse fielen die Aktien der North-British-Eisenbahn, in deren Zuge sich die Tay-Brücke befindet, um volle 8 pEt[13].

Die Ballade ist wie ein Tryptichon aufgebaut: das rational faßbare Geschehen, der „Vordergrund", wird von den beiden Hexenstrophen, dem „Hintergrund", eingerahmt. Bereits in der Überschrift geben die beiden Untertitel Hinweise zu dem kontrapunktisch verarbeiteten Leitmotiv: dem Datum der Katastrophe folgt ein Zitat aus Shakespeares „Macbeth" I, 1.

Mittelteil 1 (II–VI)

Es ist ratsam, bei der Besprechung mit dem Mittelteil (II—VI) zu beginnen, weil damit der Zugang zur Ballade erleichtert wird. Nach Form und Inhalt ist dieser Teil völlig anders strukturiert als die Hexenstrophen. Die Wiederholung von II, 1—4 in VI, 1—4 bildet den Rahmen des Mittelteils und erhöht damit seine Geschlossenheit; sie retardiert den Ablauf und spannt ihn zugleich. Der Wechsel der Perspektive erinnert an die Bildschnitte im Film. Zunächst wird das Brückenhaus mit den hell erleuchteten Fenstern, die wie suchende Augen in der Dunkelheit wirken, in Ganzaufnahme von fern gesehen, sodann die stille Stube mit den wartenden Eltern, darauf der Führerstand der Lokomotive mit dem Zugführer Johnie, dessen Erinnerungen als Rückblende eingeschoben sind, und wiederum die Brücknersleut, aus deren Blickwinkel die Katastrophe gesehen wird.

Wie Philemon und Baucis in Goethes „Faust" sehen die beiden Alten von ihrem Häuschen auf sicherem Grund auf die von der Gewalt des

Sturms bedrohte Niederung. Und wie bei jenen vertraut der Mann der technischen Welt, während die Frau feinfühlig die Gefahren ahnt. Der Mittelteil gibt keinen objektiven Bericht — wie W. Kayser meint —, sondern eine Schilderung innerer Vorgänge bei drei eng verbundenen Menschen, ihrer Ahnung (Mutter), Hoffnung (Vater) und selbstbewußter Überzeugung (Sohn)[14]. Die breit angelegten Reden führen die Männer, gesteuert von gefühlvoller Fürsorge (Vater) und selbstsicherem Vertrauen (Sohn), psychologisierend gestaltet und sprachlich formelhaft geprägt. Die personifizierte Lokomotive spricht mit dreifach herausgehobenem „Ich" im Selbstbewußtsein ihres Führers. Brücke und Zug, stolze Errungenschaften der Menschen, sind in seiner Vorstellung verfügbare Werke menschlichen Schaffens. Aus seinem Monolog spricht ein jugendlich-unbekümmerter Optimismus, der die Gefährdung überhaupt nicht wahrnimmt. Das dramatische Finale ist knapp und bildhaft verdeckt in den letzten vier Zeilen zusammengepreßt. Der Vergleich in VI, 6 („als ob Feuer vom Himmel fiel") erinnert an 1. Moses 19.

Das Bewußtsein der Beherrschung des „Elements" und die Geborgenheit der bürgerlichen Welt spiegeln sich in der formalen Gestaltung: Der achtzeilige Strophenbau ist regelmäßig und festgefügt; die schlichten Paarreime mit männlichen Versschlüssen entsprechen dem Satzbau, jeweils nach der vierten Zeile einen leichten Einschnitt markierend. Wortwiederholungen und reihende „und" (insgesamt 14 am Zeileneingang dieses Teils) dienen dem epischen Sprachfluß, in den auch die beiden Ellipsen (II, 1 und III, 1) eingeschmolzen werden. Die Takte sind mannigfaltig wie in „John Maynard". Es lohnt nicht, die Daktylen, Anapäste, Jamben und Trochäen Zeile für Zeile herauszustellen, da der Rhythmus das Versschema völlig überspielt. Dieser aber wird geformt von all dem, was der Erzählstrom heraushebt. — Die Sprache ist geprägt von formelhaften Wendungen, wie sie der traditionelle Balladenstil herausgestellt hat: „ohne Rast und Ruh"; „in Bangen"; „mit dem bangen Traum"; „Und wie's auch rast und ringt und rennt"; „an all den Jammer und all die Not"; „lichten Schein". „Solche Formeln erzeugen in den Mittelstrophen eine rhetorische Glätte, einen allzu bequemen Fluß (...). Eine vollkommene Vereinigung von gegenwärtiger Realität und überlieferter Balladenform ist in diesem Experiment nicht geglückt; er bleibt in der Spannung des zugleich vorwärts und rückwärts blickenden Übergangs zwischen dem Alten und dem Neuen, dem Konventionellen und dem Modernen"[15].

Rahmen (I u. VII)

Die Menschenwelt wird von der Geisterwelt eingeschlossen und schicksalhaft bestimmt. Der Mensch vermag nicht, „das Element" zu bändigen, sondern ist ihm rettungslos ausgeliefert. Und mit ihm sein Werk. Die

Brücke, „unser Stolz", wird von den Geistern „Tand" genannt. Was sie „Ringelreihn" nennen (I, 6), ist in VI, 5 „der Winde Spiel", womit eine deutliche Verbindung von Rahmen und Mittelteil gegeben ist.

Fontane wurde durch Shakespeares „Macbeth" angeregt, die numinosen Gewalten als Sturmhexen zu gestalten, wobei die Gestalten zu körperlosen Stimmen werden, die an das Hörspiel erinnern. „Das Undeutliche verstärkt den Effekt des Unheimlichen. Jedes epische Schildern, das verdinglichen würde, auch eine Einführung der Dialogstimmen, die individualisieren würde, unterbleibt. Die Suggestion beruht allein auf Rede und Klang der Stimmen, also auf der Handhabung des Wortes, die ein Maximum innerer Anschauung hervorbringen und die Phantasie des Hörers in Aktivität setzen muß [...] Trotz der Anlehnung an das Drama ist der Dialog dieser Stimmen vom Lyrischen her, als eine lyrische Wechselrede aufgebaut. Sie ist vornehmlich musikalisch durchstimmt, wobei die Reime [...], die Wiederholungen, die syntaktischen Parallelbildungen, die Alliterationen und die rhythmischen Auf- und Abstiege, nicht zuletzt die gefüllten Pausen nach den einzelnen Dialogfetzen, zusammenwirken"[16]. In diesem „stark bewegten Dialog" mit „seinen zerklüfteten, aufgebrochenen Verszeilen"[17] kommt das Unheimliche und Grauenvolle, das „koboldhaft Schadenfrohe und rächend Richterliche"[18] und damit das Numinose zum Ausdruck. Man vollziehe ihn in verschiedener Tonstärke und -höhe durch drei Sprecher auf Tonband, wobei der Schluß chorisch gesprochen wird. Die hohen i- und ei-Laute sowie die dunklen a, die sich in den stumpfen Kadenzen der letzten Strophe häufen, müssen klanglich zur Entfaltung kommen, um die magische Stimmung zu verwirklichen.

Balladencharakter

Ein zeitgebundenes Ereignis wird verknüpft mit einer überzeitlichen Schicksalsdrohung, die man aufgrund des vorangestellten Macbeth-Zitats in den Sturmhexen verkörpert sieht, tatsächlich aber als „körperlose Stimmen" bezeichnen muß. Ein Vorgang aus der Welt der Technik wird in den Bereich des Numinosen eingebettet. Das geschieht innerhalb der beiden Rahmenstrophen mit den herkömmlichen Mitteln der naturmagischen Ballade und in der Sprache der Geisterballade. Dem promethischen Hochgefühl der Jahrhundertwende, ausgelöst durch den technischen Fortschritt, wird hier die Ohnmacht des Menschen gegenüber den elementaren Gewalten entgegengesetzt. „Nicht die Brücken- und Zugkatastrophe ist der eigentliche balladeske Gegenstand, sondern die Preisgabe des Menschen an eine Übermacht des Schicksals, dessen unfaßbar Irrationales und Übermenschliches sich in den Stimmen aus dem Bereich des Magisch-Außermenschlichen manifestiert"[19]. Darin liegt das Neuartige dieser Ballade, das nach dem Erscheinen sofort erkannt wurde und großes

Aufsehen erregte[20]. Der alte Typus der Schicksalsballade wird stofflich und motivlich neu gefüllt; sie erlangt einen Zeitbezug, der auch uns heute noch angeht, da die Gefährdung des Menschen nicht geringer, sondern größer geworden ist.

Weniger glücklich war Fontane bei der Vereinigung der kleinbürgerlichen Welt und dem Weihnachtsfest mit der technischen Welt, „um derart das Rührende des Ereignisses zu steigern. Es läßt sich nicht verhehlen, daß darin eine Schwäche der Ballade, zugleich eine Künstlichkeit und Sentimentalisierung liegt. Denn es leuchtet nicht recht als aus der Sache notwendig ein, daß Johnie, der Mann des Kessels und des Dampfes, ‚heuer zweimal' das Christfest mit seinen Eltern im Lichterglanz des Baumes feiern will. Hier ist um des lyrischen Effektes willen zuviel getan, die Sphäre des Bürgerlich-Familienhaften im Genrestil des späteren neunzehnten Jahrhunderts zu sehr verdickt und in das Sentimentale gezeichnet. Die Gegensatzspannung des Rührend-Gefühlvollen und des Schrecklichen gerät in das Melodramatische hinein. Zudem bedeutet das Christfest im Zusammenhang der Ballade nicht ein Symbol religiöser Erlösung gegenüber der Dämonie der zauberischen Natur, sondern es ist verengt in den verbürgerlichten Gefühlsbereich der Familie, von Haus, Heimat und Geborgenheit"[21].

Die balladeske Struktur — wie sie Börries von Münchhausen sieht — ist in dieser Ballade gut zu erkennen. Die technisch-bürgerliche Welt ist im Aufbau des Gedichts vom Numinosen getrennt, in der Katastrophe jedoch sind beide aufeinander bezogen. Der untere und obere Vorgang werden durch die Brücke als Dingsymbol miteinander verbunden. Die numinosen Gewalten verbleiben undeutbar und erhöhen dadurch den Reiz des Geheimnisvollen. Mehrdeutig ist auch „Ich lösche die Flamm" (I, 3), was man auf das Feuer der Lok und auf den Tod der Reisenden beziehen kann[22]. „In dem Begreiflichen liegt auch immer das Begrenzte, während erst das Unbegreifliche uns mit den Schauern des Ewigen erfaßt"[23].

Aufgaben

1. Inwieweit wird die Katastrophe grundsätzlich anders gesehen als im Zeitungsbericht? Oder: Wie gestaltete der Dichter einen Stoff aus der Welt der Technik? Was hat er verwertet, was hinzugefügt?
2. Beschreibe das Verhalten der Eltern und ihres Sohnes Johnie!
3. Auf welchen Handlungsebenen spielt das Geschehen? Erfasse den unteren und oberen Vorgang! Wie sind sie aufeinander bezogen?
4. Wodurch unterscheiden sich die beiden Rahmenstrophen von denen des Mittelteils in ihrer formalen Gestaltung?

Schallplatte

Polyglotte D 17 m 848, Sprecher: Gert Westphal.

Theodor Fontane

John Maynard

I John Maynard!
„Wer ist John Maynard?"
„John Maynard war unser Steuermann,
Aus hielt er, bis er das Ufer gewann,
Er hat uns gerettet, er trägt die Kron',
Er starb für uns, unsre Liebe sein Lohn.
John Maynard."

*

II Die „Schwalbe" fliegt über den Eriesee,
Gischt schäumt um den Bug wie Flocken von Schnee;
Von Detroit fliegt sie nach Buffalo —
Die Herzen aber sind frei und froh,
Und die Passagiere mit Kindern und Fraun
Im Dämmerlicht schon das Ufer schaun,
Und plaudernd an John Maynard heran
Tritt alles: „Wie weit noch, Steuermann?"
Der schaut nach vorn und schaut in die Rund':
„Noch dreißig Minuten . . . Halbe Stund'."

III Alle Herzen sind froh, alle Herzen sind frei —
Da klingt's aus dem Schiffsraum her wie ein Schrei,
„Feuer!" war es, was da klang,
Ein Qualm aus Kajüt' und Luke drang,
Ein Qualm, dann Flammen lichterloh,
Und noch zwanzig Minuten bis Buffalo.

IV Und die Passagiere, buntgemengt,
Am Bugspriet stehn sie zusammengedrängt,
Am Bugspriet vorn ist noch Luft und Licht,
Am Steuer aber lagert sich's dicht,
Und ein Jammern wird laut: „Wo sind wir? wo?"
Und noch fünfzehn Minuten bis Buffalo. —

V Der Zugwind wächst, doch die Qualmwolke steht,
Der Käpitän nach dem Steuer späht,
Er sieht nicht mehr seinen Steuermann,
Aber durchs Sprachrohr fragt er an:
„Noch da, John Maynard?"
„Ja, Herr. Ich bin."
„Auf den Strand! In die Brandung!"
„Ich halte drauf hin."
Und das Schiffsvolk jubelt: „Halt aus! Hallo!"
Und noch zehn Minuten bis Buffalo. — —

VI „Noch da, John Maynard?" Und Antwort schallt's
Mit ersterbender Stimme: „Ja, Herr, ich halt's!"
Und in die Brandung, was Klippe, was Stein,

Jagt er die „Schwalbe" mitten hinein.
Soll Rettung kommen, so kommt sie nur so.
Rettung: Der Strand von Buffalo!

*

VII Das Schiff geborsten. Das Feuer verschwelt.
Gerettet alle. Nur *einer* fehlt!

*

VIII Alle Glocken gehn; ihre Töne schwell'n
Himmelan aus Kirchen und Kapell'n,
Ein Klingen und Läuten, sonst schweigt die Stadt,
Ein Dienst nur, den sie heute hat:
Zehntausend folgen oder mehr,
Und kein Aug' im Zuge, das tränenleer

IX Sie lassen den Sarg in Blumen hinab,
Mit Blumen schließen sie das Grab,
Und mit goldner Schrift in den Marmorstein
Schreibt die Stadt ihren Dankspruch ein:
„Hier ruht John Maynard! In Qualm und Brand
Hielt er das Steuer fest in der Hand,
Er hat uns gerettet, er trägt die Kron',
Er starb für uns, unsre Liebe sein Lohn.
John Maynard."

Die Stoffgeschichte wurde erst kürzlich von Walter Keitel, dem Herausgeber der Werkausgabe im Carl Hanser Verlag, geklärt. Nach seinen Feststellungen[24] fing das Passagierschiff „Erie" am 9. 8. 1841 auf dem Eriesee Feuer. Der Kapitän befahl dem Steuermann Luther Fuller, das Schiff auf Land zu setzen. Aber bevor er die Küste erreichen konnte, brannte die Steueranlage durch, und 249 Passagiere kamen ums Leben. Der Steuermann verließ mit schweren Verbrennungen als letzter das Schiff, überlebte und starb 1900 als Trinker in einem Armenhaus unter dem angenommenen Namen James Rafferty. Der Kapitän hatte ihn jedoch auf die Liste der Toten gesetzt. Darauf stützen sich die Dichtungen, die über den Vorfall entstanden und den Steuermann verherrlichen, zunächst in einer Prosaform (1845) und dann in einem zwölfstrophigen Gedicht (1875), das in der Hanser-Ausgabe abgedruckt ist. Die letzten Verszeilen lauten:

God rest him! Never hero had
A nobler funeral pyre!

„Dieses Gedicht scheint Fontanes unmittelbare Quelle gewesen zu sein" (Keitel). — Der Steuermann wurde bereits in der ersten Bearbeitung „John Maynard" genannt, der Name des Schiffes wechselte von „Erie" über „Jersey“ und „Ocean Queen“ zur „Schwalbe“ bei Fontane. — Zum technischen Verständnis sei noch angemerkt: Das Steuerrad befindet sich bei diesem Schiff am Heck, so daß es in kürzerer Übertragung das Ruder achtern führt. Feuer und Rauch werden durch den Fahrtwind nach hinten getrieben, wodurch die Notlage des Steuermanns verständlich wird.

Aufbau

Der Aufbau zeigt eine ähnliche Dreiteilung wie „Die Brück' am Tay“. Die erste und die beiden letzten Strophen bilden den Rahmen, die erste als Rückschau, die beiden letzten als Abschluß der Handlung des Mittelteils. Die Rahmenhandlung spielt auf dem Friedhof.

1. Man muß sich vorstellen, daß ein Fremder den Namen John Maynard auf einem Grabstein liest und einen Einheimischen um Auskunft bittet. Die Antwort wird von einem aus der Katastrophe Geretteten gegeben („Er hat uns gerettet“), der die Tat preisend umschreibt, jedoch noch nichts von dem Geschehen vorwegnimmt und somit die Neugier des Lesers weckt. Die letzten Zeilen gehen in die Denkmalsinschrift über (I, 5/7) und werden am Ende des Gedichts wortwörtlich wiederholt (IX, 7/9), wodurch der Rahmen verstärkt wird. Das ist einprägsam und wirkungsvoll, zumal der Name des Helden bereits in der kurzen Einleitungsstrophe dreimal genannt wird und zweimal eine ganze Zeile einnimmt.

2. Die sechs verschieden langen Strophen des Mittelteils berichten im historischen Präsens; zweimal wird es vom Präteritum unterbrochen (III, 3/4), um das Endgültige und Unabänderliche — die Faktizität — im Geschehensablauf hervorzuheben, und dreimal vom Perfekt (VIII, 1/2), um die Auswirkung des Geschehenen auf die Gegenwart der Erzählebene zu betonen. Der geringe Stoff ist abwechslungsreich und spannend ausgeformt, die Gewichte sind geschickt verteilt. Die breit angelegte zehnzeilige Eingangsstrophe (II) umreißt Ort und Zeit und schildert behaglich das muntere Treiben (zweimal „froh“ und „frei“) auf dem schnellen Passagierschiff „Schwalbe“ mit seinem bedächtigen Steuermann John Maynard (zweimal „schaut“). Mit der Alarmmeldung „Feuer“ wird die heitere Ausflugsstimmung jäh beendet. Es beginnt die Wettfahrt mit dem Tode, deren spannungsreiche Schilderung durch Zeitangaben und durch Wiederholung des Zielortes am Schluß der Strophen intensiviert wird. Der knappe Dialog zwischen Kapitän und Steuermann durch das Sprachrohr beschränkt sich auf Frage, Anweisung und Zustimmung. Von der Rettung der Reisenden und dem Tod des Retters wird in einer Kurzstrophe von zwei Zeilen mit Satzfragmenten berichtet.

3. Die beiden abschließenden Strophen sind erneut breit angelegt und lyrisch gestimmt. Die ganze Bevölkerung der Stadt Buffalo nimmt an Leichenzug und Begräbnis teil, die wirkungsvoll mit dem gängigen Vokabular geschildert werden (Glocken, Schweigen, Tränen, Blumen). Das Gedicht endet mit der Grabschrift, die von der Stadt „mit goldner Schrift in den Marmorstein" eingemeißelt wird. Am Schluß steht noch einmal herausgehoben der Name des Mannes, den das Gedicht preist. Der Aufbau der Ballade ist von drei Leitlinien bestimmt:

a) dem Lobpreis als Grundhaltung des dichterischen Sagens;
b) den Einzelbildern von wechselnder Strophenlänge;
c) den gleichartigen Rahmenstrophen, die aufeinander und auf die Erzähltexte bezogen sind[25].

Sprache und Metrik

Die Sprache paßt sich innerhalb des Aufbaus den wechselnden Situationen an. „Die gesamte Darstellungsweise kann als eine Technik kleiner Einzelbilder gekennzeichnet werden, die sich zu dem Gesamtbild des Gedichtes fügen"[26]. Breite Ausmalung wechselt mit knappem Bericht (Fahrt, Feuer, Dialog, Rettung, Begräbnis, Inschrift). Bericht und Schilderung sind aufeinander bezogen und ineinander verschmolzen. Wie die Strophen sind die Sätze verschieden lang und dort kürzer, wo es die Spannung nahelegt. Oft sind die Sätze um das Subjekt oder Prädikat oder andere Satzteile gekürzt, so daß knappe Gebilde entstehen. Das gilt vor allem für die Dialogstellen des Mittelteils. Stellenweise fehlen die Hilfsverben (z. B. „Das Schiff geborsten, Das Feuer verschwelt, Gerettet alle"). In VI, 3 ist „was Klippe, was Stein" als Apposition oder Parenthese zu fassen mit dem Sinn: er steuert in die Küstenbrandung trotz der Gefahr, auf Klippen oder Steine zu geraten. Die Antwort des Steuermanns in VI, 2 „ich halt's" faßt „Ich halte drauf hin" (V, 5) und „Halt aus! Hallo!" (V, 7) verkürzt zusammen. Ähnlich sind zahlreiche Wörter verkürzt, manche wegen des durchgehenden männlichen Endreims: Kron, Fraun, schaun, Kajüt, schallt's, halt's, die Rund, Stund, schwell'n, Kapell'n, Aug.

„Im allgemeinen verknappt er die Sprache nur, wenn es die Situation erfordert. Bei der Darstellung ruhigen Geschehens und des Preisens ist die Sprache zwar auch kurz und bündig, aber ausgeformt. Dieser Wechsel von verkürzten und voll ausschwingenden Sätzen und Wörtern macht das Gedicht lebendig und zeugt wie der Aufbau von einer ungewöhnlichen sprachlichen Anpassungsfähigkeit"[27].

Spannend wirken weiterhin die einfachen Zeitangaben am Ende der Strophen im Mittelteil, die das Geschehen in szenische Abschnitte aufteilen. Sie wecken im Zusammenhang mit dem Kontext eine ganze Skala von Gefühlsimpulsen. „So reichen diese Zeitangaben vom lässig-plaudernden und sorglosen ‚Noch' der 2. Strophe zum lähmenden ‚Noch' der 3., zum klagenden der 4., zum hoffenden ‚Noch' der 5. Strophe. In dieses ‚Noch', das für alle auf dem Schiff gilt, ist das ‚Noch' eingefügt, das an den einzelnen gerichtet wird. Auch für ihn wandelt sich die harmlose Frage: ‚Wie weit noch, Steuermann?' zum bitterschweren ‚Noch da, John Maynard?' "[28] — Hinzu kommen noch die Mittel der Interpunktion, um die Spannung zu verstärken; Frage- und Ausrufzeichen, Gedankenstriche und Punkte.

Das Reimschema ist einfach: je zwei Zeilen sind im Paarreim verbunden. Zweimal ließ Fontane den unreinen Reim passieren (V, 1/2 und IX, 1/2). Der Name John Maynard füllt dreimal reimlos eine Zeile: „So wird der Name des Helden doppelt hervorgehoben: durch bevorzugte Stelle und durch bevorzugten Klang"[29]. Reicher Gebrauch wird von Lautmalerei, Stabreim und Assonanz gemacht z. B. in II, 1/2, II, 4, II, 9, III, 3/5 und in VIII, 1/3 die Nachahmung des Glockengeläuts mit dem Vokalspiel a-o-e am Anfang und der Häufung von l, n, ng. — Der vierhebige Vers mischt Daktylen mit Jamben. Der durchgehende Auftakt wird in III, 3, VI, 4, VI, 6 und VIII, 1 mit starktonigem Einsatz unterbrochen, so daß hier Wendepunkte hervorgehoben werden. Jamben beherrschen III, 3/5, VIII, 4/5, und IX, 2 und sind für etwas Erregendes (Feuer, Qualm, Flammen) und etwas Trauriges (Begräbnis) verwandt, ein Beweis, daß der Takt nicht selbstherrlich den Rhythmus bestimmt, sondern vom Inhalt sowie von der Wort- und Lautwahl und damit von der Satzmelodie abhängig ist. Gleiches gilt vom Klangwert der Vokale und Konsonanten, der nicht isoliert betrachtet werden darf.

Balladencharakter

„Im John Maynard preist und gestaltet der Dichter die Opferbereitschaft und den Opfertod eines einfachen Mannes. Stumm bleibt John Maynard. Er antwortet nur auf die wenigen Fragen und Befehle. Kein Wort der Klage oder Angst. Wir erfahren auch nicht, was ihn im Inneren bewegt, als er in Qualm und Flammen an seinem Steuerrad aushält. Der Dichter will, daß seine Tat für ihn allein spricht und daß der Lobpreis aus dem Munde seiner Mitbürger kommt. — An einem Stoff aus dem Berufsleben des modernen Menschen stellt der Dichter ein uraltes Motiv dar: die selbstlose Aufopferung eines Menschen für seine Mitmenschen, die sich in Lebensgefahr befinden. Wir sprechen in solchen Fällen von einer guten Tat. John Maynard gehört zu denen, die aus einer hohen Auffassung von ihrem Beruf als einer sittlichen Verpflichtung handeln. Sie tun im Augenblick der Bewährung mehr als ihre Pflicht. Seine Tat wird als so hoch und ungewöhnlich erachtet, daß seine Mitbürger ihm die Krone des ewigen Lebens zuerkennen. Sie zollen ihm Dank und Anerkennung, indem sie ihn feierlich, mit Glockengeläut, Blumen und Tränen bestatten, alle Bürger der Stadt, nicht allein die Geretteten mit ihren Angehörigen. Aber sie tun nicht nur das Rechte im gegebenen Augenblick, sondern geloben, daß ihre Liebe der eigentliche Lohn für die selbstlose Tat des Steuermanns ist“[30].

Es handelt sich also um eine „Ballade von der guten Tat“, eine Bezeichnung, die von Heinrich Vogeley geprägt wurde und die man als Besonderheit der Ideenballade ansprechen kann. Fontane fand Vorbilder dieser Form in Bürgers „Lied vom braven Mann“ und in „Die Weiber von Weinsberg“ sowie in Goethes „Johanna Sebus“ und in etwa auch in Schillers „Bürgschaft“. Der Held steht jeweils im Mittelpunkt des Geschehens, meist trägt bereits die Überschrift seinen Namen. Die Antriebe seines Handelns sind Pflichtgefühl und Menschenliebe. Sein Charakter drückt sich in der Gesinnung und Tat aus, in dem Selbstopfer, das zur Rettung gefährdeter Menschen führt. So erfahren wir von den inneren Vorgängen bei John Maynard weiter nichts. Sein Verhalten und seine Antworten deuten auf Wortkargheit, Gutmütigkeit, Entschlossenheit und Zähigkeit hin (II, V, VI). Das Dämonische spielt keine Rolle, die Humanität beherrscht die Handlung.

Aufgaben

1. Gliedere die Ballade und stelle Funktion und Bedeutung der Rahmenstrophen für den Aufbau und für ihre Form als Preislied heraus!
2. Wie wird John Maynard gepriesen? Wie ist die Wendung „er trägt die Kron“ (I 5 u. IX 7) zu verstehen?
3. Wodurch unterscheidet sich der Mittelteil vom Rahmen? Wie hat es Fontane verstanden, die geringe Handlung spannungsreich darzustellen? Welche Rolle spielen die Zeitangaben?
4. Inwiefern paßt sich die Sprache der jeweiligen Situation an? Stelle alle Verkürzungen im Satzbau und bei einzelnen Wörtern fest!

Vertonung

W. Richter, Singt mit Klavier, Hug u. Co, Leipzig.

Schallplatten

Teldec, Decca DSD 13703 (Meisterballaden), Sprecher: Albin Skoda.
Ariola, Athena 60204, Sprecher: Jürgen Goslar.
Polyglotte D 2K 836, Sprecher: O. E. Hasse.

Conrad Ferdinand Meyer

Die Füße im Feuer

I Wild zuckt der Blitz. In fahlem Lichte steht ein Turm.
Der Donner rollt. Ein Reiter kämpft mit seinem Roß,
Springt ab und pocht ans Tor und lärmt. Sein Mantel saust
Im Wind. Er hält den scheuen Fuchs am Zügel fest.
Ein schmales Gitterfenster schimmert goldenhell,
Und knarrend öffnet jetzt das Tor ein Edelmann ...

II — „Ich bin ein Knecht des Königs, als Kurier geschickt
Nach Nîmes. Herbergt mich! Ihr kennt des Königs Rock!"
— „Es stürmt. Mein Gast bist du. Dein Kleid, was kümmert's mich?
Tritt ein und wärme dich! Ich sorge für dein Tier!"
Der Reiter tritt in einen dunklen Ahnensaal,
Von eines weiten Herdes Feuer schwach erhellt,
Und je nach seines Flackerns launenhaftem Licht
Droht hier ein Hugenott im Harnisch, dort ein Weib,
Ein stolzes Edelweib aus braunem Ahnenbild ...
Der Reiter wirft sich in den Sessel vor dem Herd
Und starrt in den lebend'gen Brand. Er brütet, gafft ...
Leis sträubt sich ihm das Haar. Er kennt den Herd, den Saal ...
Die Flamme zischt. Zwei Füße zucken in der Glut.

III Den Abendtisch bestellt die greise Schaffnerin.
Mit Linnen blendend weiß. Das Edelmägdlein hilft.
Ein Knabe trug den Krug mit Wein. Der Kinder Blick
Hangt schreckensstarr am Gast und hangt am Herd entsetzt ...
Die Flamme zischt. Zwei Füße zucken in der Glut.

IV — „Verdammt! Dasselbe Wappen! Dieser selbe Saal!
Drei Jahre sind's ... Auf einer Hugenottenjagd ...
Ein fein, halsstarrig Weib ... ‚Wo steckt der Junker? Sprich!'
Sie schweigt. ‚Bekenn!' Sie schweigt. ‚Gib ihn heraus!' Sie schweigt.
Ich werde wild. *Der* Stolz! Ich zerre das Geschöpf ...
Die nackten Füße pack ich ihr und strecke sie
Tief mitten in die Glut ... ‚Gib ihn heraus!' ... Sie schweigt ...
Sie windet sich ... Sahst du das Wappen nicht am Tor?
Wer hieß dich hier zu Gaste gehen, dummer Narr?
Hat er nur einen Tropfen Bluts, erwürgt er dich." —
Eintritt der Edelmann. „Du träumst! Zu Tische, Gast ..."

V Da sitzen sie. Die drei in ihrer schwarzen Tracht
Und er. Doch keins der Kinder spricht das Tischgebet.
Ihn starren sie mit aufgerißnen Augen an —
Den Becher füllt und übergießt er, stürzt den Trunk,
Springt auf: „Herr, gebet jetzt mir meine Lagerstatt!
Müd bin ich wie ein Hund!" Ein Diener leuchtet ihm,
Doch auf der Schwelle wirft er einen Blick zurück
Und sieht den Knaben flüstern in des Vaters Ohr ...
Dem Diener folgt er taumelnd in das Turmgemach.

VI Fest riegelt er die Tür. Er prüft Pistol und Schwert.
Gell pfeift der Sturm. Die Diele bebt. Die Decke stöhnt.
Die Treppe kracht ... Dröhnt hier ein Tritt? Schleicht dort ein Schritt ...?
Ihn täuscht das Ohr. Vorüberwandelt Mitternacht.
Auf seinen Lidern lastet Blei, und schlummernd sinkt
Er auf das Lager. Draußen plätschert Regenflut.

VII Er träumt. „Gesteh!“ Sie schweigt. „Gib ihn heraus!“ Sie schweigt.
Er zerrt das Weib. Zwei Füße zucken in der Glut.
Aufsprüht und zischt ein Feuermeer, das ihn verschlingt ...
— „Erwach! Du solltest längst von hinnen sein! Es tagt!“
Durch die Tapetentür in das Gemach gelangt,
Vor seinem Lager steht des Schlosses Herr — ergraut,
Dem gestern dunkelbraun sich noch gekraust das Haar.

VIII Sie reiten durch den Wald. Kein Lüftchen regt sich heut.
Zersplittert liegen Ästetrümmer quer im Pfad.
Die frühsten Vöglein zwitschern, halb im Traume noch.
Friedsel'ge Wolken schwimmen durch die klare Luft,
Als kehrten Engel heim von einer nächt'gen Wacht.
Die dunkeln Schollen atmen kräft'gen Erdgeruch.
Die Ebne öffnet sich. Im Felde geht ein Pflug.
Der Reiter lauert aus den Augenwinkeln: „Herr,
Ihr seid ein kluger Mann und voll Besonnenheit
Und wißt, daß ich dem größten König eigen bin.
Lebt wohl! Auf Nimmerwiedersehn!“ Der andre spricht:
„Du sagst's! Dem größten König eigen! Heute ward
Sein Dienst mir schwer ... Gemordet hast du teuflisch mir
Mein Weib! Und lebst ... Mein ist die Rache, redet Gott.“

Den historischen Hintergrund bildet die Hugenottenverfolgung unter Ludwig XIV. nach der Aufhebung des Edikts von Nantes (1685). Wie viele Gedichte Meyers entstand auch die Ballade „Die Füße im Feuer“ durch starke Umarbeitung, und zwar aus dem Vorläufer „Der Hugenott“, veröffentlicht 1864 mit 22 achtzeiligen, gereimten Strophen. In acht Phasen von ungleicher Länge ist das dramatische Geschehen gerafft, das wesentlich von seelischen Vorgängen bestimmt wird und in einer erregenden, sprunghaften Bilderfolge abläuft. Die sechsfüßigen jambischen Verszeilen mit männlichen Kadenzen und ohne Endreim sind in ihrem Rhythmus und Melos kunstvoll der jeweiligen Situation angepaßt.

I. (Z. 1—6) Die aufgewühlte Natur spiegelt die Haltung des Reiters; ähnlich Satzbau und Wortwahl: kurze, unverbundene Aussagesätze, zahlreiche einsilbige Wörter mit kurzen Vokalen und harten Verschluß- und Reibelauten. Beschwerter Auftakt (Z. 1) und Enjambement (Z. 3/4) unterstreichen den erregten Sprachfluß. Die beiden letzten Zeilen

(Z. 5/6) schwingen mit gehäuft mehrsilbigen Wörtern gelassen aus, auf die Haltung des Edelmannes hindeutend. Die Gegensätze werden durch den Klang verstärkt, wobei „Wild zuckt der Blitz“ und „schimmert goldenhell“ sich herausheben. Der Aufruhr der Elemente und die häusliche Geborgenheit sowie die Unruhe des Reiters und die Gelassenheit des Hausherrn schaffen in wenigen Versen eine dramatische Exposition.

II. (Z. 7—19) Der Gegensatz wird im Dialog fortgesetzt: der selbstbewußten, herrischen und drohend-fordernden Befehlssprache des königlichen Kuriers, in Syntax und Klang mit dem Eingang korrespondierend, folgt die ruhig-bestimmte Entgegnung, zwar auch in kurzen Sätzen, jedoch gemildert durch die gastfreundliche Hilfsbereitschaft: „Gast ... wärme dich. Ich sorge ...“. In einem weitgespannten, ruhig fließenden Satz (Z. 11/15) wird die Atmosphäre des Raums gezeichnet, wobei das Unheimliche in der Vorstellung des Reiters immer stärker zur Bedrohung wird und seine Erinnerung aktiviert. Des „Herdes Feuer“ wird zum lebend'gen Brand“ und das flackernde Licht zur zischenden Flamme, in der er zwei Füße zucken sieht. Die Prädikate verraten die innere Erregung, Verschluß- und Reibelaute bestimmen erneut das Klangbild. Die Punkte deuten an, aber die Zusammenhänge, welche der Königsbote bereits klar erkennt, bleiben dem Zuhörer noch verborgen.

III. (Z. 20—24) Neuansatz als Ritardando. Das Bild friedlicher Häuslichkeit währt in epischer Breite über drei Zeilen, in denen die Stimme auf den langen Vokalen ruht (weiß, Edelmägdlein, Knabe, Krug, Wein). Ein kürzerer Satz mit herausgehobenen Adverbien (schreckensstarr — entsetzt) und erneuter Klanghärte bringt den Umschlag. Auch die Kinder erkennen Vergangenes erschreckend nah: was der ungebetene Gast in Vers 19 sah, sehen nun auch sie. Das Leitmotiv „Zwei Füße zucken in der Glut“ wird durch wörtliche Wiederholung hervorgehoben und prägt sich durch Alliteration und Assonanz dem Gehör ein.

IV. (Z. 25—35) Das erneute, dialogisch zugespitzte Selbstgespräch erklärt die Zusammenhänge auch für den Hörer. Ausrufe, Satzfragmente, Andeutungen und Aussparungen zerfetzen das rhythmische Gleichmaß und lassen die wilde Erregung des Sprechers erkennen, die noch in der Erinnerung durch die feste Entschlossenheit der Edelfrau (viermal: „Sie schweigt“) bis zur Raserei gesteigert wird. Diese Zeilen müssen wie viele andere (Z. 1—4, 7—10, 17—19, 31—32, 45—47, 51—52) stakkatoartig gesprochen werden, wobei der Sprechfluß auf die stark betonten Silben zuläuft, so daß das jambische Grundschema völlig überspielt wird. Die Vergegenwärtigung seiner grausamen Tat weckt den Selbsterhaltungstrieb, auch die Angst, aber keine Reue. — Vers 32 bringt die Rückkehr zur Gegenwart, abgeschlossen durch den Eintritt des Edelmannes (Inversion am Zeilenanfang von Z. 35).

V. (Z. 36—44) Die beklemmende Atmosphäre der Tischrunde wird sprachlich deutlich: Absonderung von der Gemeinschaft (die drei ... und er), das Schwarz der Kleidung, statt des Tischgebets aufgerissene Augen, die starr auf den Eindringling gerichtet sind. Wie sehr dieser sich gehetzt fühlt, zeigen seine sprunghaften Bewegungen: „füllt ... übergießt ... stürzt ... springt auf ...“, seine Unsicherheit überdeckt er mit herrischem Befehlston. Das Gefühl der Bedrohung wird durch das im Weggang aufgefangene Flüstern des Knaben verstärkt, so daß er „taumelnd“ sein Schlafgemach aufsucht.

VI. (Z. 45—50) Wechsel des Schauplatzes. Parallel gebaute kurze Sätze mit leichter Verschiebung der Satzglieder, zahlreiche Sinneseindrücke und Lautmalerei, die bei „Fest“, „Grell“, „Dröhnt“ und „Schleicht“ durch Akzentverschiebung herausgehoben werden (wie in Z. 18, 35, 41, 53), zeichnen die Atmosphäre und spiegeln die innere Verfassung des Reiters. Der langsamer werdende Sprachfluß mit Enjambement in den beiden letzten Zeilen sowie der Hinweis auf den plätschernden Regen erfassen das Einschlafen und bringen eine kurze Beruhigung.

VII. (Z. 51—57) Diese wird abrupt beendet durch einen Alptraum, dessen Wortlaut sich an die Verse 19, 24 und 27—31 anlehnt. Das Leitmotiv wird gesteigert: der Herd wird zum höllischen Feuer, zu einem „Feuermeer, das ihn verschlingt“. — Wie in der 4. und 6. Phase erfolgt hier in der zweiten Hälfte eine Beruhigung mit einem langen erklärenden Satzbogen, der sich über drei Zeilen erstreckt. Durch den Gedankenstrich (Rhythmische Stauung) und durch die Stellung am Versende wird „ergraut“ herausgestellt, ein knapper, aber wirkungsvoller Hinweis auf die mühselige Selbstüberwindung, von der der Edelmann am Schluß ausführlich spricht.

VIII. (Z. 58—71) Eine breit angelegte und im ersten Teil idyllisch anmutende Schlußszene läßt die Ballade ausklingen. Das ausmalende Adjektiv gewinnt Raum, das zuvor gegenüber dem aktionsstarken und vorwärtsdrängenden Verb zurücktrat. Erneut dient die Natur zur Veranschaulichung innerer Vorgänge, und zwar in einem breit ausgemalten Landschaftsbild, in dessen Mitte ein bedeutsamer Vergleich steht (der einzige im gesamten Gedicht), der „durch die bisher auf das Reale beschränkte Sprachschicht hindurch zum Transzendenten“[1] vorstößt:

Als kehrten Engel heim von einer nächt'gen Wacht.

„Indem der Dichter jetzt das Symbol der wachenden Engel verwendet, hebt er das Geschehen in die Höhe ewiger Werte: das Gute, Göttliche hat in dem Edelmann gesiegt. Das aber bleibt, daß wir durch den Vergleich dem Dichter nahetreten, der sich zu solchen ewigen Werten und ihrem Wirksamwerden im Menschen bekennt. So ist der Leser auch vorbereitet, um die letzten Worte der Ballade: Mein ist die Rache, redet Gott ... nicht als interessante Entscheidung eines hugenottischen Edelmannes in einem interessanten Konflikt zu nehmen, sondern sie als ideellen Gehalt, mehr, als Aufforderung des Dichters zu erleben“[2].

Die friedliche Welt nach der verheerenden Gewitternacht ist auf den Hugenotten bezogen, der die harte Erprobung im christlichen Geiste bestand (Vgl. Z. 62 und 69/71). Der gewissenlose Kurier dagegen bleibt ungewandelt; nach den nächtlichen Todesängsten weiß er sich nun in Sicherheit und mißdeutet in irdischer Sicht die Motive des Edelmannes, der im Vertrauen auf die göttliche Gerechtigkeit auf die eigene Rache verzichtete. Bedeutsam steht das Bibelwort am Schluß als Schlüssel zum Verständnis seiner Haltung.

Balladencharakter

In analytischer Handlung, dem antiken Drama entsprechend, werden die Zusammenhänge allmählich deutlich. Die Vergangenheit wird durch die schrecklichen Gesichte des Reiters in der Gegenwart lebendig. (Z. 18/19, 24—34, 51—53). Die Zeitebenen schieben sich bildhaft ineinander, nicht in einer zusammenhängenden Linie, sondern sprunghaft, der wachsenden Erregung des unheimlichen Gastes entsprechend. Die Einheit des Gedichtes liegt in einer Seelenbewegung, bei deren Veranschaulichung optische und akustische Reize gleichnishaft verwandt werden. Sparsamer, verhaltener und spychologisch wirksamer als in Fontanes „Archibald Douglas“ werden hier seelische Vorgänge gestaltet. Nicht im Dämonischen, sondern im Psychologischen liegt die Eigenart dieser Ballade und darin auch ihre Modernität. „Seine Ballade ‚Die Füße im Feuer‘ erreicht die Höhe seiner symbolischen Lyrik. Emil Staiger hat an dem Gedicht ‚Das Spätboot‘ die mit Wissen und Willen vorgenommene Verwendung des Symbols als Symbolismus erläutert. Wir dürfen das Erläuterte auf unsere Ballade beziehen, sofern die Symbole nicht gleitend und wie aus dem Unbewußten hervorgehend auftauchen, sondern höchst bewußt in den Handlungsvorgang einbezogen sind. Alles ist in den Füßen zusammengefaßt, die im Feuer zucken: der Mord, der geschehen ist, und der Mord, der sich in Erinnerung bringt; das Gewitter, das die nächtliche Szene beherrscht, und das Gewitter, das sich im Innern zweier Menschen ereignet. Mit Wissen und Willen wird hier das Dingsymbol der Ballade fast artistisch gebraucht. Der Bewußtseinsgrad ist bemerkenswert. Er bestätigt den Dichter des späten 19. Jahrhunderts. Auch im Interesse am Psychologischen, das sich hier in den Dienst der Ballade begibt, kommt es zum Ausdruck. Wo ein Dichter dergestalt mit seinem Zeitalter fortschreitet, da erneuert sich Altgewordenes von selbst — gleichviel, ob man ein solches Gedicht als späten Nachklang in der Geschichte der deutschen Ballade bezeichnen will, oder ob man darin einen Neuklang sehen möchte, dem eine weiterführende Erneuerung nicht gefolgt ist. Etwas Ausnahmehaftes ist dieser Ballade eigen: sowohl im Werk Conrad Ferdinand Meyers selbst wie in der Literatur der Zeit allgemein"[3].

Es wäre kurzsichtig, sie als historisches Genregemälde zu fassen. Es geht hier nicht „um den historischen Stoff, um historische Realität und Gegenständlichkeit, sondern um Ideen und Motive, die sich in der Geschichte objektivieren"[4]. Edelmann und Königsbote sind Vertreter eines religiösen Ethos und einer gewissenlosen brutalen Gewalt, von Selbstüberwindung und ungezügelter Leidenschaft. In ihrem Zusammenprall werden gegensätzliche Lebenshaltungen sichtbar. Die Leitidee kommt zum Schluß direkt (Z. 69—71) und symbolhaft (Z. 62) zum Ausdruck. W. Hinck meint, „daß der dichterische Entwurf zur legendenhaften Ballade neigt" und weist dafür auf Problembehandlung, Geschehensablauf und Aufbau der Figur hin[5].

Zusammenfassend läßt sich sagen:

1. Der *Aufbau* erfolgt in abrupt aufeinanderfolgenden Phasen, die in ihrer Gedrängtheit und Dynamik dem Spannungs- und Konfliktreichtum der Handlung entsprechen.

2. Die *Sprache* (Wortwahl, Klang, Syntax) ist anschaulich, bewegt und hart; sie entspricht dem äußeren und inneren Handlungsablauf.

3. Das *Leitmotiv*, crescendohaft verwandt, durchzieht das Geschehen, erzielt Spannung und Bindung.

4. Die balladeske *Distanzhaltung* läßt sich an der Diktion erkennen, die sachlich und treffend die Vorgänge erfaßt und jeden Gefühlsanteil vermeidet. Daran haben weiterhin Dialog und Monolog sowie die Erzählperspektive aus der Sicht des Reiters wesentlichen Anteil.

5. In der analytisch durchgeführten Gestaltung wird das Geschehen allmählich durchscheinend und läßt die *Leitidee* erkennen.

Aufgaben

1. Wie wird das Geschehen allmählich deutlich?
2. Wie ist die seelische Bewegung sprachlich gestaltet? Verfolge das Leitmotiv!
3. Charakterisiere den Edelmann und den Königsboten! Von welchen Antrieben werden sie geleitet?
4. Inwiefern können wir von einer Ideenballade sprechen? Beachte bei dieser Überlegung die Zeilen 56/7, und 62—71!

Schallplatte

Ariola-Athene 60204 GW, Sprecher: Jürgen Goslar.

Agnes Miegel

Die Mär vom Ritter Manuel

Das ist die Mär vom Ritter Manuel,
Der auf des fremden Magiers Geheiß
Sein Haupt in eine Zauberschale bog.
Und als ers wieder aus dem Wasser zog
Da seufzte er und sprach: „Mein Haar ist weiß,
Gebrochen meine Kraft. O allzulange
Qualvolle Wanderschaft!“ Die Höflingsschar,
Die ringsum stand, rief: „Dunkel ist dein Haar,
Frage den König!“
Staunend sprach und bange
Da der Verzauberte: „O Herr, die Zeit
Ist hold und spurlos dir vorbeigeglitten!
Als ich vor zwanzig Jahren fortgeritten
Warst du wie heut. An dem gestickten Kleid
Trugst du den Gürtel mit den Pantherschließen
Und an der Hand den gleichen Amethyst.“
„Erzähle“, sprach der Fürst und sprachs voll List,
„Was dir begegnet, seit wir uns verließen!“

Der Arme sann, und seine Augen waren
Wie Kinderaugen, noch vom Traum befangen.
„König, ich bin so weit von Euch gegangen,
So vieles sah ich! Und in späten Jahren,
An dunklen Wintertagen und in schwülen
Hochsommernächten will ich dir erzählen
Von allem. Und vor deinen stillen Sälen
Soll meines bunten Lebens Brandung spülen.
Nur jetzt noch laßt mich schweigen.
Denn ein Gram
Durchrüttelt mich, den nie ein Mensch gekannt.
Sieh, ich verließ mein Weib in jenem Land
Und weiß es nicht mehr, welchen Weg ich kam,
Und weiß den Namen jenes Landes nicht,
Wo sie am Fenster kauernd, kinderschmal,
Aus dem Kastell hinabspäht in das Tal,
Bis jäh die Felsen glühn im Abendlicht
Und jäh erbleichen.
Durch das samtne Dunkel
Der Nacht strahlt freundlich einer Ampel Schein,
Um Führer meiner Wanderschaft zu sein,
Und purpurn glänzt wie ein Rubingefunkel
In ihrem Licht des Bergstroms dunkle Flut.
Sein Name nur? Sehr seltsam klang er, wie
Der Felsen Name, uralt auch wie sie.
Und jene Frau, die mir im Arm geruht, —
Weh, meine Liebe kann sie nicht mehr rufen,

Der süße Laut entglitt mir, wie im Tann
Dem Schlafenden entglitt der Talisman
Den sie mir umhing auf des Schlosses Stufen!" — —

Dann schrie er auf und hielt des Königs Knie
Wie ein um Hilfe Flehender umklammert.
Der sprach, — und er war bleich und ernst —: „Mich jammert
Der Qual des armen Narrn, die zu mir schrie.
Magier, tritt vor, zerbrich des Zaubers Bann!"
Der König wartete. Die Diener liefen
In allen Gängen hin und her und riefen,
Die Ritter sahn sich groß, verwundert an.
Denn keiner fand den Magier. Einge schwuren,
Sie hätten an dem Springbrunn ihn gesehn
Murmelnd die goldne Zauberschale drehn. —
Doch in dem Sande sah man keine Spuren.

Und wie die Stürme auf dem hohen Meer
Das längstverlaßne Wrack des Seglers jagen,
So trieb durch Jahre voller Sorg und Fragen
Erinnerungsqual den Grübelnden umher,
Bis ihn beim Jagen einst ein fremd Geschoß,
Vielleicht aus Mitleid, in die Schläfe traf.
Still wie ein Kind sank er ins Moos zum Schlaf
Und stammelte, eh er die Augen schloß:
„Tamara!" Und er starb.
Die Zeit verrann.

Doch einmal abends klang im Hof Geklirr
Von vielen Waffen und ein bunt Geschwirr
Landfremder Sprachen. Und ein brauner Mann,
Sehr alt und fürstlich, dessen welke Hand
Auf seidnem Kissen trug der Herrschaft Zeichen,
Trat vor den König wie vor seinesgleichen
Und rief: „Wo ist, nach dem wir ausgesandt,
Mein König Manuel, Tamaras Gatte,
Den sie in ihrem Felsenschloß beweint?
Westwärts ging ich, soweit die Sonne scheint,
Bis ich zu deinem Reich gefunden hatte.

Hier, sprach der sternenkundige Magier, werde
Ich meinen Herren finden. — Weise mich,
Daß ich ihn krönen kann!"
Da neigte sich

Der König still, griff eine Handvoll Erde
Aus einer Schale, drin die Rosen blühten,
Und wies sie stumm dem Suchenden.
Der stand

Ganz lange still. Dann schlug er sein Gewand
Weit um den Kronreif, dessen Steine sprühten,
So schritt er aus dem Saal.
Ein Klaggesang

Kam langgezogen, trostlos durch die Nacht.
Dann ein Geklirr und Hufgetrappel, sacht
Und langsam, — bis auch das im Sturm verklang.

In jener Nacht, bei seiner Kerzen Qualmen
Saß lang der König auf. Sein Page schlief
Und schrak empor, denn eine Stimme rief:
„Sieh, keine Antwort find ich in den Psalmen!
Erbarmer aller Welt, sprich, was ist Schein?" — —
Und lange vor dem Kruzifixe stand
Der König starr, mit ausgetreckter Hand.

So sagt der Page. Doch er ist noch klein,
Furchtsam, und hat den Kopf voll Märchenflausen —

Aus dem Spätherbst des deutschen Balladenschaffens um den Freiherrn von Münchhausen ragt die „Mär vom Ritter Manuel" heraus, die im Urteil W. Kaysers den Höhepunkt der Balladendichtung Agnes Miegels bildet. Nach eigener Aussage hat sie für dieses Gedicht, das 1907 in „Balladen und Lieder" erschien, motivische Anregungen von Boccaccio sowie von japanischen und chinesischen Sagen erhalten[1].

Der Aufbau

Zwei Handlungsstränge sind derart miteinander verzahnt, daß sie eine untrennbare Einheit bilden, obgleich sie auf verschiedenen Ebenen der Zeit, des Ortes und des Bewußtseins (d. h. in der Sprache B. v. Münchhausens: des Unteren und des Oberen Vorgangs) verlaufen. In einer Inhaltsangabe könnte man diese beiden Hälften so erfassen:

Am Hofe eines Königs taucht ein Magier auf, der eine Schale voll Wasser vorzeigt und einen Ritter namens Manuel auffordert, sein Haupt in diese zu tauchen. Als Manuel seinen Kopf wieder aus ihr aufhebt, scheint sein Geist verwirrt. Er sagt dem Könige, daß dieser sich in den zwanzig Jahren seiner Abwesenheit nicht verändert habe, ja, daß er noch die gleiche Kleidung und Schmuck wie damals trüge. Er erzählt von seinem fernen Kastell und seinem Weibe, hat aber deren Vornamen vergessen. Der König will „die Qual des armen Narren" enden und befiehlt, daß der Magier seinen Zauber nun wieder lösen solle. Aber der ist plötzlich verschwunden. — Manuel altert als Sonderling am Hofe, auf einer Jagd trifft ihn, „vielleicht aus Mitleid", ein Bolzen, und im Sterben murmelt er den Namen „Tamara".

In einem Bergschlosse im fernen Osten lebt ein König mit seiner jungen Gemahlin. Als er zur Jagd ausreitet, hängt sie ihm einen Talisman um den Hals, der ihn schützen soll. Aber beim Schlafe im Walde entgleitet ihm dieser, und er gerät in die Gewalt eines Zauberers, der ihn entführt. Seine Gattin Tamara beweint ihn und sendet, als alle Nachforschungen im Lande vergeblich sind, eine Gesandtschaft aus, die König Manuel in allen Ländern suchen soll. Ein Magier hat aus den Sternen gelesen, daß der König in einem Lande fern im Westen gefunden werden würde. Diese Gesandtschaft kommt in das Land, in dem der hierneben geschilderte Vorgang sich abgespielt hat, und fragt den dortigen König, ob hier Tamaras Gatte König Manuel weile.

Da greift der König eine Handvoll Erde und zeigt sie stumm den Gesandten —Manuel lebte hier, aber nun ist er tot. Die Gesandtschaft kehrt klagend in ihr fernes Land heim. In der Brust des Königs, dem Manuel als Ritter gedient, klafft fortan wie eine Wunde der furchtbare Zwiespalt: Welches der beiden Leben Manuels war das wirkliche, welches das spukhafte, durch Zauberei vorgetäuschte[2].

Ohne Exposition beginnt die Handlung, die sich in vier ungleich lange Abschnitte gliedern läßt, endend nach der 57., 66., 89. und 96. Verszeile. Im ersten Abschnitt, der mehr als die Hälfte des Gedichtes einnimmt, prallen zwei Wirklichkeitsebenen aufeinander, die für Wahrnehmung und Verstand unvereinbar sind. Was am Hof des Königs nur wenige Sekunden dauert, nämlich das Eintauchen in die Zauberschale, währt für den Ritter Manuel 20 Jahre, voll an Erlebnissen in einer fernen Welt. Erst das spurlose Verschwinden des Magiers bringt die Sicherheit der „Realisten“ ins Wanken („Die Ritter sahn sich groß, verwundert an“). Der kurze anschließende Abschnitt berichtet von der „Bewußtseinsstörung“ Manuels, aus der ihn schließlich ein Jagdgeschoß erlöst. Damit ist der erste Teil der Ballade beendet. Nach einem deutlichen Einschnitt („Die Zeit verrann“) werden die beiden Handlungsstränge zusammengeführt. Eine Gesandtschaft aus dem Osten[3] sucht ihren König und bestätigt den Bericht Manuels, den nun niemand mehr bezweifeln kann. Im letzten Abschnitt wird die Thematik der Ballade abgerundet, die hier deutlich angesprochen, aber nicht beantwortet wird: „Erbarmer aller Welt, sprich, was ist Schein?“

In diesem Handlungsablauf ist die Wandlung wichtig, die bei den beiden Hauptgestalten zu erkennen ist. Der magische Akt, die Verzauberung, wird langsam und zögernd in seiner Auswirkung erfaßt. Selbst Manuel spricht zunächst „staunend“ und „bang“, „noch vom Traum befangen“. Und wie ein Traumerlebnis klingt sein Bericht: recht genau erinnert er sich an die Einzelheiten und an das Stimmungshafte seines Erlebnisses, an die kinderschmale Frau, das Kastell, an die im Abendlicht erglühenden Felsen, an den Schein der Ampel und ihre Reflexe auf der dunklen Flut des Bergstromes. Aber es fehlt der Zusammenhang, und im Gegensatz zu den genauen Angaben steht das seltsame Unvermögen, sich der Namen von Bergstrom und Felsen zu entsinnen. Selbst den Namen seiner Frau hat er vergessen. Und den Talisman — ein wichtiges Beweisstück seiner Aussage — hat er verloren. Der nachdenklich-stockende Bericht wird ohne Pathos und Wichtigtuerei gegeben, schwingt aus und steigert sich zur bewegenden Klage, bis er mit einem Hilfeschrei abbricht. Worte und Verhalten Manuels bleiben nicht ohne Wirkung, vor allem bei dem König, der ihn aus bloßer Neugier „voll List" zum Erzählen ermunterte und nun aus Mitleid und sicher auch aus herrscherlichem Verantwortungsgefühl „bleich und ernst" nach dem Magier ruft, um den Bann zu beenden. Nach dem Tode Manuels, der nach Jahren der „Erinnerungsqual" in der Sterbestunde den Namen seiner Frau wiederfindet, wirkt die existentielle Frage nach „Sein" und „Schein" im König weiter, der eine Antwort unter dem Kruzifix sucht.

Sprache und Metrik

Die erste Zeile wiederholt lediglich die Überschrift und hebt mit den beiden betonten Eingangsworten „Das ist" das Faktum der „Mär" hervor, was mittelhochdeutsch Kunde, Nachricht bedeutete und erst später mit Erzählung, Dichtung und Märchen gleichgesetzt wurde. „In diesem Sinne will das Wort verstanden sein: als Kunde einer geheimnisvollen und seltsamen Wahrheit"[4].

Der magische Vorgang wird in Rede und Gegenrede entfaltet. In echt balladesker Weise treten die Personen als Redende und Handelnde vor uns hin, hinter denen die Dichterin zurücktritt. Nicht in reflektierendem Bericht, sondern in szenischer Darstellung wird ein Geschehen vorgeführt, das uns in seiner verhaltenen und anschaulichen Gestaltung unmittelbar erfaßt. Dinge und Gesten werden zu Symbolen. So deutet das Bild des Wracks auf das zerstörte Leben Manuels (Z. 58—62). Und eindrucksvoll weist der König auf den Tod Manuels in wortloser Gebärde hin, die von dem Anführer der Gesandtschaft unmittelbar verstanden und mit einer gleichfalls stummen Geste beantwortet wird (Z. 80—86). „Die verstehende Begegnung im Schmerz erfahren wir durch den völlig parallelen Aufbau der Gebärden, in dem zweimaligen ‚still', das sogar jeweils die gleiche Stelle im Vers einnimmt"[5]. Die Klage wird lautmalerisch intensiviert durch einen langgezogenen, trostlosen Gesang, durch Geklirr und Hufgetrappel, „bis auch das im Sturm verklang."

Das Geschehen wird in einem durchgehenden Erzählfluß ausgebreitet, in dem strophenähnliche Absätze nur drucktechnisch zu erkennen sind. Der umarmende Reim bewirkt zwar für jeweilig vier Verszeilen klangliche Einheiten, so daß die rhythmische Bewegung verzahnt wird und ausgeglichen abläuft. Unterstützt wird der epische Fluß durch den modulationsfähigen fünfhebigen Jambus, der sich gut für das ausschwingende Erzählen eignet. Für den Bewegungsverlauf sind auch die zahlreichen „und" zu beachten, die insgesamt 28 mal vorkommen, davon 14 am Zeilen- und 9 am Satzanfang. — Haltepunkte schafft jedoch die Syntax — kurze Sätze und Gedankenstriche — vor allem dort, wo die Zeit gerafft und der Ablauf gestaut werden. Das nachdenklich-zögernde Sprechen Manuels wird durch mehrfachen Neuansatz und auch durch die reihenden „und" (fünfmal am Zeilenanfang) herausgehoben, so daß seine langsam sich festigende Erinnerung glaubhaft wird.

Balladencharakter

Agnes Miegel kommt wie B. v. Münchhausen von der heldischen Ballade her, zeichnet sich jedoch im Vergleich zu letzterem durch größere Schlichtheit und durch die Nähe zur Volksballade aus. Es wird in der „Mär vom Ritter Manuel" kein Kampf der Menschen mit Naturgewalten geschildert, auch die menschliche Schuldfrage wird nicht gestellt, da ihr Schicksalsbegriff tiefer reicht. Wie bei der Droste geht es um die Frage nach der Wirklichkeit, die ohne pseudomagische Requisiten gestaltet wird, so daß wir mit Hans Fromm von einer „Magie der Seele" sprechen können[6]. Die Vorgänge werden verinnerlicht. „Was hier als Zauber und Magie erscheint, ist nicht eine [...] literarische Existenzform, bleibt auch kein unbewußtes Traumerleben, sondern wird als Wirklichkeitserleben bestätigt. Kein Wunder ist geschehen wie im ‚Mönch von Heisterbach', wo W. Müller-Königswinter, genau dem Inhalt und der Sicht der Legende folgend, Gott die irdische Realität durchbrechen läßt, um den Menschen seine Allmacht zu zeigen, auch nicht von außen her greift die Magie ein, sie gehört zu dem In-der-Welt-Stehen des Menschen"[7]. Diese Deutungsformel übernimmt W. Taraba und weitet sie aus: „Bei näherem Zusehen entdecken wir nämlich, daß die Strophen, welche zwischen der ersten und letzten mit ihrer Themenstellung ‚Sein' und ‚Schein' — oder richtiger: ‚Schein oder Sein?' — das individuelle ‚Schicksal' Manuels von den Zügen des nur Scheinhaften befreit und als ‚wirklich' zu erkennen gibt, indem die Magie von ihrer anfänglichen Rolle einer vereinzelten Begebenheit zu einem begründeten Bestandteil des ‚Seins' selbst wird. Das bedeutet, daß die ‚Fabel' hier sehr wohl zu Ende geführt und daß darüber hinaus noch eine ganz bestimmte und unmißverstehliche Deutung der Welt vorgenommen wird.: die ‚Magie ... gehört zu dem In-der-Welt-Stehen des Menschen', sie darf nicht mit Traumerleben oder bloßem, äußerem Schein verwechselt werden, sondern bestätigte sich als ‚Wirklichkeitserleben'[8].

Aus religiöser Sicht deutet U. Gollwitzer, der bei der Erfassung der Schlußszene schreibt: „Er hat aus dem Zauberreich ins Reich des Mysteriums gefunden, zur wunderbarsten Mär,

Und lange vor dem Kruzifixe stand
Der König starr, mit ausgestreckter Hand.

Mysterium bleibt Mysterium. Es kann nicht billig aufgelöst werden mit Worten, in Zeichen. Die Hand bleibt ausgestreckt. Verheißung! Mit einem reinen Zug der Kunst hebt sich die Dichterin aus diesem Bezirke des Kreuzes, — Weisheit den einen, Torheit und Ärgernis den anderen — weg. Sie stellt uns aus dem Bezirk des mysterium tremendum zum Pagen, dem kleinen noch und furchtsamen, der „den Kopf voll Märchenflausen", den Zweifel, ob ‚Schein', ob ‚Wahrheit', noch nicht kennt und glücklich Mär für Märchen hält"[9]. Dagegen stellt W. Müller-Seidel eine Deutung, die sich auf den Ritter Manuel konzentriert und stark psychologisierend wirkt: „In der Deutung betont man zumeist den Motivbereich, der den balladischen Vorgang wie ein Leitmotiv begleitet: die Frage nach dem, was hier Schein und Sein bedeuten. Diese Frage wird in erster Linie auf den König bezogen, der anfangs eher belustigt dem Verzaubertsein des Ritters zusieht, bis er mehr und mehr die unheimliche Wirklichkeit des Verzauberten gewahrt; nunmehr bedrängt sie ihn, so daß er rückgängig machen möchte, was geschehen ist. Der magische Akt wird so gedeutet, daß im Gedicht anfangs noch als Schein verstanden wird, was sich nach und nach als Wirklichkeit herausstellt. Aber damit ist der Vorgang nicht erschöpft; um so weniger, wenn man auf die Hauptgestalt blickt. Der Ritter Manuel ist diese Hauptgestalt. Dessen Qual verschärft sich durch das Bewußtsein, das sich in ihm noch immer regt. Es erinnert ihn an die Gattin, die er verlassen hat. Aber die seelische Verbindung mit ihr stellt sich nicht her. Manuels Qual ist eine Erinnerungsqual. Was wir an dieser Balladengestalt beachten sollen, ist weniger die Poesie des Bewußtlosen als das qualvolle Gestörtsein infolge eines Zaubers, der ein falscher Zauber ist. Er verstellt ihm die Wirklichkeit, aber er löscht sie nicht aus. Es ist ein Zauber, in dem die Zeit einzustürzen scheint, ohne daß sie ganz vergessen wäre; denn dieser Ritter hat noch immer Zeitgefühl, nur daß es ein gestörtes Zeitgefühl ist. Nicht zufällig wird der falsche Zauber dem fremden Magier zugeschrieben — ein Magier der Sinne, den der König an seinen Hof gezogen hat. Aber das ist nicht derselbse Magier, der die Gesandtschaft der Königin anführt. Hier ist im Gegenteil ein dem König übergeordnetes Magiertum im Spiel — eine Magie zugleich, deren der Ritter Manuel ermangelt. Aus diesem Grunde will und kann ihm die magische Bindung mit seiner Gemahlin über alle Entfernungen hinweg nicht gelingen. Die Magie der Königin Tamara ist echte Magie, eine solche der Seele und nicht der Sinne. In ihr bezeugt sich ein Nichtwirkliches als wirklich und wirkend. Die Unterscheidung, um die es geht, ist nicht allein eine solche zwischen Sein und Schein, auch nicht eine solche nur zwischen der Wirklichkeit des Königtums und der Märchenhaftigkeit, wie wir sagen müßten. Die Unterscheidung ist eine solche zwischen echter und falscher Magie, zwischen einer Märchenhaftigkeit, die uns in ein verstörtes Verhältnis zur Wirklichkeit setzt, und der Märchenwelt der Königin Tamara, die Wirklichkeit bedeutet. Mit Beziehung auf den Pagen des Königs fällt das Wort von den Märchenflausen. Es ist das letzte Wort der Ballade. Und mit ihm wird das Märchenhafte in die Schwebe gebracht. Aber damit scheint auch das Balladische in eine gewisse Distanz gerückt zu sein, sofern es als Märchen oder als falsche Märchenhaftigkeit sich selbst thematisch wird. Das läßt auf eine Bewußtheit schließen, die zugleich der Moderne zugekehrt ist — nicht nur der Romantik. Das Naive der Balladenkunst, das sich im Falle Münchhausens als das abstandlose Verhältnis bezeugt, erscheint hier zum Vorteil des Gedichts gebrochen. Zugleich tritt das spezifische Balladische spürbar zurück"[10].

Aufgaben

1. Stelle die Handlungsabschnitte der Ballade heraus und suche passende Überschriften!
2. Verfolge die innere Handlung an der Entwicklung der beiden Hauptgestalten!
3. Untersuche Sprache und Metrik und stelle den epischen Charakter der Ballade heraus!
4. Man hat bei dieser Ballade von einer „Magie der Seele" gesprochen. Was ist damit gemeint? Ziehe als Vergleich die Legende „Der Mönch von Heisterbach" und das Märchen „Rip van Winkle" in dem Roman „Stiller" von Max Frisch heran!

Bertolt Brecht

Von des Cortez Leuten

Am siebten Tage unter leichten Winden
Wurden die Wiesen heller. Da die Sonne gut war
Gedachten sie zu rasten. Rollten Brannntwein
Von ihren Wägen, machten Ochsen los.
Die schlachteten sie gegen Abend. Da es kühl wurd
Schlug man vom Holz des nachbarlichen Sumpfes
Armdicke Äste, knorrig, gut zu brennen.
Dann schlangen sie gewürztes Fleisch hinunter
Und fingen singend um die neunte Stunde
Mit Trinken an.Die Nacht war kühl und grün.
Mit heisrer Kehle, tüchtig vollgesogen
Mit einem letzten, kühlen Blick nach großen Sternen
Entschliefen sie gen Mitternacht am Feuer.
Sie schlafen schwer, doch mancher wußte morgens
Daß er die Ochsen einmal brüllen hörte.
Erwacht gen Mittag, sind sie schon im Wald.
Mit glasigen Augen, schweren Gliedern, heben
Sie ächzend sich aufs Knie und sehen staunend
Armdicke Äste, knorrig, um sie stehen
Höher als mannshoch, sehr verwirrt, mit Blattwerk
Und kleinen Blüten süßlichen Geruchs.
Es ist sehr schwül schon unter ihrem Dach
Das sich zu dichten scheint. Die heiße Sonne
Ist nicht zu sehen, auch der Himmel nicht.
Der Hauptmann brüllt als wie ein Stier nach Äxten.
Die liegen drüben, wo die Ochsen brüllten.
Man sieht sie nicht. Mit rauhen Flüchen stolpern
Die Leute im Geviert, ans Astwerk stoßend
Das zwischen ihnen durchgekrochen war.
Mit schlaffen Armen werfen sie sich wild
In die Gewächse, die leicht zittern, so
Als ginge leichter Wind von außen durch sie.
Nach Stunden Arbeit pressen sie die Stirnen
Schweißglänzend finster an die fremden Äste.
Die Äste wuchsen und vermehrten langsam
Das schreckliche Gewirr. Später, am Abend
Der dunkler war, weil oben Blattwerk wuchs
Sitzen sie schweigend, angstvoll und wie Affen
In ihren Käfigen, von Hunger matt.
Nachts wuchs das Astwerk. Doch es mußte Mond sein
Es war noch ziemlich hell, sie sahn sich noch.
Erst gegen Morgen war das Zeug so dick
Daß sie sich nimmer sahen, bis sie starben.
Den nächsten Tag stieg Singen aus dem Wald.

Dumpf und verhallt. Sie sangen sich wohl zu.
Nachts ward es stiller. Auch die Ochsen schwiegen.
Gen Morgen war es, als ob Tiere brüllten
Doch ziemlich weit weg. Später kamen Stunden
Wo es ganz still war. Langsam fraß der Wald
In leichtem Wind, bei guter Sonne, still
Die Wiesen in den nächsten Wochen auf.

Die Ballade erschien zuerst in der mit wenigen Exemplaren gedruckten „Taschenpostille" (1926), ein Jahr später in der „Hauspostille" innerhalb der dritten Lektion „Chroniken". In die „werkausgebe edition suhrkamp" (1967) ist die von Brecht für die „Hundert Gedichte" (1951) überarbeitete Fassung aufgenommen, die er später nachweislich nicht mehr geändert hat[1]. — Stoffliche und formale Anregungen entnahm Brecht den „Kalifornischen Erzählungen" des Amerikaners Francis Bret Harte, den Balladen Kiplings und dem „Bänkelsang" Villons und Wedekinds[2].

Form und Sprache

Das Gedicht erscheint im Druckbild wie ein Abschnitt aus einem Epos. Es fehlen die strophische Gliederung, der Endreim und der für andere Balladen Brechts typische Refrain. Die unregelmäßigen fünffüßigen Jamben rhythmisieren die weit ausschwingenden Langzeilen, die durch Enjambements und beschwerte Zeilenanfänge (z. B. „Wurden die Wiesen heller." — „Schlug man vom Holz ..." — „Armdicke Äste ...") die Übergänge verwischen und den zähen Fluß des chronikhaften Erzählens unterstreichen. „Dieser Berichtform entspricht die unheimliche Lautlosigkeit und Übergangslosigkeit des erzählten Vorgangs"[3]. Der ausführliche Bericht im Präsens hebt jedoch den Mittelteil (Z. 16—34) heraus und vergegenwärtigt das gespenstische Geschehen. Die knappen Aussagen in den Zeilen 40—49 intensivieren die Bewegung und verstärken den Eindruck des Unaufhaltsamen. Der märchenhaft anmutende Vorgang wird realistisch-distanziert beschrieben, in anschaulich-genauer, aber trockener Diktion, die so einfach gehalten ist, „daß sie [die Chroniken] auch für Volksschullesebücher in Betracht kommen" (Brecht im Vorwort zur „Hauspostille"). Gegensätze verdeutlichen den Untergang: vom Hellen zum Dunkeln, vom lauten Treiben des Lagers zur lautlos-schleichenden Gefräßigkeit des Urwaldes, vom wilden Sichwehren zum ohnmächtigen Verschlungenwerden. Der erzählerische Abstand wird durchgehalten — auch bei dem nah gesehenen Untergang im Mittelteil (vgl. Z. 23: Das sich zu dichten scheint) — stärker freilich im Schluß (ab Z. 44), in dem die Distanz merklich wächst (Sie sangen sich wohl zu. — ... war es, als ob ... — Doch ziemlich weit weg). Das allmähliche Verstummen von Mensch und Tier beschließt die friedlich-heiteren Bilder des Eingangs; nur die Wendung „Langsam fraß der Wald ... die Wiesen ... auf" deutet noch auf das Unheimliche in einem naturhaften Vorgang hin.

Balladencharakter

Die Tradition der naturmagischen Balladen ist spürbar. Auch hier entfalten sich die der Natur innewohnenden und den Menschen bedrohenden Elementarkräfte, die aber nicht mehr die Versinnlichung des Dämonischen durch Geister erfahren, so daß die Magie ein anderes, „natürlicheres" Gepräge erhält. Mit feinen Strichen wird die magische Wirksamkeit des „Waldes" (so die neutrale Bezeichnung in Z. 16, 44 und 49) herausgestellt. Aufeinander zu beziehen sind die armdicken, knorrigen Äste, die für das Feuer am „nachbarlichen Sumpfe" gehauen werden (Z. 6/7), mit jenen in Z. 19 in gleicher Benennung, von denen sie im Schlaf eingekerkert werden:

> ... und sehen staunend
> Armdicke Äste, knorrig, um sie stehen
> Höher als mannshoch, sehr verwirrt, mit Blattwerk
> Und kleinen Blüten süßlichen Geruchs.

Die Leute stoßen ans Astwerk, „das zwischen ihnen durchgekrochen war" (Z. 29); und pressen ihre Stirnen an die „fremden Äste" (Z. 34). Ihre wilde Abwehr löst nur ein leichtes Zittern bei den Gewächsen aus, „als ginge leichter Wind von außen durch sie" (Z. 30—32). Das „schreckliche Gewirr" (Z. 36) wird zu „Käfigen" (Z. 39), in denen angstvolle Menschen eingesperrt sind, die mit „Affen" verglichen werden (Z. 38/39). „Die Natur ist zugleich Aktionsort und Kampfpartner. Sie ist dem outcast Freund und Feind"[4]. Er benutzt sie und kämpft mit ihr, bis er von ihr verschlungen wird. Das vollzieht sich am Ende in einem allmählichen Verstummen und passiven Dahintreiben. Martin Esslin zeigt an frühen Gedichten und Dramen Brechts (bis 1927) ein Grunderlebnis des Dichters auf, das auch die Menschen und ihre Situation in dieser Ballade kennzeichnet: die „Hilflosigkeit des Menschen", seine „Unfähigkeit, die Welt um sich zu beeinflussen, so daß er dazu verurteilt ist, passiv dahinzutreiben — dem unvermeidlichen Tod entgegen". Und weiter schreibt Esslin: „Die blinden Kräfte der Natur als Umwelt sind die gleichen Kräfte, die in der Natur des Menschen selbst als Triebe und Instinkte erscheinen"[5]. Die Menschen sind „Leute", namenlose „sie", aus denen sich nur der Hauptmann abhebt, aber ohne Namen und stellvertretend für die Ohnmacht aller. Mit wenigen Merkmalen werden sie als korrumpierte Abenteurer gekennzeichnet: sie schlingen gewürztes Fleisch hinunter, trinken Branntwein aus Fässern, so daß sie am nächsten Tage mit

„glasigen Augen“ und „schweren Gliedern“ (Z. 17) in ihren grünen Käfigen erwachen und mit „rauhen Flüchen“ (Z. 27) in diesen herumstolpern. Schließlich sitzen sie darin wie Affen, „vom Hunger matt“ (Z. 39). Ihr Anführer „brüllt als wie ein Stier“ und genau so wie die Ochsen, von denen sie abgeschnitten sind. Doch imponiert die Haltung, in der sie ihren Untergang erdulden: schweigend und singend. So zeigen auch diese „outcasts“ etwas von der Würde einer leidgequälten Menschheit — ein charakteristisches Anliegen in Brechts Schaffen. — In seiner Notiz zur „Hauspostille“ schreibt der Dichter 1940: „Der Großteil der Gedichte handelt vom Untergang, und die Poesie folgt der zugrunde gehenden Gesellschaft auf den Grund“. Es wäre abwegig, in dieser Ballade „Gesellschaft“ sozialkritisch zu sehen und die „Leute“ mit den Getretenen im „Lied vom Wasserrad“ zu vergleichen, die von den „Großen dieser Erde“ ausgebeutet werden, hier also von Cortez, der in der Überschrift erwähnt wird. Der Name „Cortez“ weist lediglich auf Zeit und Landschaft, wodurch das Numinose konkrete Umrisse erhält. Als „Gesellschaft“ sind allein jene selbst zu fassen, die ähnlich wie die Männer in dem „Lied der Eisenbahntruppe von Fort Donald“ singend in den Tod gehen, als sie von der ungebändigten Natur verschlungen werden. „So bleiben sogar Bezüge zur Heldenballade und ein durchaus romantisierender Zug erhalten. Der konventionelle Heldentypus wird ersetzt durch die ‚Ritter‘ und ‚Raubritter‘ der neuen Welt und des außergesellschaftlichen Milieus: durch Pioniere, Eroberer, Abenteurer und Glücksucher — im ganzen durch einen korrumpierten Heldentypus“[6].

Aufgaben

1. Welchen Eindruck erhält man von den Leuten des Cortez?
2. An welche Balladen erinnert die unheimliche Gewalt des Urwaldes, von dem die Abenteurer verschlungen werden?
3. Was läßt sich zur sprachlichen Gestaltung feststellen?

Bertolt Brecht

Die Ballade vom Weib und dem Soldaten

I Das Schießgewehr schießt, und das Spießmesser spießt
Und das Wasser frißt auf, die drin waten.
Was könnt ihr gegen Eis? Bleibt weg, 's ist nicht weis'!
Sagte das Weib zum Soldaten.

II Doch der Soldat mit der Kugel im Lauf
Hörte die Trommel und lachte darauf:
Marschieren kann nimmermehr schaden!
Hinab nach dem Süden, nach dem Norden hinauf
und das Messer fängt er mit Händen auf!
Sagten zum Weib die Soldaten.

III Ach, bitter bereut, wer des Weisen Rat scheut
Und vom Alter sich nicht läßt beraten.
Ach, zu hoch nicht hinaus, es geht übel aus!
Sagte das Weib zum Soldaten.

IV Doch der Soldat mit dem Messer im Gurt
Lacht' ihr kalt ins Gesicht und ging über die Furt
Was konnte das Wasser ihm schaden?
Wenn weiß der Mond überm Schindeldach steht
Kommen wir wieder, nimm's auf ins Gebet!
Sagten zum Weib die Soldaten.

V Ihr vergeht wie der Rauch, und die Wärme geht auch
Und uns wärmen nicht eure Taten!
Ach, wie schnell geht der Rauch! Gott behüte ihn auch!
Sagte das Weib vom Soldaten.

VI Und der Soldat mit dem Messer im Gurt
Sank hin mit dem Spieß, und mit riß ihn die Furt
Und das Wasser fraß auf, die drin waten.
Kühl stand der Mond überm Schindeldach weiß
Doch der Soldat trieb hinab mit dem Eis
Und was sagten dem Weib die Soldaten?

VII Er verging wie der Rauch, und die Wärme ging auch
Und es wärmten nicht seine Taten.
Ach, bitter bereut, wer des Weisen Rat scheut!
Sagte das Weib den Soldaten.

Das Gedicht erschien zuerst in der „Hauspostille", wurde mit geringen Veränderungen in die Gedichte Bd. I, S. 106, aufgenommen und in abgeänderter Strophenaufteilung als „Lied vom Weib und dem Soldaten" in der „Mutter Courage" eingebaut — ein typischer Weg für viele Gedichte Brechts. Die bei der folgenden Analyse zugrunde gelegte Fassung in den

„Gedichten" zeigt gegenüber dem Abdruck in der „Hauspostille" eine Abänderung in den vierten Zeilen der vierten und sechsten Strophe: statt „Mongefluß" heißt es nun „Schindeldach", wodurch eine lockere Verbindung zu dem „Rauch" in den jeweils nachfolgenden Strophen geschaffen ist. In der „werkausgabe edition suhrkamp" ist die Ballade nicht mehr gesondert gedruckt; es wird auf den entsprechenden Song in der „Courage" verwiesen.

Aufbau

Bei dem symmetrischen Aufbau bildet die mittlere sechszeilige Strophe die Achse, um die je drei verschieden lange Strophen gelagert sind. Die vier vierzeiligen Strophen gehören dem „Weib" und die drei sechszeiligen den „Soldaten", wie es deutlich in den Schlußzeilen der einzelnen Strophen zum Ausdruck kommt. Durch geringe Wortveränderungen werden „subtile Sinn-Nuancen getroffen. Auch in den Strophen selbst spielt das Wiederholungsprinzip eine große Rolle. Der entscheidende Unterschied zum Dialogprinzip [. . .] liegt darin, daß Brecht bewußt auf die direkte Rede verzichtet, ohne an ihre Stelle nun eine klar erkenntliche indirekte Rede zu setzen. Zwar agiert das Gespräch als Argumentation, aber eben zugleich auch als Handlung: die Rede wird selbst zum Geschehen. Auch wenn man die Gedichtform und den ihr eigenen Sprachgestus berücksichtigt, sind diese Sätze nicht eigentliche Redesätze; die alte Dialog-Ballade jedenfalls, die dem Muster der Volksballade folgt, hätte den Soldaten, um dessen Tun es ja geht, selbst als Redenden erscheinen lassen. Bei Brecht erscheint in der dramatischen zugleich eine antidramatische Tendenz, die gegen die herkömmliche Auffassung vom Dramatischen verstößt und wiederum episch, also episch-dramatisch, genannt werden muß"[7].

Warnend weist das Weib auf die Gefahren des Krieges hin. Mit „Doch" beginnt jeweils der Soldat in den beiden ersten sechszeiligen Strophen und schlägt ihre Warnungen in den Wind. In der dritten und fünften Strophe sagt das Weib prophetisch das Ende der Soldaten voraus, das in der sechsten Strophe als grausame Wirklichkeit in Berichtform bestätigt wird. Der Tod hat dem Soldaten den Mund verschlossen; er kann nicht mehr antworten. Resigniert stellt das Weib in der letzten Strophe den bitteren Ausgang fest, zuvor Gesagtes im Präteritum wiederholend. Die zweitletzte Zeile wiederholt wörtlich den Eingang zur dritten Strophe und steigert ihn hier zu einer allgemein gehaltenen didaktischen Nutzanwendung, die nicht nur die Soldaten, sondern ebenso an den Leser oder Zuhörer gerichtet ist. Auch hier verwirklicht Brecht das „Moment der Entwicklung (das Übergehen der Gefühle in andere Gefühle entgegengesetzter Art, Kritik und Einführung in einem)", wie er es in den Thesen zur „Dialektik und Verfremdung" in seiner „Neuen Technik der Schauspielkunst" proklamiert.

Metrik

Das Versmaß wechselt zwischen Jamben und Anapästen, wobei letztere überwiegen und den thematischen Ernst der Ballade ins Spielerische wenden. Die Zeilen sind vier- und dreihebig, nur die dritte in der kurzen und die vierte in der langen Strophe sind „gegen den Strich" rhythmisiert. „Brecht, der seine eigene Leichtigkeit im Schreiben von Versen nur allzu gut kannte, strebte bewußt danach, allzugroße Glätte und Regelmäßigkeit in Rhythmus und Versmaß zu vermeiden". Er sah „in allzugroßer Regelmäßigkeit und Gleichförmigkeit von Reim und Rhythmus einen Mangel an Subtilität, ein Anklammern an das Skelett der überlieferten Struktur, das ein Fehlen von Originalität und schöpferischer Kraft verrät"[8]. Welch subtile Effekte er damit erreichte, lassen die beiden aufeinander bezogenen Zeilen IV, 4 und VI, 4 erkennen: Die erste wechselt — wie die anderen vorwiegend auch — vom jambischen ins anapästische Metrum hinüber, die zweite sträubt sich durch betonten Auftakt und beschwerte Senkungen gegen den vorherrschenden Rhythmus. Damit wird der Umschlag im Ablauf und die kontradiktorische Aussage auch rhythmisch herausgehoben. — Die Versschlüsse wechseln in den kürzeren Strophen regelmäßig, in den längeren herrschen stumpfe vor, abgestimmt auf die kämpferische Haltung der Soldaten. — Das Gedicht kommt mit wenigen Endreimen aus, was vor allem in den Strophen „der Soldaten" auffällt. Insgesamt läßt sich sagen, daß die Form der Ballade im Hinblick auf Rhythmus, Wiederholung und Endreim an das Rondeau erinnert.

Balladencharakter

Wiederholt behandelte Brecht die Thematik von Krieg und Soldaten. Bereits als Sechzehnjähriger schrieb er die „Moderne Legende", eine Elegie auf die Toten des Ersten Weltkriegs. Unter den Erlebnissen als Sanitätssoldat im Augsburger Feldlazarett verfaßte er die „Legende vom toten Soldaten", die nach Meinung der Nationalsozialisten die Ehre des deutschen Soldaten in den Kot zog und daher Brechts Verfolgung auslöste. Bereits 1923, beim ersten Hitlerputsch, soll Brecht auf der Liste der nach der Machtergreifung zu verhaftenden Personen an fünfter Stelle gestanden haben, „hauptsächlich, weil ihm vorgeworfen wurde, er habe die Ehre des deutschen Soldaten in seiner ‚Legende vom toten Soldaten in den Kot gezogen"[9]. Seine Bücher gehörten zu den ersten, die 1933 öffentlich verbrannt wurden; etwas später wurde ihm die deutsche Staatsbürgerschaft aberkannt (nach M. Esslin). Das hilflose Getriebenwerden des

Menschen, das Brechts frühe Gedichte durchzieht, finden wir auch in der „Ballade vom Weib und dem Soldatan“ an einigen Stellen: „Und das Wasser frißt auf, die drin waten“ (I, 2) und die Vollzugsmeldung in VI, 3 sowie die Zeile VI, 5 „Doch der Soldat trieb hinab mit dem Eis“ und der Bezug in VI, 2 „... und mit riß ihn die Furt“. Auch hier scheint die blind waltende dämonisierte Natur der Feind des Menschen zu sein wie in der Ballade „Von des Cortez Leuten“. Jedoch ist in der vorliegenden Ballade das über den Menschen verhängte, ausweglose Schicksal kein durchgehendes Thema. Es klingt nur an. „Neben die Blindheit des Soldaten tritt in dieser Ballade die Weisheit des Weibes; der Dialog als Streitgespräch konfrontiert beide miteinander und stellt sie in die Diskussion. So werden Ansätze einer didaktischen Poesie sichtbar, der sich Brecht gerade seit 1926/27 nicht nur im Drama, sondern auch in der Lyrik zuzuwenden beginnt“[10]. Aufschlußreich ist, daß in der Fassung des „Hauspostillen“-Drucks statt „des Weisen“: „des Weibes“ steht (VII, 13). Das Weib behält am Ende recht mit ihrer Warnung und vertritt in ihrer Haltung die Einstellung des Dichters.

Welche Funktion hat die Ballade als Song in der „Mutter Courage“? Am Ende des zweiten Bildes wird Eilif, der älteste Sohn der Courage, von seinem Feldhauptmann ausgezeichnet, weil er nur mit Knüppeln bewaffneten Bauern die Ochsen entriß. Nachdem er ausführlich seine „Heldentat“ berichtet hat, singt er die ersten vier Strophen, die in der „werkausgabe edition suhrkamp“ zu zwei zusammengezogen sind. Seinen Vortrag unterstreicht er gestisch mit einem Säbeltanz. Die letzten drei Strophen übernimmt seine Mutter, zunächst zornig mit dem Löffel einen Topf schlagend, dann „im Tone der unwiderleglichen Erfahrungsgewißheit“[11] das Fazit ziehend. Bereits Gesagtes wird wiederholt, so daß die Warnung des Weibes vor den soldatischen „Tugenden“ bestätigt wird: „Er verging wie der Rauch ...“. Hier wird ein Hinweis auf den Tod des Sohnes am Ende des achten Bildes gegeben, in dem er für eine ähnliche Tat in einer friedlichen Phase des Krieges hingerichtet wird, obgleich er „nix andres gemacht hat als vorher auch“. Was zuvor als kühne Heldentat gelobt wurde, wird nun als Verbrechen bestraft. Durch diesen dialektischen Umschlag im Handlungsablauf wird das soldatische Draufgängertum entlarvt und angeprangert.

Das „Lied“ geht aus der szenischen Handlung hervor, wird zu einem Dialog zwischen Mutter und Sohn und führt zum Wiedersehen der beiden. Es ist somit inhaltlich und formal eng mit dem Geschehen verknüpft; es kommentiert die dramatische Handlung, läßt aber die dramatische Zeit nicht stillstehen. Als Song bildet „Die Ballade vom Weib und dem Soldaten“ einen wichtigen Bestandteil der Gesamtaussage des Stückes: Der Drang des Mannes nach Ruhm und großen Taten ist in Kriegszeiten zutiefst fragwürdig, die besungenen soldatischen Tugenden zerstören die menschlichen Beziehungen, zumal zwischen Mann und Frau. Heldentum und Heldentod des Soldaten werden entwertet. Der Zuschauer soll sie als fatalen Mythos durchschauen; er soll erkennen, daß „der nur in blinder Aktion“ handelnde Mensch dem Untergang bestimmt ist.

Aufgaben

1. Stelle den gedanklichen Ablauf in der Ballade heraus! Worauf weist das Weib hin; was entgegnen die Soldaten? Welche Zeilen sind aufeinander zu beziehen?
2. Welche Funktion hat die Ballade als Song in dem Stück „Mutter Courage und ihre Kinder“? Welche Einstellung zum Krieg und zu kriegerischen Taten ist in ihr zu erkennen?

Schallplatte

Deutsche Grammophon 44028, Vortrag: Ernst Busch, Instrumentalgruppe: Adolf Fritz Guhl.

Bertolt Brecht

Legende von der Entstehung des Buches Taoteking auf dem Weg des Laotse in die Emigration

I Als er siebzig war und war gebrechlich
Drängte es den Lehrer doch nach Ruh
Denn die Güte war im Lande wieder einmal schwächlich
Und die Bosheit nahm an Kräften wieder einmal zu.
Und er gürtete den Schuh.

II Und er packte ein, was er so brauchte:
Wenig. Doch es wurde dies und das.
So die Pfeife, die er immer abends rauchte
Und das Büchlein, das er immer las.
Weißbrot nach dem Augenmaß.

III Freute sich des Tals noch einmal und vergaß es
Als er ins Gebirg den Weg einschlug.
Und sein Ochse freute sich des frischen Grases
Kauend, während er den Alten trug.
Denn dem ging es schnell genug.

IV Doch am vierten Tag im Felsgesteine
Hat ein Zöllner ihm den Weg verwehrt:
„Kostbarkeiten zu verzollen?" — „Keine."
Und der Knabe, der den Ochsen führte, sprach: „Er hat gelehrt."
Und so war auch das erklärt.

V Doch der Mann in einer heitren Regung
Fragte noch: „Hat er was rausgekriegt?"
Sprach der Knabe: „Daß das weiche Wasser in Bewegung
Mit der Zeit den mächtgen Stein besiegt.
Du verstehst, das Harte unterliegt."

VI Daß er nicht das letzte Tageslicht verlöre
Trieb der Knabe nun den Ochsen an
Und die drei verschwanden schon um eine schwarze Föhre
Da kam plötzlich Fahrt in unsern Mann
Und er schrie: „He, du! Halt an!

VII Was ist das mit diesem Wasser, Alter?"
Hielt der Alte: „Intressiert es dich?"
Sprach der Mann: „Ich bin nur Zollverwalter
Doch wer wen besiegt, das intressiert auch mich.
Wenn du's weißt, dann sprich!

VIII Schreib mir's auf! Diktier es diesem Kinde!
So was nimmt man doch nicht mit sich fort.
Da gibt's doch Papier bei uns und Tinte
Und ein Nachtmahl gibt es auch: ich wohne dort.
Nun, ist das ein Wort?"

IX Über seine Schulter sah der Alte
Auf den Mann: Flickjoppe. Keine Schuh.
Und die Stirne eine einzige Falte.
Ach, kein Sieger trat da auf ihn zu.
Und er murmelte: „Auch du?"

X Eine höfliche Bitte abzuschlagen
War der Alte, wie es schien, zu alt.
Denn er sagte laut: „Die etwas fragen
Die verdienen Antwort." Sprach der Knabe: „Es wird auch schon kalt."
„Gut, ein kleiner Aufenthalt."

XI Und von seinem Ochsen stieg der Weise
Sieben Tage schrieben sie zu zweit.
Und der Zöllner brachte Essen (und er fluchte nur noch leise
Mit den Schmugglern in der ganzen Zeit).
Und dann war's soweit.

XII Und dem Zöllner händigte der Knabe
Eines Morgens einundachtzig Sprüche ein.
Und mit Dank für eine kleine Reisegabe
Bogen sie um jene Föhre ins Gestein.
Sagt jetzt: kann man höflicher sein?

XIII Aber rühmen wir nicht nur den Weisen
Dessen Name auf dem Buche prangt!
Denn man muß dem Weisen seine Weisheit erst entreißen.
Darum sei der Zöllner auch bedankt:
Er hat sie ihm abverlangt.

Das 1939 entstandene Gedicht gehört zu dem dritten und letzten Auswahlband, den Brecht zusammenstellte und dem er den Titel „Svendborger Gedichte" gab nach der kleinen dänischen Hafenstadt, in deren Nähe er wohnte. Diese Auswahl ist fast identisch mit den „Gedichten im Exil", deren Edition Brecht für den Malik-Verlag in Prag vorbereitete und die dort nach der Annexion der Tschechoslowakei nicht mehr erscheinen konnten (nach den „Anmerkungen" in werkausgabe edition suhrkamp, Bd. 10, S. 17*).

Aufbau

Der Ablauf des Geschehens und die gehaltliche Aussage werden durch Gegenüberstellungen, ambivalentes Sprechen und Gegensätze in Spannung gehalten — jedoch ohne Zuspitzung und dialektische Umschläge.

I: siebzig, gebrechlich und Ruhebedürfnis — Flucht; Güte — Bosheit.

II—III: Aufbruch — besinnliche Ruhe; der Gelehrte auf dem kauenden Ochsen.

IV—V: Lehrtätigkeit — Reichtum; das Weiche besiegt das Harte.

VI—IX: Die Weisheit des Alten — das Interesse des Zollverwalters.

X—XIII: Diktat des Lehrers — Schreiben des Knaben; Ruhm für den Weisen — Dank dem Zöllner.

Sprache

Unterstützt wird diese Spannung durch den Gebrauch unterschiedlicher Sprachschichten. Auffällig ist die lässige Umgangssprache, die das ganze Gedicht durchzieht: Als er siebzig war — ... was er so brauchte — „Hat er was rausgekriegt" — Da kam plötzlich Fahrt in unsern Mann — Was ist das mit diesem Wasser, Alter? — Doch wer wen besiegt, das intressiert auch mich. — So was nimmt man doch nicht mit sich fort. — Da gibt's doch Papier bei uns und Tinte — ... in der ganzen Zeit — und dann war's soweit.

Demgegenüber stehen Wendungen aus einer gehobenen Sprachschicht: Und er gürtete den Schuh — ... in einer heitren Regung — Daß er nicht das letzte Tageslicht verlöre — Nachtmahl — händigte ... ein — Dessen Name auf dem Buche prangt.

Unterschiedlich sind auch Erzählführung und Ausdruck: Der behäbig-biedere Erzählton wird immer wieder durch verknappte, nur andeutende Wendungen unterbrochen. Gemächlich schreitet der Bericht in den ersten drei Strophen voran, die Gründe für die Emigration werden ausführlich dargelegt, Einzelheiten werden erwähnt, und der Ritt auf dem kauenden Ochsen wird behaglich ausgemalt, so daß man dabei die Flucht vergißt. Für das epische Gepräge des Handlungsablaufs spielt das reihende „und" eine Rolle, das insgesamt siebzehnmal am Zeilenanfang steht. Lässig gebaute Sätze, Wiederholungen und Füllwörter verleihen dem Erzählgang einen volkstümlich-behaglichen Ton. Im Gegensatz dazu stehen die kargen Satzbrocken: Weißbrot nach dem Augenmaß. — Kostbarkeiten zu verzollen? — Keine. — Hielt der Alte: — Sprach der Mann: — Flickjoppe. Keine Schuh. — Auch du? — Gut, ein kleiner Aufenthalt. — Und dann war's soweit.

Die belebenden Wechselgespräche werden häufig unmittelbar gegeneinandergestellt und sind mit Geschick in die Erzählung eingefügt. „Ihr Aufbau, weit ausholend, gemächlich anschreitend, in der Mitte dramatisch gespannt, gegen Ende rein einmündend in den eigentlichen Aufschluß der Betrachtung, ist von schöner Folgerichtigkeit"[12]. Nicht der Held des Gedichtes führt das Wort; die „Aktivisten" sind Zöllner und Knabe, der eine als Fragender, der andere als vermittelnder und interpretierender Schüler. Die wenigen kurzen Bemerkungen des Gelehrten betonen die freundliche Gelassenheit und die Distanz des Weisen.

Der epische Abstand ist vielfach zu erkennen und erfährt in den zahlreichen „denn" einen reflektierenden Zug: Denn die Güte ... — denn dem ging es schnell genug — Und so war auch das erklärt. — Ach, kein Sieger trat da auf ihn zu. — wie es schien — Und dann war's soweit. — Denn man muß dem Weisen seine Weisheit erst entreißen, ... — Wie bei J. P. Hebel wird der Zuhörer angeredet und in Geschehen und Überlegung einbezogen: Da kam plötzlich Fahrt in unsern Mann — Sagt jetzt: kann man höflicher sein? — Aber rühmen wir nicht nur den Weisen ... Daraus erwächst der traktathaft-belehrende Erzählstil, zumal Wortwahl und Satzbau einfach und verständlich sind und den heiteren Lehrton fundieren.

Metrik

Die im Kreuzreim stehenden Verszeilen enden in der ersten und dritten klingend, in der zweiten und vierten stumpf. „Der bänkelsängerische Leierton im trochäischen Auf und Ab"[13] erhält durch die verschieden langen Verszeilen eine Abwechslung, bei der die letzte Zeile jeder Strophe sich von den vorhergehenden deutlich abhebt und den einzelnen Strophen einen entschiedenen Schlußpunkt verleiht. „Die kurzen, nachklingenden, gleichsam hinzugereimten fünften Zeilen, bald nachtragend (II), bald zusammenfassend (V, XI), bald überleitend (I), fragend (VIII, XII), glossierend (III, IV), pointierend und abschließend (X, XIII) sind oft von verblüffender Wirkung"[14].

Balladencharakter

Das Gedicht entstand aus der Beschäftigung Brechts mit der chinesischen Literatur. Den Emigranten Brecht mußte gerade die Figur des Laotse[15] anziehen, von dem die Überlieferung erzählt, daß er um 600 v. Chr. als Archivar und Chronist eines Fürsten lebte und im hohen Alter seine Heimat verließ, angeekelt von Hofleben und Staatsgeschäften. An der Grenze habe er einem Grenzbeamten die einundachtzig Sprüche des „Taoteking"[16] hinterlassen, durch die der chinesische Weise berühmt wurde.

Die dritte Strophe des Gedichtes läßt erkennen, daß Brecht ein mit Tusche gemaltes Bild des Chao Po Chü aus dem 12. Jh. kannte, das Laotse darstellt, gelassen auf einem blauen Büffel reitend. Seine „Lieblingsdinge", die Manuskripte, das Rauchzeug und die Rolle mit dem Bild des chinesischen Weisen, führte er auf seiner Flucht rund um den Erdball stets mit sich[17].

Ein idyllischer Grundzug durchzieht Brechts „Legende": Ein alter Lehrer auf einem Ochsen, gütig und weise, ein junger Begleiter, Diener und Schüler, der die Lehren seines Meisters in knapper und einfacher Form vermittelt, ein wißbegieriger Zöllner „in einer heitren Regung", der dem ungleichen Paar Unterkunft und Nahrung gewährt und nur noch leise mit den Schmugglern flucht, damit es nicht bei der Arbeit gestört wird. „In einer heiter-gelassenen Atmosphäre entstehen im Laufe einer Woche die einundachtzig Sprüche. Leise geschieht das, ohne viel Aufhebens: so gebietet es die Freundlichkeit“[18].

Kurz belichtete Genrebilder begleiten den epischen Gang und unterbrechen die knappen Gespräche: der Alte mit Pfeife und Büchlein, der „Zollverwalter“ (ein hohes Wort für einen armen Grenzer) mit Flickjoppe und bloßen Füßen, dessen tiefe Stirnfalte auf Nachdenken hinzudeuten scheint. Die Begegnung des seltsamen Trios ereignet sich an einer einsamen Grenzstation im Gebirge, abseits von der großen Welt. Eine Föhre, zweimal erwähnt, steht wie ein Ausrufezeichen in der kargen Landschaft.

Diese Idyllik hinwiederum wird von einer gezielten Lehre durchzogen, welche die Legende zur Parabel werden läßt. „Auch das ausgefüllte Ereignis“, schreibt Walter Höllerer als Randnotiz zu dem Abdruck der Ballade in seiner Antologie „Transit“, „der Zeit enthoben, indem man es zur Fabel macht, wird Kontur der Gegenwart. Die Moral entwischt dann der Zeit, um sie bewältigen zu können. Sie bleibt Horizont der Handlung“. — Die drei Gestalten sind Typen, Vertreter von bestimmten, zu verallgemeinernden Haltungen. Brecht zeichnet die Gestalt des Weisen ohne ironische Brechung, jedoch mit dem Vorbehalt, daß seine Weisheit für die Mitmenschen erst dann von Bedeutung wird, wenn er aus seiner Esoterik heraustritt. Aber auch nur dann wird sie fruchtbar, wenn der Fragende und der Vermittelnde hinzukommen. „Denn Weisheit, so deutet die Schlußbetrachtung den Vorgang, erfüllt ihren Sinn erst in einem Wirklichkeitszusammenhang, sie wäre unfruchtbar ohne den Willen zur Mitteilung und ein entgegenkommendes Bedürfnis nach Belehrung. Dem Weisen muß sich der nach Unterweisung Verlangende und sie Empfangende hinzugesellen“[19]. Daher gilt der Dank am Schluß dem Zöllner, der die Weisheit dem Weisen abverlangt hat.

Weiterhin wird an der Gestalt des Zöllners ein sozialer Aspekt Brechts sichtbar, der noch deutlicher in einem anderen der Svendborger Gedichte, in den „Fragen eines lesenden Arbeiters“, zu erkennen ist.

Der politische Akzent kommt in einer kleinen Veränderung des Kernsatzes (Str. 5) zum Ausdruck: nicht der harte, sondern der „mächtige“ Stein wird von dem weichen Wasser besiegt, so daß das „Harte unterliegt“. Der Unterschied zwischen Laotses Weisheit und dieser programmatisch klingenden Vereinfachung des Schülers wird im Vergleich mit dem 78. Spruch des „Toateking“ deutlich, der dem Leitsatz der fünften Strophe zugrunde liegt:

Auf der ganzen Welt gibt es nichts Weicheres als das Wasser.
Und doch in der Art, wie es dem Harten zusetzt, kommt nichts ihm gleich.
Es kann durch nichts verändert werden.
Daß Schwaches das Starke besiegt
und Weiches das Harte besiegt,
weiß jedermann auf Erden,
aber niemand vermag danach zu handeln.
(In der Übersetzung von Richard Wilhelm)

Laotses „sanftes Gesetz" wird von Brecht eingeengt und auf die politische und gesellschaftliche Veränderung ausgerichtet. In diesem Sinne wird es auch von dem „Zollverwalter" aufgefaßt (Str. 7), der nach der chinesischen Überlieferung Paßkommandant, also Offizier ist, hier jedoch ein armer Zöllner in Flickjoppe ohne Schuh, mit zerfurchter Stirn. Er ist „kein Sieger", sondern ein Unterlegener, der sich aus seiner Situation heraus dafür interessiert, „wer wen besiegt". Der Zöllner gehört zu jener Klasse, die gegen Armut und Gewalt kämpft und sie wie „das weiche Wasser in Bewegung / Mit der Zeit den mächtgen Stein besiegt", so daß „das Harte unterliegt". Es klingt das an, was in dem „Lied vom Wasserrad" durchgehendes Thema ist, nämlich die Auflehnung der Unterdrückten gegen ihre Unterdrücker. Es klingt hier jedoch nur an und stört nicht die „Ausgewogenheit, Besonnenheit und Gesammeltheit dieser Ballade"[20], die zwischen „verhaltenem Lächeln und gelassenem Ernst"[21] in der Schwebe bleibt.

Aufgaben

1. In welchem Verhältnis stehen Laotse, Knabe und Zöllner zueinander? Zeige das humane Mit-Verstehen, den Geist der Freundlichkeit! Das Bild des Weisen (I—III), die Rolle des Schülers (IV—V), die Rolle des Zöllners und die Bedeutung des Fragens (IV—XIII)!
2. Stelle die Bipolarität der Ballade heraus, die im Aufbau in den unterschiedlichen Sprachschichten, in der Erzählhaltung, bei den Personen und in der Metrik zu erkennen ist!
3. Inwiefern hat der Rhythmus des Gedichtes einen bänkelsängerischen Leierton? Wodurch wird er gemildert? Welche Wirkung erzielen die fünften Verszeilen jeder Strophe?
4. An welchen Stellen wird der Leser einbezogen?
5. Warum hat Brecht sein Gedicht eine Legende genannt? Zeige das Lehrhafte auf! Sind soziale und politische Aspekte zu erkennen?

Schallplatte

Deutsche Grammophon Nr. 43052, Sprecherin: Helene Weigel.

Bertolt Brecht

Kinderkreuzzug

I In Polen, im Jahr Neununddreißig
War eine blutige Schlacht
Die hatte viele Städte und Dörfer
Zu einer Wildnis gemacht.

II Die Schwester verlor den Bruder
Die Frau den Mann im Heer;
Zwischen Feuer und Trümmerstätte
Fand das Kind die Eltern nicht mehr.

III Aus Polen ist nichts mehr gekommen
Nicht ein Brief noch Zeitungsbericht.
Doch in den östlichen Ländern
Läuft eine seltsame Geschicht.

IV Schnee fiel, als man sich's erzählte
In einer östlichen Stadt
Von einem Kinderkreuzzug
Der in Polen begonnen hat.

V Da trippelten Kinder hungernd
In Trüpplein hinab die Chausseen
Und nahmen mit sich andere, die
In zerschossenen Dörfern stehn.

VI Sie wollten entrinnen den Schlachten
Dem ganzen Nachtmahr
Und eines Tages kommen
In ein Land, wo Frieden war.

VII Da war ein kleiner Führer
Das hat sie aufgericht'.
Er hatte eine große Sorge:
Den Weg, den wußte er nicht.

VIII Eine Elfjährige schleppte
Ein Kind von vier Jahr
Hatte alles für eine Mutter
Nur nicht ein Land, wo Frieden war.

IX Ein kleiner Jude marschierte im Trupp
Mit einem samtenen Kragen
Der war das weißeste Brot gewohnt
Und hat sich gut geschlagen.

X Und ging ein dünner Grauer mit
Hielt sich abseits in der Landschaft.
Er trug an einer schrecklichen Schuld:
Er kam aus einer Nazigesandtschaft.

XI Und da war ein Hund
Gefangen zum Schlachten
Mitgenommen als Esser
Weil sie's nicht übers Herz brachten.

XII Da war eine Schule
Und ein kleiner Lehrer für Kalligraphie.
Und ein Schüler an einer zerschossenen Tankwand
Lernte schreiben bis zu Frie ...

XIII Da war auch eine Liebe.
Sie war zwölf, er war fünfzehn Jahr.
In einem zerschossenen Hofe
Kämmte sie ihm sein Haar.

XIV Die Liebe konnte nicht bestehen
Es kam zu große Kält:
Wie sollen die Bäumchen blühen
Wenn so viel Schnee drauf fällt?

XV Da war auch ein Begräbnis
Eines Jungen mit samtenem Kragen
Der wurde von zwei Deutschen
Und zwei Polen zu Grab getragen.

XVI Protestant, Katholik und Nazi war da
Ihn der Erde einzuhändigen.
Und zum Schluß sprach ein kleiner Kommunist
Von der Zukunft der Lebendigen.

XVII So gab es Glaube und Hoffnung
Nur nicht Fleisch und Brot.
Und keiner schelt sie mir, wenn sie was stahln
Der ihnen nicht Obdach bot.

XVIII Und keiner schelt mir den armen Mann
Der sie nicht zu Tische lud:
Für ein halbes Hundert, da braucht es
Mehl, nicht Opfermut.

XIX Sie zogen vornehmlich nach Süden.
Süden ist, wo die Sonn
Mittags um zwölf steht
Gradaus davon.

XX Sie fanden zwar einen Soldaten
Verwundet im Tannengries.
Sie pflegten ihn sieben Tage
Damit er den Weg ihnen wies.

XXI Er sagte ihnen: Nach Bilgoray!
Muß stark gefiebert haben
Und starb ihnen weg am achten Tag.
Sie haben auch ihn begraben.

XXII Und da gab es ja Wegweiser
Wenn auch vom Schnee verweht
Nur zeigten sie nicht mehr die Richtung an
Sondern waren umgedreht.

XXIII Das war nicht etwa ein schlechter Spaß
Sondern aus militärischen Gründen.
Und als sie suchten nach Bilgoray
Konnten sie es nicht finden.

XXIV Sie standen um ihren Führer.
Der sah in die Schneeluft hinein
Und deutete mit der kleinen Hand
Und sagte: Es muß dort sein.

XXV Einmal, nachts, sahen sie ein Feuer
Da gingen sie nicht hin.
Einmal rollten drei Tanks vorbei
Da waren Menschen drin.

XXVI Einmal kamen sie an eine Stadt
Da machten sie einen Bogen.
Bis sie daran vorüber waren
Sind sie nur nachts weitergezogen.

XVII Wo einst das südöstliche Polen war
Bei starkem Schneewehn
Hat man die fünfundfünfzig
Zuletzt gesehn.

XXVIII Wenn ich die Augen schließe
Seh ich sie wandern
Von einem zerschossenen Bauerngehöft
Zu einem zerschossenen andern.

XXIX Über ihnen, in den Wolken oben
Seh ich andre Züge, neue, große!
Mühsam wandernd gegen kalte Winde
Heimatlose, Richtungslose

XXX Suchend nach dem Land mit Frieden
Ohne Donner, ohne Feuer
Nicht wie das, aus dem sie kamen
Und der Zug wird ungeheuer.

XXXI Und er scheint mir durch den Dämmer
Bald schon gar nicht mehr derselbe:
Andere Gesichtlein seh ich
Spanische, französische, gelbe!

XXXII In Polen, in jenem Januar
Wurde ein Hund gefangen
Der hatte um seinen mageren Hals
Eine Tafel aus Pappe hangen.

XXXIII Darauf stand: Bitte um Hilfe!
Wir wissen den Weg nicht mehr.
Wir sind fünfundfünfzig
Der Hund führt euch her.

XXXIV Wenn ihr nicht kommen könnt
Jagt ihn weg.
Schießt nicht auf ihn
Nur er weiß den Fleck.

XXXV Die Schrift war eine Kinderhand.
Bauern haben sie gelesen.
Seitdem sind eineinhalb Jahre um.
Der Hund ist verhungert gewesen.

Das Gedicht entstand 1941 in den USA, zunächst unter dem Titel „Kinderkreuzzug 1939“, und wurde in die „Gedichte im Exil“ eingereiht. In der „werkausgabe edition suhrkamp“ steht es unter „Gedichte 1941—1947“; dieser Text entspricht der Fassung der ‚Hundert Gedichte‘ mit Brechts letzten Korrekturen, bei denen zehn Strophen gestrichen und eine Straffung des Gedichts erreicht wurde.

Aufbau

Der Erzählgang ist fließend. Doch lassen sich vier Abschnitte herausstellen:

1. Situations- und Zeitangabe (I—IV bzw. VI der ersten Fassung). In IV erscheint die Überschrift und am Ende von VI das Ziel: Das Land des Friedens ist das Heilige Land dieser Waisenkinder. Das Kreuz, das sie auf sich nehmen, besteht aus Hunger, Kälte und Ausweglosigkeit.
2. Der Zug der Kinder (V bzw. VII bis XXVII). Wie Mosaiksteine werden Strophen verschiedenen Inhalts — oft mit dem unbeholfenen „Da war“ — aneinandergereiht: Die bunt gemischte Leidensgemeinschaft, ihre Erlebnisse, Erklärendes (XXII und XXIII) und Belehrendes (XVII und XVIII). Einige Strophen bilden kleine Blöcke (XIII und XIV, XVII und XVIII), XX und XXI, XXII und XXIII), andere sind aufeinander zu beziehen (VII und XXIV, IX und XV, XI und XXXII).
3. Die eingeschobene Vision des Autors (XXVIII bis XXXI) läßt diesen Kreuzzug zum Symbol für die unzähligen Flüchtlinge verschiedener Völker und Zeiten werden.
4. Vom Tode der Kinder erfahren wir indirekt durch ihren Boten, einen Hund, den sie zum Schlachten mitnahmen, was sie jedoch „nicht übers Herz brachten“ (XXXII bis XXXV). Die letzte Strophe berichtet in vier lapidaren Verszeilen-Sätzen vom furchtbaren Ende der Kinder in verdeckter Aussage.

Sprache und Rhythmus

Der sachliche Chronistenstil bannt die Gefahr des Sentimentalen. Die zahlreichen Fakten werden schlicht, oft nur andeutend gegeben. Satzbau und Wortwahl sind der Sprache der Kinderwelt angepaßt. Als Beispiel können die Zeilen XIX 2—4 dienen, die herausgelöst banal wirken würden. Die Volksballade stand Pate beim parataktischen Satzbau und bei der holprigen, schmucklosen Sprache. Es fehlen der Slang sowie jegliche groteske oder satirische Wendung. Der Strophenbau lehnt sich dem Volkslied an. Nur zwei Zeilen jeder Strophe sind im Kreuzreim verbunden. Die Zahl der Hebungen variiert, ebenso die der Füllungen. „Sich frei an die Volksliedstrophe anlehnend, den Vers gelegentlich mit der kunstvollen Unbeholfenheit des Knittelverses durchsetzend, erreicht er eine Schlichtheit des Erzählens, die dem volksmäßigen Legendenton nahesteht"[22]. Im Rhythmus hört man „den ungleichen, müde schlurfenden Schritt des Kindertrupps"[23].

Der Balladencharakter

Wir müssen uns bei diesem Gedicht von all dem frei halten, was für Brecht charakteristisch erscheint. Wir haben keine politische Tendenz mit einer immanenten Ideologie, keinen dialektischen Ablauf mit V-Effekt und keine Demaskierung durch Ironie; es fehlt der herausfordernde, die bürgerliche Gesellschaft brüskierende Balladenton, wie wir ihn z. B. in der ‚Legende vom toten Soldaten' antreffen. Es wird niemand direkt angeklagt. In Polen hat eine blutige Schlacht „viele Städte und Dörfer zu einer Wildnis gemacht". Die Deutschen werden nicht genannt. Die Schlachten werden als „Nachtmahr" (= quälendes Nachtgespenst) bezeichnet und damit zu einer überpersönlichen, alle Menschen bedrückenden Macht erhoben, aus deren Erleiden die Sehnsucht nach dem Frieden erwächst. Es wird vor einer vorschnellen Verurteilung gewarnt. Die Kinder sollen nicht gescholten werden, wenn „sie was stahln; aber auch keiner schelt' mir den armen Mann, / Der sie nicht zu Tische lud". Alle politischen, ideologischen und konfessionellen Unterschiede haben ihre Bedeutung verloren. Zwei Deutsche und zwei Polen tragen den verstorbenen Juden zu Grabe, und ein kleiner Kommunist, nicht ein Christ, spricht in der Grabrede von der Zukunft der Lebendigen. Absichtlich werden die Fronten vertauscht und gemischt; Protestant und Katholik, Nazi und Kommunist sind in der Leidensgemeinschaft vereint und von der gleichen Hoffnung beseelt, das Land des Friedens zu erreichen. Brecht hat hier seine ideologische Überzeugung nicht hervorgehoben. „Kinderkreuzzug" ist eine säkularisierte Märtyrerballade, die in Thema und Gestaltung den Volkslegenden nahesteht. Der Süden verheißt Wärme, Frieden und Rettung. Kälte, Schnee und Winter sind Metaphern für Krieg, Leid und Unterdrückung. Die eingeschobene Vision weitet die furchtbare Situation der Kinder zum exemplarischen Beispiel für Heimatlosigkeit, Flüchtlingselend und für die daraus erwachsende Sehnsucht nach dem Frieden. Das Thema des gesamten Gedichts ist nicht der Krieg, sondern das Leid; Ziel nicht Anklage, sondern Erschütterung und Mitleid. So offenbart diese Dichtung den liebenswertesten Grundzug Brechts: seine humane Gesinnung.

Hinzuweisen ist noch auf eine Druckanweisung Brechts bei Gedichten: Er forderte hartnäckig die Großschreibung der Zeilenanfänge und das Weglassen des Kommas am Ende einer Verszeile (Anmerkungen zur Werk-Ausgabe, Band 10, S. 30).

Aufgaben

1. Inwiefern weitet die Vision das Geschehen im „Kinderkreuzzug“ aus?
2. Woran ist der chronikhafte Stil zu erkennen? Was wird durch ihn erreicht?
3. Inwiefern sind Sprache und Rhythmus den Kindern angepaßt?
4. Stelle die humane Gesinnung heraus, die das ganze Gedicht durchzieht!

Vertonung

Boris Blacher (1947).

Erich Kästner

Die Ballade vom Nachahmungstrieb

I Es ist schon wahr: Nichts wirkt so rasch wie Gift!
Der Mensch, und sei er noch so minderjährig,
ist, was die Laster dieser Welt betrifft,
früh bei der Hand und unerhört gelehrig.

II Im Februar, ich weiß nicht am wievielten,
geschah's, auf irgendeines Jungen Drängen,
daß Kinder, die im Hinterhofe spielten,
beschlossen, Naumanns Fritzchen aufzuhängen.

III Sie kannten aus der Zeitung die Geschichten,
in denen Mord vorkommt und Polizei.
Und sie beschlossen, Naumann hinzurichten,
weil er, so sagten sie, ein Räuber sei.

IV Sie steckten seinen Kopf in eine Schlinge.
Karl war der Pastor, lamentierte viel
und sagte ihm, wenn er zu schrein anfinge,
verdürbe er den anderen das Spiel.

V Fritz Naumann äußerte, ihm sei nicht bange.
Die andern waren ernst und führten ihn.
Man warf den Strick über die Teppichstange.
Und dann begann man, Fritzchen hochzuziehn.

VI Er sträubte sich. Es war zu spät. Er schwebte.
Dann klemmten sie den Strick am Haken ein.
Fritz zuckte, weil er noch ein bißchen lebte.
Ein kleines Mädchen zwickte ihn ins Bein.

VII Er zappelte ganz stumm, und etwas später
verkehrte sich das Kinderspiel in Mord.
Als das die sieben kleinen Übeltäter
erkannten, liefen sie erschrocken fort.

VIII Noch wußte niemand von dem armen Kinde.
Der Hof lag still. Der Himmel war blutrot.
Der kleine Naumann schaukelte im Winde.
Er merkte nichts davon. Denn er war tot.

IX Frau Witwe Zickler, die vorüberschlurfte,
lief auf die Straße und erhob Geschrei,
obwohl sie doch dort gar nicht schreien durfte.
Und gegen Sechs erschien die Polizei.

X Die Mutter fiel in Ohnmacht vor dem Knaben.
Und beide wurden rasch ins Haus gebracht.
Karl, den man festnahm, sagte kalt: „Wir haben
es nur wie die Erwachsenen gemacht."

Das Gedicht erschien 1959 im ersten Band der „Gesammelten Schriften“ und entstand nach einem Presseberίcht aus dem Jahre 1930, beruht also ähnlich wie „Der Handstand auf der Lorelay“ und „Die Ballade vom Herrn Steinherz“ auf einer wahren Begebenheit[1].

Aufbau

Es lassen sich drei ungleich lange Abschnitte herausstellen, von denen sich der erste als Einleitung (I) deutlich von dem folgenden Bericht (II—X) abhebt. Auf die sentenzhaft geraffte und anschließend pauschal erläuterte These (I) folgen die ausführliche Schilderung eines authentischen Vorfalls (II—VII) und die Reaktion der Umwelt mit angehängter Pointe (VIII—X).

Erfassung der Aussage

Die erste Strophe erläutert die Thematik der Ballade, den Nachahmungstrieb des Menschen, der einseitig auf „die Laster dieser Welt“ ausgerichtet wird und durch „minderjährig“ und „früh“ eine Verengung und Intensivierung erfährt. Alle Menschen, ganz gleich, welcher Altersgruppe, welchem Geschlecht und welcher Bevölkerungsschicht sie angehören, werden mit der verallgemeinernden Feststellung „Der Mensch“ (I, 2) einbezogen, einer Formel, die an Eugen Roths Gedichtanfänge „Ein Mensch“ erinnert. Die bewußt simplifizierende Schwarzmalerei läßt an Wilhelm Busch denken; ebenso die ungekünstelte, im salopp-beiläufigen Ton zur Sentenz neigende Sprache, die den pessimistischen Grundtenor überspielt.

Die durchweg klingend endenden Verszeilen der zweiten Strophe setzen den Erzählfluß in Gang und geben im einfachen Erzählstil einen zusammenfassenden Überblick von dem grausigen Geschehen, das in den folgenden Strophen ausführlich vorgeführt wird. Ort und Zeit werden nur angedeutet; der „Hinterhof“ erscheint jedoch wichtig, da er einen Hinweis auf das Milieu gibt, in dem die Kinder aufwachsen. Es wird kein protokollarischer Polizeibericht gegeben, sondern ein ungewöhnliches Ereignis erzählt, wobei das Erzähl-Ich herausgehoben wird. Zweimal überrascht ein Terminus aus der Erwachsenenwelt, der im Widerspruch steht zum kindlichen Spiel und deutlich die formaljuristischen Gepflogenheiten bei der „demokratischen“ Mehrheitsbildung spiegelt: „Kinder ... beschlossen, Naumanns Fritzchen aufzuhängen“ — „Und sie beschlossen, Naumann hinzurichten“. Die beiden parallel gebauten Sätze verdeutlichen, daß die Kinder nicht kindlich, d. h. unreflektiert handeln, sondern Verhaltensweisen der Erwachsenen nachahmen. Als Begründung für das Todesurteil muß eine Klischeevorstellung („Räuber“) herhalten, von der sich der Autor durch das eingeschobene „so sagten sie“ distanziert. Die Anregung für ihren Entschluß bezogen die Kinder aus der Sensationspresse. — Für unsere Zeit ließe sich hinzusetzen: aus Krimis im Fernsehen, Comics und Schmökern. — Mit den Stichworten „Geschichten", „Mord", „Polizei" und „Räuber" wird die vergröbernde Schwarz-Weiß-Malerei von Verbrechen auf der einen und rächender Staatsgewalt auf der anderen Seite gekennzeichnet und der verhängnisvolle Einfluß der Schauergeschichten angeprangert.

In dem Spiel, das die Erwachsenen imitiert, werden die Rollen verteilt: „Karl war der Pastor." Dem Verurteilten steht kirchlicher Beistand zu, ein Beistand, der sich angesichts der Situation geradezu als grotesk erweist und mit „lamentierte viel" verfremdet wird. Der Vertreter der Kirche, „hauptamtlich" verantwortlich für Menschlichkeit und Nächstenliebe, rät zur Anpassung, zur Einhaltung pharisäerhafter Spielregeln, in denen sich Verhaltensweisen unserer Gesellschaft spiegeln.

Der Verurteilte reagiert wunschgemäß und unterwirft sich der ihm aufgezwungenen Rolle, um den anderen nicht das Spiel zu verderben. Diese ahmen den Ernst der Erwachsenen nach, der bei juristisch verhängten Hinrichtungen üblich ist. Aus dem Spiel wird grausige Wirklichkeit. Syntax und Rhythmus passen sich dem Geschehen an. In kurzen, parallel gebauten Aussagesätzen wird von der Hinrichtung berichtet (VI, 1). Sie wird „fachmännisch" vollzogen und wirkt in ihrer mechanischen, gefühllosen Durchführung erschütternd. Spiel und Ernst erfahren in der letzten Zeile der sechsten Strophe eine groteske Verkehrung: „Ein kleines Mädchen zwickte ihn ins Bein." Handelt es sich hier nur um eine spielerische Geste oder um eine ernsthafte Kontrolle des Ablebens? Steht das Zucken des Erhängten mit dem Zwicken im Zusammenhang? Ebenso ambivalent ist der Bericht in der folgenden Strophe. Einerseits „verkehrte sich das Kinderspiel in Mord"; die Mörder werden jedoch nur „kleine Übeltäter" genannt, die erschrocken davonlaufen, als sie das Resultat ihres Spiels erkennen. Das grauenvolle Geschehen erfährt eine Verharmlosung und Verniedlichung. Mord wird zu entschuldbarem, kindlichem Unfug, zu einem Streich, der aus der Nachahmung entsteht. Von Kindern kann man nicht erwarten, daß sie von vornherein die Folgen ihres Tuns überschauen. Angeklagt werden vielmehr die Erwachsenen, die beispielgebend unmenschliche Verhaltensweisen provozieren[2]. Die Schlußpointe macht das vollends deutlich: Ausgerechnet der Junge, welcher den Pastor spielte, gibt die Begründung für das Tun der Kinder: „Wir haben es nur wie die Erwachsenen gemacht."

Die achte Strophe malt die schaurig-düstere Szenerie bänkelsängerisch aus. Eine gespenstische Stille lagert über dem Hof, in dem der Erhängte unter einem blutroten Himmel im Winde schaukelt. Die Kritik äußert sich zusehends in der Ironie, die versteckt und nebenbei ihre Wirkung entfaltet. So wird das Geschrei der Witwe Zickler, eine natürliche Reaktion des Entsetzens, in dem angehängten Nebensatz scheinbar beanstandet. In Wirklichkeit wird damit aber das konventionell festgelegte gute Benehmen als unnatürlich und damit unmenschlich gebrandmarkt. Das laute Schreien verstößt gegen die Verhaltensnormen einer auf Wohlverhalten bedachten Gesellschaft und wird daher als unschicklich empfunden. Der Gehängte und seine ohnmächtige Mutter werden „rasch ins Haus gebracht", um den Schock zu überspielen und die eigenen Schwächen zu verbergen.

Metrik und Sprache

Die zehn gleichgebauten, vierzeiligen Strophen haben in den fünfhebigen Jamben und mit dem Wechsel von weiblichen und männlichen Zeilenausgängen einen langen und variablen Erzählatem. Die Länge der einzelnen Sätze variiert ihrem Inhalt entsprechend. Extrem kurze Aussagesätze (bis zu drei pro Zeile in VI, 1) wechseln ab mit jenen, die mehrere Zeilen (z. B. I, 2—4) oder sogar eine ganze Strophe überspannen (II). Bei den Wortarten herrschen Substantive und Verben eindeutig vor. Anschauliche und farbige Attribute, die Geschehen und Geschehensträger charakterisieren, tauchen nur vereinzelt als Prädikatsnomen auf. Die Metaphorik, ein Mittel des uneigentlichen, über sich hinausweisenden Sprechens, fehlt völlig. Die Sprache wirkt direkt und rückt in die Nähe des einfachen, umgangssprachlichen Nennens. „Der weit vertrackteren Perspektive, unter welcher bei Mehring und Tucholsky Gesellschaft und Individuum erscheinen, setzt Kästner einen unmittelbaren Kausalkonnex entgegen; und auch seine poetischen Wirkmittel sind weit weniger sublim"[3]. Die unschwer zu erkennende Kritik an der Gesellschaft wird erzielt durch Distanz („so sagten sie" III, 4), auffallende Wortwahl („lamentierte" IV, 2 „vorüberschlurfte" IX, 1) und eine in Nebensätze geschobene und demzufolge beiläufig wirkende Ironie, durch die vor allem das ambivalente Sprechen bewirkt wird.

Sprechfluß und Lautung

Das Sprechtempo wird weitgehend von der Syntax bestimmt. Die längeren Satzeinheiten wirken beschleunigend, die kurzen verlangsamen den Erzählfluß, stauen und zerhacken ihn stellenweise. Demgegenüber wirkt der Sprechton gleichmäßig ruhig und verhalten, angesichts der Schauerlichkeit der dargestellten Ereignisse geradezu monoton. — Die ei- und e-Laute im einleitenden Teil deuten auf das kindliche Spiel. Sie vermischen sich zunehmend mit dunklen Vokalen (a, au, o), die zum Schluß hin immer mehr an Gewicht gewinnen und schließlich eindeutig vorherrschen. Je weiter das makabre Spiel der Kinder fortschreitet, um so mehr tritt die dunkle Tönung in den Vordergrund.

Balladencharakter

Die sprachlichen Mittel, mit denen Kästner auf Mißstände hinweist, sind die betonte Distanz vom Geschehen und eine unterkühlte Sachlichkeit. Die „Gärten der Gefühle sind tot, der Dichter bepflanzt sie mit Witzen", heißt es in seinem „Kurzgefaßten Lebenslauf"[4]. Die Diskrepanz zwischen Sprachstil und Geschehen spiegelt die erschreckende Gleichgültigkeit, mit der die Gesellschaft Ungerechtigkeiten und Unmenschlichkeiten hinnimmt. Der unterkühlte, scheinbar teilnahmslose Ton fordert zur Kritik heraus. Die Unangemessenheit der Sprache gegenüber dem Ereignis spiegelt die Unangemessenheit der in ihr zum Ausdruck gebrachten Haltung gegenüber den Mitmenschen." Der Sprachstil steht also im Dienst der Satire"[5].

Der Moritatenton, charakteristisch für die moderne Spielart der Ballade überhaupt, ist auch im vorliegenden Text spürbar. Er ist ablesbar:

1. an den vergröbernden und verallgemeinernden Aussagen, die von einem authentischen Fall ausgehen,
2. an der Schauerlichkeit des dargestellten Ereignisses,
3. an dem durchgängig monoton-melancholischen Vortragston,
4. am Exemplarischen der Handlung und der indirekt vermittelten moralischen Nutzanwendung, die in der Pointe am Schluß deutlich herausgestellt wird.

Bei der vorliegenden Ballade überwiegt das epische Element eindeutig. Die Handlungsfreudigkeit der alten Balladen kehrt wieder, ist aber nicht eingebettet in einen naturmagischen oder numinosen Vorgang, sondern stützt sich auf sachlich-nüchtern dargebotene reale Tatsachen. Dieser Beobachtung angemessen, bewegt sich die Diktion auf der Ebene der prosanahen Umgangssprache. Sie verzichtet auf pathetische oder emotionale Höhenflüge, bleibt sachlich, kühl und reicht in ihren feinen Untertönungen bis zur Ironie, Satire und „melancholisch unterlegter Keßheit"[6].

Fern stehen hier — wie in den folgenden Balladen von Christa Reinig und Wolf Biermann — die „klassischen" Definitionen von Goethe und B. v. Münchhausen: „Die Ballade hat etwas Mysterioses, ohne mystisch zu sein; diese letzte Eigenschaft eines Gedichtes liegt im Stoff, jene in der Behandlung. Das Geheimnisvolle der Ballade entspringt aus der Vortragsweise". — „Die Handlung der besten Balladen zeigt zwei Vorgänge, von denen der Untere Vorgang immer sinnlich-wirklich, der Obere Vorgang (der sich bisweilen nur in der Seele des Lesers abspielt) derjenige Bestandteil ist, welcher der Ballade ihren seelischen Feingehalt gibt" (In den „Leitsätzen" von Münchhausens Buch „Meister-Balladen", S. 8).

Die vorliegende Ballade ist zu den engagierten Erzählgedichten mit lehrhafter und gesellschaftskritischer Tendenz zu zählen. Sie geht aus von einer wahren Begebenheit und entfaltet die Möglichkeiten eines „Wirklichkeitsmodells", worin Hilde Domin in ihrem Buch „Wozu Lyrik heute"? eine der wichtigsten Grundlagen moderner Lyrik sieht[7]. Durch ihre Schockwirkung vermag sie wertvolle Erziehungsarbeit zu leisten und kann den Dreizehn- und Vierzehnjährigen genauso empfohlen werden wie die Jugendbücher Kästners. Sie warnt indirekt vor den gefährlichen Schmökern und kann darüber hinaus Jugendliche zu einer Überprüfung ihres Verhaltens gegenüber Gleichaltrigen anregen. — Hintergründig prangert sie Brutalität, Stumpfsinn und Menschenfeindlichkeit der Erwachsenenwelt an. Der Vorwurf läßt sich ausweiten auf alle Gebiete des politischen und gesellschaftlichen Lebens, beispielsweise auf eine ungerechte und unmenschliche Justiz, die wiederum auf gesellschaftliche Mißstände zurückweist.

Aufgaben

1. Gib eine Gliederung der Ballade!
2. In welchem Verhältnis stehen Geschehen und Sprache? Zeige den bänkelsängerischen Ton auf und überdenke seine Wirkung!
3. Welches balladeske Element kennzeichnet die Ballade? Stelle heraus, welchen Anteil Versmaß, Satzbau, Wortwahl und Rhythmus dabei haben!
4. In der Ballade stecken Warnung und Anklage. Zeige ihre Richtung und Gestaltung auf!
5. Vergleiche den Balladencharakter mit den vielzitierten Definitionen Goethes und B. v. Münchhausens!

Karl Krolow

Verlassene Küste

Wenn man es recht besieht.
so ist überall Schiffbruch.
Petronius

I Segelschiffe und Gelächter,
Das wie Gold im Barte steht,
Sind vergangen wie ein schlechter
Atem, der vom Munde weht,

II Wie ein Schatten auf der Mauer,
Der den Kalk zu Staub zerfrißt.
Unauflöslich bleibt die Trauer,
Die aus schwarzem Honig ist,

III Duftend in das Licht gehangen,
Feucht wie frischer Vogelkot
Und den heißen Ziegelwangen
Auferlegt als leichter Tod.

IV Kartenschlagende Matrosen
Sind in ihrem Fleisch allein.
Tabak rieselt durch die losen
Augenlider in sie ein.

V Ihre Messer, die sie warfen
Nach dem blauen Vorhang Nacht,
Wurden schartig in dem scharfen
Wind der Ewigkeit, der wacht.

Das Gedicht wurde in dem Sammelband „Die Zeichen der Zeit. Neue Gedichte. Stuttgart 1952“ veröffentlicht, erfuhr einige Interpretationen[1] und gilt als „eines der schönsten Gedichte unserer Zeit“[2]. Seine Thematik ist auch in anderen Gedichten Krolows vorhanden, zumal in jenen, die mit „Ballade“ betitelt sind („Ballade“ und „Matrosen-Ballade“), nämlich die existentielle Erfahrung menschlichen Daseins, seiner Vergänglichkeit und Ungesichertheit sowie die daraus resultierende Einsamkeit des Menschen, worauf bereits das vorangestellte Motto hinweist: „Wenn man es recht besieht, so ist überall Schiffbruch.“

Strophenweise Erfassung

Die artikellose Überschrift „Verlassene Küste“ ist „porös“[3] und mannigfachen Assoziationen zugänglich, zumal wenn man das Attribut im Sinne von „ist (= liegt) verlassen“ oder „wurde verlassen“ deutet und somit entweder einen Zustand oder einen Vorgang sieht. Die beliebte Schiffbruchmetapher im anschließenden Zitat liegt im Bildbereich des Haupttitels und läßt an einen Schiffsuntergang denken, der irgendwie mit der verlassenen Küste im Zusammenhang steht. Die reflektierende

Betrachtung im Präsens und die Verallgemeinerung mit „man" und „überall" weitet jedoch den einmaligen Vorgang ins überzeitlich Allgemeine, so daß der deutende Zugriff erneut in der Schwebe bleibt. Damit weiten sich die Möglichkeiten der Erwartungen; Vorstellungen wie Scheitern, Erfolglosigkeit und Untergang, aber auch von Leere, Einsamkeit, Trostlosigkeit und Resignation stellen sich ein und werden auf alle Bereiche des menschlichen Lebens ausgedehnt. Die Worte des Pretonius werden leitmotivisch empfunden. Der Gesamttitel zielt auf eine Ausweitung ins allgemein Menschliche, in das Sosein der menschlichen Existenz und läßt eine hintergründige Bedeutung der Aussage im nachfolgenden Gedicht erwarten.

Im Hinblick auf die äußere Form scheint keineswegs „überall Schiffbruch zu sein". Strophenform, Reimbildung, Metrum und Rhythmus lassen ein festes Gefüge und eine traditionelle Ordnung erkennen. Die fünf gleichgebauten vierzeiligen Strophen im durchgängig vierhebigen Tröchäus haben regelmäßigen Wechsel von klingenden und stumpfen Kadenzen. Der Kreuzreim gibt den flüssigen Strophen eine leicht überschaubare Einheit und Geschlossenheit. Bewegung und Klang verbleiben ohne große Aufgipfelung und starke Erregtheit, schon deshalb, weil sie in den kurzen Verszeilen nicht zur Entfaltung kämen. Der an sich harte und kraftvolle Trochäus erweist sich überraschend modulationsfähig und paßt sich der wechselnden, rhythmischen Bewegung an, die Wortwahl, Satzbau, Versfolge und Aussage ihm auferlegen. So kommt den einzelnen Silben in I, 1 zunächst größeres Gewicht zu als den folgenden des weit übergreifenden Satzbogens, der sich geschmeidig durch Enjambement und Parallelismus über Zeilen- und Strophenenden spannt. Die weiche, schwingende Bewegung wird am Anfang der vierten Strophe jäh unterbrochen und, unterstützt durch die Klanggebung, in kurzer, hämmernder Aufeinanderfolge der Silben gestaut und zerhackt. Sofort setzt jedoch wieder die gegenläufige Bewegung ein: die vierte Strophe läuft in einem sanft abklingenden Tonbogen aus („Tabak rieselt durch die losen / Augenlider in sie ein"). Diese Beruhigung hält auch in der letzten Strophe an, erreicht allerdings nicht mehr die vorangegangene weitschwingende Geschmeidigkeit, sondern findet in „Wacht" einen relativ harten und spröden Abschluß.

Die beiden Anfangszeilen der ersten Strophe stehen dem düsteren und schwermütigen Grundtenor entgegen, den der Gedichttitel anschlug. „Segelschiffe" und „Gelächter" weisen auf Betriebsamkeit, Geselligkeit und Lebenslust statt auf Leere, Einsamkeit und Trostlosigkeit hin. Zudem wird „Gelächter" durch den Vergleich aufgewertet und fixiert („wie Gold"). Stutzig macht allerdings, daß dieses Gelächter in irgendeinem „Barte steht". An dieser Stelle setzt die dem Titel gemäße Wendung ein: in „jäher dialektischer Umkehr“[4] folgt ein neuer Vergleich. Die Gegenstände der ersten Zeile erfahren eine völlige Umdeutung: nicht mehr das Kostbare, Erstrebenswerte steht im Vordergrund, sondern — in der Zeile hervorgehoben durch die Endstellung — das Verbrauchte, Abstoßende und Ekelerregende. „Bewegung kommt in den aufhebenden Gegenaussagen in die Verse, verstärkt durch Enjambement und Strophensprung — radikale Aufhebung des Goldgelächters, das jetzt erst in seiner Situation begriffen scheint und einem schlechten, einem übelriechenden Atem verglichen wird, Verwesungsgeruch der Vergänglichkeit, der den lachenden Mund verzerrt, aus ihm ‚weht‘, ekelnd ausgestoßen wird“[5].

Im Rückblick tritt die inhaltliche und formale Zweiteilung der ersten Strophe scharf hervor: Lebenslust kontrastiert mit abstoßender Vergänglichkeit, ein Gegensatz, der sich in der Lautgebung eindrucksvoll spiegelt: die hellen oder aufgehellten Vokale der Eingangszeile treten zum Ende der Strophe hin immer mehr hinter den dunkleren Klängen zurück.

Die zweite Strophe setzt die Reihe der Vergleiche fort. Das einleitende „Wie“ weist zurück auf das Vorausgegangene, ebenso die Syntax und die Wahl des Bildmaterials. Die Vergänglichkeitsthematik wird in einer neuen Spielart fortgeführt. „Das scheinbar Feste zerbröckelt, zerfällt“[6].

Mit der dritten Zeile der zweiten Strophe setzt ein erneuter Umschwung ein. Antithetisch steht dem „zerfrißt“ am Ende der vorangegangenen Zeile das „unauflöslich“ gegenüber. Festigkeit und Beständigkeit — herausgehoben durch die Anfangsstellung — werden nicht, wie man es erwarten könnte, der Mauer zugeschrieben, der von Menschenhand geschaffenen Schutzvorrichtung, sondern einem Gemütszustand. Auffallend ist die in der bildlichen Vergegenwärtigung zutage tretende Beschaffenheit dieses Gefühls. Es drängen sich die Schlußverse von Hofmannsthals „Ballade des äußeren Lebens“ auf:

Und dennoch sagt der viel, der „Abend“ sagt,
Ein Wort, daraus Tiefsinn und Trauer rinnt

Wie schwerer Honig aus den hohlen Waben.

Herkunftsbereich und paradoxe Grundstruktur der Bilder stellen unübersehbare Bezüge her: das Spannungsfeld zwischen Leere und Erfülltheit, Bitterkeit und Süße, Trauer und Schönheit. Beide Gedichte vermitteln schmerzliche Erfahrung und zugleich widerspruchsvolle Schönheit. Die Unterschiede liegen in der Bildgestaltung: während Krolow eingangs (wie Hofmannsthal) den vertrauten Wie-Vergleich zur Knüpfung seiner Metaphern gebraucht („wie Gold“ — „wie ein schlechter Atem“ — „wie ein Schatten“), verzichtet er im weiteren Gedichtverlauf — mit einer Ausnahme — auf dieses traditionelle Mittel, das letztlich aus der Gegenüberstellung von Subjekt und Objekt stammt. „Die Bildsprache hakt jetzt dichter ineinander, sie schreibt die Vision genauer nach, ohne den vergleichenden Zwischenraum [...]. Die Antithetik des ganzen Gedichtes spiegelt sich in diesem schwermütigen Versglied"[7].

Die erste Zeile der dritten Strophe setzt die synästhetische Erfassung des Gegenständlichen fort, wie sie im „schwarzen Honig" anklang. Der Trauer und Dunkelheit wird das Licht als Chiffre der Hoffnung zugesellt. Man kann es als eine Parallelerscheinung zur ersten Strophe auffassen, wenn der ätherischen Leichtigkeit des Bildes, der Vergoldung der Lebenslust entsprechend, der „Daseinswille [...] hart und rücksichtslos die Kehrseite des Duftens und der flüssigen Konsistenz des Honigs"[8] in der alliterierenden Zeile: „Feucht wie frischer Vogelkot" entgegengesetzt wird. Die beiden folgenden Zeilen stellen die Verbindung zum Anfangsglied her: die „heißen Ziegelwangen" weisen zurück auf die „Mauern"; „Tod" bildet das Gegenwort zu „Gold". Damit wird das „vorläufig endgültige Gegenwort zu ‚Gold' [...] erreicht: Tod — klanglich zusammengebunden über drei Strophen hinweg, genau weitergeleitet von den antithetischen Zwischengliedern ‚Honig' und ‚Vogelkot', durch den trockenen, dumpfen O-Laut, immer tieferer Gongschlag des endlich auffangenden Todes, eine Vokal- und Sinnbildung hoher künstlerischer Meisterschaft. Die Gestalt enthüllt präzise den Sinn"[9].

„Kartenschlagende Matrosen" leiten eine Wende ein. Zum ersten Male schließt der Text direkt an die Anfangssituation an („Segelschiffe und Gelächter"). Abrupt wird der gleichmäßige, durch Parallelismus und Enjambement gebundene Rhythmus durchbrochen von der raschen Aufeinanderfolge kurzer, akzentbetonter und abgehackter Silben, die lautmalend auf die Bewegungen der Matrosen beim Kartenspiel hindeuten und den Eindruck energischer, zugleich stumpfsinniger und letztlich sinnloser Unrast vermitteln. Das Fleisch als „Hülse" des menschlichen Körpers schafft die Vorstellung eines hohlen Innenraumes. Innerlich sind die Matrosen, in verallgemeinernder Erweiterung die Menschen, unerfüllt, einsam und leer („allein" stellt die Verbindung zum Titel her). Die dritte und vierte Zeile steigern die Dunkelheit der Bilder in ihrer absurden Zusammenstellung. „Das Hineinrieseln des Tabaks ‚durch die losen Augenlider' (die Alliteration verschleift das Enjambement) ähnelt modernen surrealen Gemälden, etwa denen Picassos, wo die Gestaltkonturen der dargestellten Personen ebenso aufgelöst erscheinen und sie aller Umwelt und umgebenden Gegenständlichkeit durchlässig geworden sind. Das Haltlose personaler Existenz wird in dieser Durchlässigkeit für den rieselnden Tabak noch mehr betont. Die Augen schauen und behalten nichts mehr; das Narkotikum betäubt und ‚zerfrißt' sie. Auch diese Strophe bleibt auf den „basso ostinato ‚Tod' und ‚Staub' fugiert"[10].

Die letzte Strophe schließt unmittelbar an die vorhergehende an, weitet das Schlußbild aus und rundet es im Präteritum ab. Auf den ersten Blick vorstellbar, verliert dieses Bild bei genauerer Betrachtung zunehmend an Realität. Was zunächst nach „Kneipaufruhr der Einsamen zwischen Kartenspiel und Tabakdunst"[11] aussieht, wird sinnlos gegenüber der bedrohlich gegen die Matrosen andrängenden Nacht. Die „fugenlose Koppelung" von „Vorhang" und „Nacht" verweist auf „die Irrealität dieser Bühne. Der an sich schon unheimliche Vorgang wird weiter entwirklicht, entkonkretisiert, transparent und ‚surreal'"[12]. Es wird sogleich deutlich, daß diese Metapher vom „blauen Vorhang Nacht" nicht eindeutig zu fassen ist: versinnbildlicht sie den „Hinterhalt der Schwermut, der Trauer, gegen den die Matrosen vergeblich ihre Messer werfen (‚wurden schartig'), oder ist diese verhängte Nacht selbst schon der ‚scharfe Wind der Ewigkeit, der wacht', dessen Einbruch ebenso vergeblich abzuwehren ist?"[13] Keinesfalls ist die Genitiv-Metapher „Wind der Ewigkeit" ein Sinnbild für religiöse Geborgenheit, wenn mit ihr auch ein metaphysischer Bezug angedeutet scheint. „Nicht nur die Messer, auch das Gelächter ist in diesem Wind schartig geworden. Ob ‚Tod', ob ‚Ewigkeit' — der Mensch ist von der ‚Küste' abgestoßen, mußte sie verlassen, ohne darum gefragt zu sein, und geriet in das Wehen der Zeit und Ewigkeit, selbst nun der Verlassene. Das Lied von den Matrosen, das so hell anhob, wird unvermutet zu einem Lied der ‚Heimsuchung'[14] des Menschen durch die zeitliche Vergänglichkeit"[15].

Hans Schwerte weist in seiner Interpretation auf die besonders kunstvolle Fügung der fünften Strophe hin, die sich im Klanglichen spiegelt: „Der verbindende O-Laut wird abgelöst durch das klarere A (siebenmal in den vier Zeilen), das auch bisher schon deutlich den Gegenton bildete; Alliteration auf W und Sch klammern die Verse eng zusammen. Der Kreuzreim, ebenso zwischen männlich und weiblich wechselnd wie in den übrigen Strophen, bleibt durchweg auf A stehen (genau wie die erste Strophe auf E). Um so schärfer hebt sich aus diesem engen Geflecht des A-Lautes der einbrechende Ton ‚Ewigkeit' heraus"[16].

Balladencharakter

„Unverständlichkeit" ist wohl der erste Eindruck, der sich beim Lesen dieses Gedichtes einstellt. In ihm drückt sich die vergebliche Suche nach einer durchgängigen Handlung und dem für die Ballade charakteristischen „auffallenden Ereignis" aus. Es erscheint problematisch, eine Aufgliederung des Textes in Sinnabschnitte vorzunehmen. Dramatische und auch epische Elemente sind weitgehend ausgespart, dagegen überwiegt eindeutig das Lyrische. Was ins Ohr geht und zunächst beeindruckt, sind Klang und Rhythmus. Die metrischen Mittel legen den Vergleich mit Uhlands volksliednahem „Droben stehet die Kapelle“ nahe. Aneinandergereihte bildhafte Vergleiche, Metaphern und Assoziationen verbinden sich zu einer stimmungsträchtigen Kulisse. Die Bildvorstellungen sind nicht immer konkret nachzuvollziehen. Eine Neigung zum Spiel und ambivalente Deutungsmöglichkeiten verweisen auf die grundsätzliche Offenheit der Bilder in der modernen Lyrik[17]. Sie lassen jedoch eine dichte und einheitliche Struktur erkennen, deren düstere Stimmung sich im Verlauf des Gedichtes letztlich gegenüber Helle, Lebendigkeit und Frische durchsetzt. Klanglich ist dieses Grundmuster auf den elegischen Ton gestimmt.

Rätselhaft, zwiespältig und bedroht erscheint das Leben an dieser verlassenen Küste, das keine festen Maßstäbe, keine fraglos gültige Ordnung erkennen läßt. Die Menschen haben ihre himmlische und irdische Geborgenheit verloren; sie sind auch in der Gemeinschaft einsam und in ihrem Menschsein zu bloßen Masken geworden. Sie verschmelzen mit der Natur und sind wie diese dem Verfallsprozeß unterworfen. „Die Verrotzung hat etwas Dämonisches, etwas von einem Fluch, der alles, was blühen könnte, in Gestank verwandelt, in Fäulnis und Verwesung“[18]. Diese Dämonie durchdringt Mensch und Natur gleichermaßen und prägt die menschliche Existenz als hoffnungsloses Verfallensein. Die Bedrohung der alten naturmagischen Balladen (z. B. „Erlkönig“, „Knabe im Moor“, „Die Brück' am Tay“) ist umfassender geworden, da das abgrenzende Gegenüber zu einem wehrlosen Miteinander im Bodenlosen geworden ist. Wohlklang und Rhythmus sowie eine intellektuelle Verspieltheit in der Metaphorik können bei genauerem Zusehen nicht darüber hinwegtäuschen. Zwar ist auch noch bei diesem Gedicht die naturmagisch-lyrische Schule Krolows im Gefolge Wilhelm Lehmanns zu erkennen. „Aber diese magisch geschlossene Naturwelt muß erst aufgebrochen und ihr oft betörend seliger Sang von der dauernden Haltbarkeit naturhaft mystischer Grundmuster dort fragwürdig werden, wo der ‚Wind der Zeit‘ in sie einbricht und die Zerstörung durch diese Zeit, durch die Geschichte urplötzlich und mit schaudernder Angst empfunden wird“[19].

Das uns wohlvertraute literarische Motiv „Nacht“ zielte in der Romantik, vor allem bei Novalis, auf die Offenbarung göttlicher Tiefe und Schönheit. Hier muß es gewertet werden als bedrohliches Element, dem gegenüber die Menschen machtlos sind. Ihre Messer finden kein Ziel, keinen Widerstand, sondern gehen in der Weite des Grenzenlosen verloren. Es verdeutlicht die Gefährdetheit, die Boden- und Grundlosigkeit personaler Existenz, die abschließend den immer wieder durchdringenden pessimistischen Grundtenor des Textes in einem einprägsamen Bild zusammenfaßt.

Aufgaben

1. Untersuche die Metrik des Gedichts und stelle die Volksliednähe heraus!
2. Versuche den Satzbau und die Zusammenhänge der einzelnen Satzteile in den drei ersten Strophen zu klären!
3. Welchen Eindruck hinterläßt die Metaphorik? Welcher Art sind die Vergleiche, worauf sind sie zu beziehen und was sagen sie aus?
4. Wie ist das Verhältnis von Mensch und Natur? Wie ist das Bedrohende und Dämonische zu verstehen?

Christa Reinig

Die Ballade vom blutigen Bomme

I Hochverehrtes publikum
werft uns nicht die bude um
wenn wir albernes berichten
denn die albernsten geschichten
macht der liebe gott persönlich
ich verbleibe ganz gewöhnlich
wenn ich auf den tod von Bomme
meinem freund zu sprechen komme

möge Ihnen nie geschehn
was Sie hier in bildern sehn

II Zur beweisaufnahme hatte
man die blutige krawatte
keine spur mehr von der beute
auf dem flur sogar die leute
horchen was nach außen dringt
denn der angeklagte bringt
das gericht zum männchenmachen
und das publikum zum lachen

seht die herren vom gericht
schätzt man offensichtlich nicht

III Eisentür und eisenbett
dicht daneben das klosett
und der wärter freut sich sehr
kennt den mann von früher her
Bomme fühlt sich gleich zu haus
ruht von seiner arbeit aus
auch ein reicher mann hat ruh
hält den sarg von innen zu

jetzt geht Bomme dieser mann
und sein reichtum nichts mehr an

IV Sagt der wärter: grüß dich mann
laß dirs gut gehn — denk daran
wärter sieht auch mal vorbei
mach mir keine schererei
essen kriegst du nicht zu knapp
Bomme denn dein kopf muß ab
Bomme ist schon sehr gespannt
und malt männchen an die wand

nein hier hilft kein daumenfalten
Bomme muß den kopf hinhalten

V Bomme ist noch nicht bereit
für abendmahl und ewigkeit
kommt der pastor und erzählt
wie sich ein verdammter quält
wie er große tränen weint
und sich wälzet — Bomme meint:
das ist alles intressant
und mir irgendwie bekannt
denn was weiß ein frommer christ
wie dem mann zumute ist

VI Auf dem hof wird holz gehauen
Bomme hilft das fallbeil bauen
und er läßt sich dabei zeit
schließlich ist es doch soweit
daß es hoch und heilig ragt
Bomme sieht es an und sagt:
das ist schärfer als faschismus
und probiert den mechanismus
wenn die schwere klinge fällt
spürt er daß sie recht behält

VII Aufstehn kurz vor morgengrauen
das schlägt Bomme ins verdauen
und da friert er — reibt die hände
konzentriert sich auf das ende
möchte gar nicht so sehr beten
lieber schnell aufs klo austreten
doch dann denkt er: einerlei
das geht sowieso vorbei
von zwei peinlichen verfahren
kann er eins am andern sparen

VIII Wäre mutter noch am leben
würde es auch tränen geben
aber so bleibt alles sachlich
Bomme wird ganz amtlich-fachlich
ausgestrichen aus der liste
und gelegt in eine kiste
nur ein sträfling seufzt dazwischen
denn er muß das blut aufwischen
bitte herrschaften verzeiht
solche unanständigkeit

Doch wer meint das stück war gut
legt ein groschen in den hut

Das Gedicht entstand um 1960 und wurde 1963 in „Gedichte" (S. Fischer Verlag, Frankfurt a. M.) veröffentlicht.

Metrik und Sprache

Die acht Strophen haben fünf gereimte Verspaare, deren letztes jeweilig eine Zusammenfassung gibt und klanglich als Refrain verstanden werden kann. Die vierfüßigen Trochäen, am Zeilenende vielfach um eine Silbe verkürzt, schreiten in den kurzen Verszeilen resolut und gleichmäßig dahin und betonen in ihren knappen, hämmernden Rhythmen die Derbheit und Schnoddrigkeit der Aussage. Wolfgang Maier führt in seinem Essay zur Person und Kunst Christa Reinigs aus, wie Sprache und Versform keine Sentimentalität aufkommen lassen. Hinter dem einfältig leiernden Schema verberge sich eine beachtliche sprachliche List, die verhindere, daß die Humanität sich weder in aesthetisierendem Genuß noch in blindem Pathos verläuft. Die radikale Untertreibung bewirke eine bestürzende ironische Spannung zwischen Kunstwelt und kunstfeindlicher Wirklichkeit und betone die Unversöhnlichkeit von klassischer Harmonie und grauenvoller Wirklichkeit, so daß gerade mit diesem Verfahren die inhumanen Verhältnisse gebrandmarkt werden. Ch. Reinig ginge es darum, dem Unrecht etwas entgegenzusetzen, und sei es auch nur „ein Spiegelbild in Sprache, nur die kaltlächelnde Schnoddrigkeit eines Befundes in Versen“[1]. Gleiche Wirkung hat eine große Anzahl banaler Endreimpaarungen: hatte — krawatte, eisenbett — klosett, faschismus — mechanismus, morgengrauen — verdauen, beten — aufs klo austreten, seufzt dazwischen — blut aufwischen. Diese Endreime wirken in ihren verblüffenden Zusammenstellungen verfremdend und unterscheiden sich von denen im Bänkelsang üblichen: Triebe — Liebe, Lust — Brust, Leiden — Freuden, sterben — verderben, Not — Tod, Hand — Band u. a.[2]

Thematik und Aufbau

Thematik und Aufbau der „Ballade von blutigen Bomme“ ähnelt der fünfzig Jahre früher geschriebenen Berliner Dialektballade „Die letzte Nacht“ von Hans Hyan[3]. In beiden Gedichten steht ein Verbrecher im Mittelpunkt, dessen letzte Stunde vor der Hinrichtung beschrieben wird, bei Hyan in der Ich-Form des Rollenmonologs, bei Ch. Reinig aus der Perspektive eines fiktiven Erzählers, der sich als Freund Bommes und als Bänkelsänger gibt. — Der Ausgang der Geschichte liegt von Anfang an fest und gibt dem Handlungsgang keine Spannungsimpulse. Bereits in der ersten Strophe heißt es: „wenn ich auf den tod von Bomme / meinem Freund zu sprechen komme“. Und die Bemerkungen im dritten und am Ende des fünften Bildes (= vierten u. sechsten Strophe) lassen keinen Zweifel, was das Gericht über den Delinquenten beschlossen hat.

Analyse der einzelnen Strophen

Die Eingangsstrophe und die Verspaare am Ende der zweiten und letzten Strophe wenden sich wie der Bänkelsang direkt an das Publikum. Die Bänkelsänger redeten die Zuhörer nur kurz mit „Hört", „Seht" oder „Schaut" an, dem sie oft „Leute", „Freunde" oder „Bürger" hinzufügten[4], um Kontakt mit den Umstehenden aufzunehmen. Vielfach begannen sie auch sogleich mit ihrer Geschichte unter Hinweis auf ihr Thema und ihre Novität[5]. Dagegen wirkt die Ansprache Christa Reinigs breit ausgewalzt und parodistisch. Sie ist nicht an das Volk der Gasse gerichtet, sondern zielt auf ein Kabarett-Publikum. Ebenso ist die „bude" nicht das Bänkchen des Bänkelsängers, von dem aus er seine Moritat vortrug, sondern die Brettlbühne. Ironisch unterkühlt ist die Bitte um Nachsicht zu verstehen, „wenn wir albernes berichten, und komisch die Begründung: „denn die albernsten geschichten / macht der liebe gott persönlich". Es wäre abwegig, hier einen metaphysischen Bezug herzustellen, zumal wenn man bedenkt, daß die „albernsten geschichten" aus einem Raubmord und seiner Bestrafung durch die Hinrichtung bestehen. Und es wäre geradezu grotesk, die Zeilen wortwörtlich zu nehmen, daß sie nämlich „der liebe gott persönlich" nicht etwa geschehen läßt, sondern „macht". Das wird zudem „gewöhnlich" d. h. alltäglich genannt. Ein derartig empfundenes Weltgeschehen wäre absurd, ja blasphemisch zu nennen, wenn es nicht als banale Floskel gemeint ist, die desillusionierend wirken soll. Zu dieser saloppen Bemerkung paßt der Schluß: „wenn ich auf den tod von Bomme / meinem freund zu sprechen komme". Als ob es sich bei der Hinrichtung um ein beiläufiges Ereignis handelte! — In den beiden Refrainzeilen wendet sich der fiktive Bänkelsänger erneut an die Zuhörer. Sie korrespondieren mit dem Schluß der Ballade, in dem anstatt der im Bänkelsang üblichen Moralstrophe die Bitte um eine milde Gabe gestellt wird[6].

Die sieben folgenden Strophen sind als Begleittext zu Bildern gedacht („was Sie hier in Bildern sehen"), wie sie von den Moritatensängern auf ihren „Schildern" bei ihrem Vortrag benutzt wurden[7]. Die Bildgeschichte setzt bei Inhaftierung und Hinrichtung ein, „also erst, wo Wedekind, Hyan und Brecht abbrachen"[8]. Der „blutige" Bomme hat vor Gericht keinen blutigen Ernst, so daß er „das gericht zum männchenmachen" bringt, d. h. entweder die Geschworenen so langweilt, daß sie (auf dem Papier) Männchen machen, oder sie durch sein Verhalten — mit oder ohne Absicht — zu Narren macht, was beim Publikum Heiterkeit erregt. Das ist die einzige Stelle in der Ballade, wo Gesellschaftskritik zu erkennen ist, die dem Bänkelsang völlig fehlt.

Die folgenden Bilder zeichnen das Verhalten Bommes zwischen Todesurteil und Vollstreckung im Zuchthaus, das er „von früher her" kennt, und in dem er sich „gleich zu haus“ fühlt. Sarkasmus spricht aus der Zeile „ruht von seiner arbeit aus“, nämlich von der Mordtat, und schwarzer Humor aus den folgenden:

auch ein reicher mann hat ruh
hält den sarg von innen zu.

Der Wärter begrüßt den Raubmörder jovial in direkter Rede als alten Bekannten, dessen Verhalten in völligem Gegensatz steht zu der Situation, in der er sich befindet. Den geistlichen Zuspruch des Pastors, der ihn durch Ausmalung der Qualen eines Verdammten für das Abendmahl vorbereiten will, findet er „irgendwie bekannt“ und immerhin „intressant“. Doch im Grunde bleibt er unzugänglich und tut das Bemühen des Geistlichen im stummen Monolog mit der Überlegung ab:

denn was weiß ein frommer christ
wie dem mann zumute ist

d. h. von dem Verdammten, dessen Qualen zuvor geschildert wurden.

Das groteske Verhalten steigert sich bis zum letzten Bild. Der Verurteilte hilft selbst mit beim Aufbau des Fallbeils und spielt mit dem Mechanismus. Die Konzentration auf sein Ende besteht in der Überlegung, ob er „beten“ oder „aufs klo austreten“ soll, was von dem fiktiven Bänkelsänger ironisch kommentiert wird:

von zwei peinlichen verfahren
kann er eins am andren sparen.

Der Schluß fällt nicht wie Hyans „Die letzte Nacht“ ins sentimentale Klischee vom reuigen Sünder. Die Mutter wird nur am Rande im Konjunktiv erwähnt, Gefühls- und Tonlage ändern sich nicht, es „bleibt alles sachlich“ (VIII, 3). „So endet Bomme im Verwaltungsapparat des Bürokratismus, ‚wird ganz amtlich-fachlich ausgestrichen aus der liste‘ und wie eine Ware ‚gelegt in eine kiste‘ ... Er erfaßt seine Situation nicht, sie gehört nicht zu ihm und er nicht zu ihr. Durch sein albernes Verhalten nimmt er dem Schicksal, dem er verfallen ist, seine Größe. Von Hause aus gehobene Worte wie ‚auch ein reicher mann hat ruh‘, ‚abendmahl und ewigkeit‘ oder ‚hoch und heilig‘ (dem allerdings schon der Geruch des Schlagworts anhaftet) verlieren in solcher Umgebung ihren Wert. Ihre Verfremdung läßt aufhorchen“[9].

Balladencharakter

Gerade die vorliegende Ballade legt einen Vergleich mit dem Bänkelsang[10] nahe, der bei der Strophenanalyse bereits öfter erwähnt wurde.

Die Grundlage des Bänkellieds ist die Moritat, die in den gedruckten Moritatenblättern dem Lied als Prosabeschreibung vorausging. Das Wort „Moritat“ leiten „Kluge“ und „Duden“ von Mordtat ab, Janda und

Nötzoldt dagegen, der Erklärung eines alten Bänkelsängers folgend, von dem Rotwelschwort „more“, das soviel wie Schrecken, Furcht und Geschrei bedeutet[11]. Der Vortrag erfolgte von einem Bänkchen (daher Bänkelsang) unter Musikbegleitung, wobei der Sänger auf die „Schilder“, den primitiv gemalten Bilderreihen, mit dem Zeigestock hinwies. Für den Gesang wurde meist eine bekannte Melodie benutzt. Die Liedtexte wurden von den Bänkelsängern selbst verfaßt oder mehr noch bei Verseschmieden in Auftrag gegeben, die allen Schichten des Volkes angehörten. Der Einfluß des Bänkelsangs auf die Dichtung begann nach der Mitte des 18. Jahrhunderts und reicht von Gleim über Bürger, Hölty, Schubart, Schiller (dessen „Kindesmörderin“ als Bänkellied verbreitet war), Chamisso, Freiligrath, Geibel, Fontane bis zu Wedekind, Kästner, Morgenstern und Brecht. Während die Bänkelsänger ihre grausigen Geschichten ernst nahmen und beim Volk eine entsprechende Aufnahme fanden, strebten die Nachahmer weniger zu einer Moral als zu einer Pointe, die in witzig-sarkastischer Form herausgearbeitet wurde. Ironie und Parodie wirkten sich auf die Struktur des modernen Bänkelsangs aus, der für eine bewußte Gesellschaftskritik eingesetzt wurde, welche die alten Bänkelsänger zu keiner Zeit beabsichtigten.

Die Wirkung des Bänkelsangs beruhte auf der Befriedigung von Unterhaltungsbedürfnis und Sensationslust. „Was man bei ihm suchte, war nicht Erweiterung des Wissens, sondern Reizung der Gefühle, und zwar des Grausens, Schreckens und auch des Mitleids, Reizung durch Nachrichten über Unglücksfälle, Verbrechen, Katastrophen und Wunder“[12], die erschrecken, bewegen und auch durch die schaurige Darbietung in Wort und Bild belehren wollten. Die Zuhörer mußten die Geschichten für wahr halten, sie mußten wissen, wann und wo sie geschehen waren, um sich erregen zu lassen.

Die Ballade Christa Reinigs erinnert in einigen Zügen an den Bänkelsang:

1. Zunächst die Ausgangssituation, die zugleich den Rahmen des Gedichtes bildet: ein Sänger richtet seinen Vortrag an ein Publikum, das mehrfach direkt angeredet und zum Schluß um eine Geldspende gebeten wird.

2. Der schaurige Titel, der mit dem harten Stau seiner Schlußlaute und der Alliteration wirkungsvoll auf eine Mordtat hinweist, die als sensationelles Ereignis den Hintergrund des Geschehens bildet.

3. Das Geschehen verläuft in einer Bilderreihe, die in eng zusammenhängender Abfolge die letzten Stunden vor der Hinrichtung schildert[13].

4. Die epische Erzählhaltung („zu sprechen komme“) und der gleichförmige Vortragston, der ohne emotionale Steigerung abläuft, was bei

Christa Reinig durch Kleinschreibung und Interpunktionslosigkeit visuell unterstrichen wird.

5. Die im Bänkelsang übliche Nennung des Namens als vorgeblicher Wahrheitserweis der vorgetragenen Geschichte[14].

6. Die in der volkstümlichen Moritat ausgeprägte unfreiwillige Komik wird hier bewußt als Kunstmittel verwandt.

Der letzte Gesichtspunkt macht bereits deutlich, daß der Bänkelsang nur die Requisiten der vorliegenden Ballade stellte, die in Struktur und Wirkung ein anderes Ziel verfolgt:

1. Sänger und Publikum sind fiktiv, die Bilder sind nur sprachlich ausgemalt, und eine Melodie, nach der die Strophen zu singen wären, wird nicht gegeben. Zudem wird als Publikum nicht das naiv auftretende Volk der Straße, sondern das intellektuell sondierende des Kabaretts angesprochen.

2. Nicht die eindringliche, bildhaft-drastische Schilderung eines Raubmordes, sondern das Verhalten des Delinquenten vor seiner Hinrichtung bildet die Thematik der Ballade.

3. Dieses Verhalten wird nicht als gefühlaufweichender Rollenmonolog geboten, sondern nüchtern-sachlich („ich verbleibe ganz gewöhnlich" — „aber es bleibt alles sachlich") aus der Distanz eines Erzählers, der jegliche innere Beteiligung vermissen läßt, obgleich er angeblich von dem Ende seines Freundes berichtet.

4. Die Distanz in der Erzählung wird vor allem durch einen ironisch-schnoddrigen Ton erreicht, der in betonter Härte und mit schockierenden Pointen die bänkelsängerische Sentimentalität überhaupt nicht aufkommen läßt. Die moralische Nutzanwendung des Bänkelsangs sucht man in der Ballade Reinigs vergeblich.

5. Der faktische Wahrheitserweis durch Nennung der Namen und durch die genaue Schilderung der Vorgänge ist nur vorgetäuscht. Die Intention der Ballade beschränkt sich nicht auf die Person eines primitiven Verbrechers und sein situationswidriges Verhalten. Sie bilden nur das Modell, das Parabelcharakter gewinnt, sofern man nicht die ganze Ballade als bänkelsängerische Formspielerei mit sprachlichen Effekten betrachtet.

Damit kommen wir zur Deutung, die recht unterschiedlich gegeben werden kann. Wolfgang Maier gewinnt einen Zugang zur Dichtung Christa Reinigs aus der unbestechlichen Unabhängigkeit der Autorin gegenüber Faschismus und Kommunismus: „Nichts ist zu spüren vom optimistischen Menschenbild des sozialistischen Realismus und nichts vom fanatischen

Demonstrationswillen der marxistischen Heilslehre. Die Verkommenheit rutscht auf Knien, unter den Tritten der Machthaber. Nicht im Strahlenkranz einer verlogenen Humanität erhebt sich das Ich, sondern es rettet sich in die masochistisch anmutende Erniedrigung, in die Zersetzung"[15]. Die Auslegung ist für die vorliegende Ballade zu einseitig, da diese nur an einer Stelle einen gesellschaftskritischen Aspekt erkennen läßt (II, 8—10) und die Hauptgestalt eine derartige Deutung nicht nahelegt. Tiefer greift Höllerer, der die Aussage als monotonen Kreislauf des menschlichen Lebens, als allgemeines Verhängnis zum Tode hin deutet: „Der Moritatenstil ist das Zubehör des Immerwieder, des Kreislaufs, in dem der Zuschauer tiefsinnig wird, um mit der Moral das Geschehen einem guten Ende zuzuführen. Der Reim parodiert die Ordnung. Das Verhängnis ist allgemein. Der Tod gibt sich als Exempel. Die Welt hat immer dieselbse Ausrede: den Tod"[16]. Dieser hochgestochene Aphorismus verbleibt jedoch zu sehr in der Andeutung, so daß er weder zum Bänkelsang noch zu Reinigs Ballade etwas Charakteristisches aussagt. Überzeugender ist die Auffassung Karl Rihas: „Ihrer inneren Anlage nach weist die Bomme-Gestalt auf Chaplin oder Hašeks braven Soldaten Schweijk zurück: wie dort ist auch hier die Naivität der Figur nur scheinbar. Selbst banal bis aufs Blut, banalisiert Bomme das Schicksal, zu dem er verurteilt ist, und raubt ihm so seine falsche Großartigkeit [. . .] Er entmachtet das Verhängnis, dem er sich zu guter Letzt doch nicht entziehen kann, indem er sich ihm auf nicht adäquate Weise fügt. Nicht sich selbst allein, sondern das Unvermeidliche, die Trivialität der Welt, gibt er so dem Gelächter preis"[17]. Dieser Meinung schließt sich Bräutigam an, der hinzufügt, „daß Christa Reinig die Form des Bänkelsangs geschickt verwendet hat, um die Unwichtigkeit des Einzelschicksals zu illustrieren, um das Unausweichliche als sachliche Gegebenheit — nicht als subjektives Verhängnis — zu erweisen . . . Ich möchte in dieser Versachlichung menschlicher Gefühle, in der Entpersönlichung des einzelnen das eigentliche Anliegen unserer parabelhaften Moritat sehen"[18].

Aufgaben

1. Untersuche Versmaß, Rhythmus und Endreime! Wie wirken sie bei lautem Lesen?
2. Wie ist das letzte Verspaar jeder Strophe aufzufassen? Stelle Funktion und Bedeutung fest!
3. Was erinnert an den Bänkelsang?
4. Inwiefern geht die Ballade über Form und Zielsetzung des Bänkelsangs hinaus? Welche Wirkung soll erzielt werden?

Wolf Biermann

Die Ballade von dem Drainage-Leger Fredi Rohsmeisl aus Buckow

I Das ist die Ballade von Fredi Rohsmeisl
Drainage-Leger auf den Äckern um Buckow
Gummistiefel hoch bis zum Bauch
sein Häuschen links am Fischerkietz.
Bei Lene Kutschinsky war Tanz
er hat auseinander getanzt
mit seiner Verlobten — das war verboten
na schön . . .
Junge, ich hab Leute schon tanzen sehn
Junge, das war manchmal schon nicht mehr schön.
Aber schadet uns das?
Nein .

II Und als er so wild auseinander tanzt
die Musik war heiß und das Bier war warm
da hatten ihn plötzlich zwei Kerle am Arm
und schmissen ihn auf die Taubengasse.
Und schmissen ihn über den Lattenzaun
und haben ihn in die Fresse gehaun
und er hatte noch nichts getan
und hatte den hellblauen Anzug an.
Junge, ich hab Leute schon schlagen sehn
Junge, das war manchmal schon nicht mehr schön.
Aber nützt uns das?
Nein.

III Da hat Fredi Rohsmeisl beide verrammt
zwei links zwei rechts er traf genau
und waren zwei große Kerle die zwei
halb Buckow sah ihm zu dabei.
Das Überfallauto kam antelefoniert
hat Fredi halb tot gehaun
das haben die Buckower Männer gesehn
und auch die Buckower Fraun.
Junge, ich hab Leute schon zusehn sehn
Junge, das war manchmal schon nicht mehr schön.
Aber nützt uns das?
Nein.

IV Dann kriegte er einen Prozeß an Hals
als Konterrevolutionär
wo nahm der Staatsanwalt nur das Recht
für zwölf Wochen Knast her?!
Seitdem frißt ihn ein stiller Zorn
und nach dem zehnten Bier
erzählt er Dir seine große Geschichte
Von hinten und auch von vorn.

Junge, ich hab Leute schon weinen sehn
Junge, das war manchmal schon nicht mehr schön.
Aber nützt uns das?
Nein.

V Und er findet noch kein Ende
und er ist voll Bitterkeit
und er glaubt nicht einen Faden
mehr an Gerechtigkeit.
Er ist für den Sozialismus
und für den neuen Staat
aber den Staat in Buckow
den hat er gründlich satt.
Junge, ich hab Leute schon fluchen sehn
Junge, das war manchmal schon nicht mehr schön.
Aber nützt uns das?
Nein!

VI Da gingen einige Jahre ins Land
da gingen einige Reden ins Land
da änderte sich allerhand
daß mancher sich nicht wiederfand.
Und als der zehnte Sputnik flog
da wurde heiß auseinander getanzt
der Staatsanwalt war selbst so frei.
Und Fredi sah ihm zu dabei.
Junge, ich hab Leute sich ändern sehn
Junge, das war manchmal schon einfach schön.
Aber nützt uns das? (Ja.)

Die Ballade entstand 1962 und erschien 1965 in einem „Quartheft" mit Balladen, Liedern und Gedichten unter dem Titel „Die Drahtharfe" (Verlag Klaus Wagenbach, Berlin).

In sechs Strophen wird uns die Geschichte eines einfachen Mannes vorgeführt, dessen bitteres Erlebnis beispielhaft für die Entwicklung nach Stalins Tod ist, für die Zeit der „Aufweichung". Zeitkritisch wird das dialektische Prinzip der „Veränderung" und des „Sich-Veränderns" am Verhalten der Menschen in „Buckow" gesehen, als einer von ihnen es wagt, auseinanderzutanzen — was verboten ist, da es aus dem verfemten Westen übernommen wird. An dem simplen Beispiel einer Tanzform wird der Prozeß der Veränderung skeptisch betrachtet, den der vorpreschende einzelne hart bezahlen muß. Zwar bejaht Fredi Rohsmeisl (wie der Autor) weiterhin den „Sozialismus" und den „neuen Staat",

aber den Staat in Buckow
den hat er gründlich satt.

Unter dem Deckmantel der sozialistischen Ordnung schleichen sich Engstirnigkeit und bürgerliches Vorurteil ein, die eine inhumane Verhärtung der Ideologie und damit des Lebens im Alltag bewirken, so daß der fortschrittliche einzelne als „Konterrevolutionär" angeprangert wird, den man brutal zu vernichten sucht. Damit wird der Widerspruch zwischen dem sozialistischen Programm und der spießbürgerlichen Ausprägung dieser Ideologie bei den Menschen in „Buckow" aufgedeckt.

Das entscheidende „Ja" zur Veränderung steht am Schluß nicht herausgehoben in der vierten Zeile des Refrains (wie die vorhergehenden „Nein"), sondern in der dritten Zeile angeklebt und in Klammern gesetzt, so daß die positive Veränderung relativiert und in Frage gestellt wird. In der Rezitation wird nach einem eingeschobenen Gitarrenakkord das „Ja" leise und in fragendem Ton wiederholt und zaghaft ein „Das nützt" angehängt. Beim Vortrag auf der Schallplatte (s. Titel am Schluß) bemerkt W. Biermann nach I, 6 im erklärenden Sprechton: „Ach, das wissen Sie ja nicht — das war damals bei uns verboten. Die Logik dieser Maßnahme ist mir sowieso nicht klar geworden."

Aufbau

Deutlich sind die ungleich langen Abschnitte der Ballade zu erkennen: Einführung (I, 1—4), das Ereignis (I, 5—IV, 4), die Auswirkung (IV, 5—V) und die Veränderung (VI).

In der Einführung wird uns der „Held" mit dem Zeigestock des Moritatensängers vorgestellt: „das ist die Ballade von Fredi Rohsmeisl . . .". Im Telegrammstil, der den Zeigestock des Moritatensängers erneut spürbar werden läßt, erfahren wir von seinem Beruf, seinem Häuschen, seiner Braut sowie von dem Ort der Handlung. Von I, 5 bis IV, 4 läuft das Geschehen in reihenden Bildern ab, die jeweilig in den eingerückten Refrains mit wechselndem Bezugswort kommentiert werden, „woran die lehrhaft-finale Entwicklung der ganzen Ballade stellvertretend abzulesen ist: tanzen, schlagen, zusehn, weinen, fluchen, sich ändern"[1]. Die ständig in derselben Zeile auftauchende Frage: „Aber nützt uns das?" durchzieht leitmotivisch das gesamte Gedicht und verrät in ihrer direkten Hinwendung zum Zuhörer die Absicht des Autors. Sparsam und sachlich wird ab IV, 5 berichtet, wie sich das Erlebnis bei dem geschundenen Helden auswirkt. Und vorsichtig wird in der letzten Strophe die „Veränderung" angedeutet.

Strophe und Sprache

Die unregelmäßig rhythmisierte Sprache fließt von Zeile zu Zeile im Leitton dahin, ohne durch Kommata gehemmt zu werden. Sprachfluß und Bildreihung werden durch reihende Konjunktionen unterstützt, besonders auffällig in der zweiten Strophe durch „und". Nur die Punkte am Ende der vierten Zeile jeder Strophe markieren einen deutlichen Einschnitt und teilen die achtzeiligen Strophen in zwei Teile. Der Vortrag verstärkt diesen Einschnitt durch die hochgezogene letzte Silbe. Die letzten Zeilen vor dem Refrain werden stets langsamer und leiser gesungen. Die letzten vier Zeilen der sechsten Strophe (VI, 5—8) sind zudem durch Pausen abgesetzt; ebenso IV, 3/4. Die mit Punkten angedeutete Pause hinter dem „Na schön" von I, 8 wird mit Gitarrenklängen ausgefüllt. Es ist leicht zu erkennen, daß damit der Zuhörer zum Nachdenken gebracht werden soll. Mit welch einfachen, aber wirkungsvollen Mitteln die kritisch-anklägerische Haltung des Autors zum Ausdruck kommt, zeigt die vierte Strophe, in deren Mitte statt des Punkts ein Frage- und Ausrufezeichen stehen, die Verwunderung und Empörung andeuten. — Ein einheitliches Versmaß ist nicht vorhanden. Die vereinzelten Endreime wirken zufällig (häufiger in II und VI), schaffen jedoch im Verein mit unreinem Reim (sehn — schön; Konterrevolutionär — her; Staat — satt) und Assonanzen klangliche Verbindungen. Das wichtigste lyrische Element ist der Refrain, bei dem die beiden ersten Zeilen liedhaft vertont sind und der Schluß beim Vortrag gesprochen wird. Das „Nein" ist in dem handschriftlichen Entwurf Biermanns mit Druckbuchstaben herausgehoben und wird mit schnell darauffolgenden, hart angerissenen und zornig klingenden Gitarrenakkorden unterstrichen.

Die „vulgäre" Sprache hat in Wortwahl und Syntax einen einheitlichen Duktus. Der Sänger, in der Ichform herausgehoben, stellt sich sprachlich bewußt auf die Ebene der Buckower „Proleten" und charakterisiert in drastischer Weise deren Verhalten. Auch der Balladenheld hebt sich in der Sprachschicht nicht von ihnen ab, sondern nur in seiner Haltung und Gesinnung. Zahlreich sind Wendungen aus der Umgangssprache anzutreffen: Junge (als Interjektion, nicht als Anrede zu verstehen) — schmissen — haben ihn in die Fresse gehaun — hat ... beide verrammt — Dann kriegte er einen Prozeß an Hals — Seitdem frißt ihn ein stiller Zorn — ... er glaubt nicht einen Faden ... — ... hat er gründlich satt — Der Staatsanwalt war selbst so frei. Außerdem gibt es Satzfragmente ohne Prädikat (I) und unscharfe Beziehungen (Das Überfallauto ... hat Fredi halb tot gehaun).

Balladencharakter

Zwei Kennzeichen sind hervorzuheben: das politische Engagement, das sich gesellschaftskritisch äußert, und der Bänkelsängerton in Sprache und Vertonung. Die Effekte werden im Zusammenwirken von Wort und Musik erzielt. Wolf Biermann ist — wie die alten Bänkelsänger — Textdichter, Komponist und Rezitator (mit Gitarre) in einer Person. Sein Bänkelsang erstrebt nicht den Jahrmarkt, sondern das Kabarett.

Die Angriffe des proletarischen Troubadours, der in Hamburg geboren wurde und seit 1953 in Ost-Berlin lebt, richten sich nicht gegen den Kommunismus — er ist wie Fredi Rohsmeisl für den Sozialismus und für den neuen Saat —, sondern gegen konventionelle Erstarrung, kleinbürgerliche Rechthaberei und Ungerechtigkeit. Das eintönig-geistlose Leben der Spießbürger in „Buckow" hat er z. B. im „Kleinstadtsonntag" trefflich karikiert, und über die kleinlichen und sinnlosen Verbote macht er sich in der „Ballade von der Buckower Süßkirschenzeit" lustig. Selbstgenügsamkeit und Verbohrtheit suchen jede Veränderung zu verhindern, sei sie noch so harmlos oder gar fortschrittlich. Insofern ist diese Alltagsgeschichte vom Fredi Rohsmeisl exemplarisch für Intoleranz und Inhumanität, auch für den Westen. Denn „Buckow" ist überall.

Aufgaben

1. Stelle die Wendungen aus der Alltagssprache heraus und sprich über ihre Funktion und Bedeutung!
2. Welche Aufgabe erfüllt der Refrain?
3. Charakterisiere die Ballade als Bänkelsang!
4. Wogegen richten sich die versteckten Angriffe dieser Ballade?

Schallplatte

Wolf Biermann (Ost) zu Gast bei Wolfgang Neuss (West), Philips twen-serie 42, Stereo 843 742 P Y.

Anmerkungen

Einleitung

[1] W. Kayser: Kleines literarisches Lexikon, Bern: Francke, 1953, S. 23.

[2] A. Kutscher: Stilkunde der deutschen Dichtung Teil 2, Bremen-Horn: Dorn, 1952, S. 46.

[3] Einen differenzierten Überblick zum Sprachgebrauch von Ballade und Romanze gibt H. C. Seeba in seinem Aufsatz: „Das wirkende Wort in Schillers Balladen“, in: Jahrbuch der deutschen Schillergesellschaft 14 (1970), S. 282, Fußnote 42.

[4] W. Müller-Seidel: „Die deutsche Ballade. Umrisse ihrer Geschichte“, in: Wege zum Gedicht Bd. 2. Interpretation von Balladen, hrsg. von R. Hirschenauer und A. Weber, München und Zürich: Schnell und Steiner, 1964, S. 83.

[5] Im Vorwort zu der Anthologie „Deutschland's Balladen- und Romanzen-Dichter“ von 1845. Zitiert bei Müller-Seidel, ebda S. 17.

[6] W. Hinck: Die deutsche Ballade von Bürger bis Brecht, Göttingen: Vandenhoeck, 1968 (= kleine Vandenhoeck Reihe 273), S. 6.

[7] ebda S. 15 f.

[8] H. Piontek im Vorwort seiner Sammlung„Neue deutsche Erzählgedichte“, Stuttgart: dva, 1964, S. 10 f.

[9] K. Riha: Moritat, Song, Bänkelsang. Zur Geschichte der modernen Ballade Göttingen: Sachse und Pohl, 1965 (= Schriften zur Literatur, hrsg. von Reinhold Grimm, Bd. 7), S. 25.

[10] K. V. Riedel: Der Bänkelsang. Wesen und Funktion einer volkstümlichen Kunst, Hamburg: Museum für Hamburgische Geschichte, 1963, S. 25.

[11] .K Riha, a. a. O. S. 11.

[12] Goethes Werke, Hamburger Ausgabe, hrsg. von Erich Trunz, Bd. I, Hamburg: Wegner, [6]1962, S. 400.

[13] H. Fromm: „Die Ballade als Art und die zeitgenössische Ballade“, in: Der Deutschunterricht 8 (1956), Heft 4, S. 89.

[14] H. Fromm im Nachwort seiner Anthologie „Deutsche Balladen“, München: Hanser, 1965, S. 368.

[15] Goethe zu Eckermann am 31. 1. 1827.

[16] Zitiert bei F. Martini: „Die Brück' am Tay“, in: Wege zum Gedicht Bd. 2, a. a. O. S. 384.

[17] H. Fromm im Nachwort seiner Balladensammlung, a. a. O. S. 370.

[18] K. Riha, a. a. O. S. 106.

[19] W. Hinck, a. a. O. S. 17.

[20] K. Riha, a. a. O. S. 93.

[21] Zitiert bei Riha, ebda S. 93.

[22] R. Grimm, zitiert bei Riha, ebda S. 93.

Gottfried August Bürger (1747–1794)

[1] Zitiert bei E. Stäuble: Gottfried August Bürgers Ballade ‚Lenore‘, in: Der Deutschunterricht 8 (1958), Heft 2, S. 105.

[2] ebda S. 101.

[3] ebda S. 91.

[4] Zusammenstellung nach Stäuble und Schöne.

[5] A. Schöne: Gottfried August Bürger, ‚Lenore', in: Die deutsche Lyrik, hrsg. von B. v. Wiese, Bd. I Düsseldorf: Bagel, S. 201.

[6] Zitiert bei E. Stäuble a. a. O. S. 90.
[7] ebda S. 90.
[8] ebda S. 93.
[9] ebda S. 97.
Weitere Literatur: H. Schmidt-Kaspar in: Wege zum Gedicht Bd. II. S. 130 bis 146. Dort weitere Literaturangaben, S. 565.

Johann Wolfgang Goethe (1749–1832)

[1] Goethes Werke, a. a. O. S. 81.
[2] ebda S. 79.
[3] s. dazu: W. Ross: J. W. Goethe, Es war ein König in Thule, In: Wege zum Gedicht II, a. a. O. S. 147.
[4] ebda S. 152.
[5] H. Fromm im Nachwort seiner Balladensammlung S. 349.
[6] Nach den Anmerkungen in Goethes Werke, Hamburger Ausgabe, hrsg. von E. Trunz, Bd. I, S. 482.
[7] W. Zimmermann in: Wege zum Gedicht Bd. II, a. a. O. S. 156.
[8] „Witz" hat zur Zeit Goethes nicht die heutige Bedeutung, sondern meint etwas viel Allgemeineres, nämlich eine rationale Grundhaltung. Sein heutiger Bedeutungsinhalt wird in jener Zeit „Scherz" genannt.
[9] E. Staiger: Goethe. Bd. I, Zürich: Atlantis 1952, S. 342.
[10] Chr. Winkler: Gesprochene Dichtung. Düsseldorf: Schwann, 1958, S. 103. Für den Vortrag merkt Chr. Winkler an (S. 106): „Wir stellen das Spielbein vor und lehnen uns auf dem Standbein leicht und locker etwas zurück. Der Atem wird tief versammelt: der Zwerchfellatem überwiegt durchaus, der Leib bleibt immer etwas vorgeschoben, die Handflächen nach oben geöffnet [. . .]. Auch dieser Wortlaut ist liednah; das Klanglich-Melodische, gelöst und leicht bedeckt, herrscht unbedingt vor: ‚sang und sprach' heißt es ja. Die Selbstlaute überwiegen die Mitlaute. Die Lautung bleibt ganz klein, gerade noch so, daß sie den Klang nicht erstickt. Sobald man sie zu groß nimmt, wird das Gedicht schwülstig und unecht. [. . .] Große Lautung, verstärkte Mitlaute, offener (dialogischer) Klang würden hier nicht passen."
[11] M. Kommerell: Gedanken über Gedichte, Frankfurt a. M.: Klostermann, 1943, S. 360.
[12] W. Heiske in: K. Bräutigam, Die deutsche Ballade, Frankfurt a. M.: M. Diesterweg, S. 33.
[13] W. Zimmermann, a. a. O. S. 158.
[14] E. Trunz in seinen Anmerkungen zu der von ihm herausgegebenen Hamburger Goethe-Ausgabe, Bd. I, S. 482.
[15] ebda S. 481.
[16] M. Kommerell, a. a. O. S. 353.
[17] nach Kommerell, ebda S. 353.
[18] nach W. Kayser: Geschichte der deutschen Ballade, S. 119.
[19] Nach E. Trunz, a. a. O. S. 481.
[20] W. Kayser, a. a. O. S. 120.
[21] ebda S. 117.
[22] W. Kayser bezeichnet die numinosen Balladen als Schicksalsballaden (S. 118), wodurch die Benennung noch weitmaschiger und demzufolge unschärfer wird.
[23] E. Trunz, a. a. O. S. 481.
[24] Zitiert bei E. Staiger, Goethe, Bd. I, S. 345.

Weitere Literatur zum ‚Erlkönig': M. Eichinger, Goethes ‚Erlkönig', Eine Unterrichtsstunde in der 4. Klasse einer Oberrealschule, in: Anregung, Ztschft f. d. höh. Schule, 1958, Heft 5, S. 268—275) — M. Ennemoser: Goethes magische Balladen, Diss. Münster 1939. — M. Scherer: Goethes ‚Erlkönig' im Deutschunterricht der 8. Klasse, in: Anregung, 1955, Heft 1 — K. Studentkowski: Möglichkeiten der Balladenbehandlung im Unterricht, in: Der Deutschunterricht 8 (1956), Heft 4, S. 14—27 — R. Ulshöfer: Methodik des Deutschunterrichts, Mittelstufe I, S. 188—190.

25 J. Bolte: Zu Goethes Legende vom Hufeisen, in: Ztschrft. f. Volkskunde 35/36 (1925/26), S. 180 f.

26 Zitiert bei Rosenfeld in seinem Artikel „Legende", in: Merker-Stammler, Reallexikon der deutschen Literaturgeschichte, Bd. II, S. 26.

27 E. Trunz, a. a. O. S. 536.

28 Zitiert bei K. Bräutigam, Die deutsche Ballade, Frankfurt: Disterweg, o. J. S. 18 f.

29 Zitiert bei Bräutigam, ebda S. 19.

30 Lehrerheft zu Kletts Lesebuch A 7, S. 44.

31 Den Hintergrund der Ballade bildet das Problem des Geniekults (→ Meister) und der Form-Inhalt-Einheit. Sie steht im inneren Bezug zu den gleichzeitigen kunsttheoretischen Bemühungen der beiden Klassiker und muß im Zusammenhang mit den „Xenien" gesehen werden, in denen Goethe und Schiller gegen Nichtkönner, Pedanten, Pfuscher und Dilettanten polemisieren.

32 M. Kommerell, a. a. O. S. 382.

33 vgl. E. Trunz in Anmerkungen zu Bd. I, S. 535.

34 In: Geschichte der deutschen Ballade, S. 121 f.

35 Nach K. Bräutigam, a. a. O. S. 29.

36 nach den Anmerkungen von Trunz, Bd. I, S. 540.

37 K. Bräutigam, a. a. O. S. 45.

38 nach den Anmerkungen von Trunz, a. a. O. S. 536.

39 M. Kommerell, a. a. O. S. 358.

40 In: Studien zur tragischen Literaturgeschichte. Bern und München: Francke 1965. S. 40.

41 Dazu gibt das Lehrerheft zu Kletts Lesebuch A 7 wertvolle Hinweise (S. 45 f).

Friedrich Schiller (1759–1815)

1 F. Piedmont: Ironie in Schillers Ballade „Der Handschuh", in: Wirkendes Wort 16 (1966), S. 106. — Ähnlich sieht es H. C. Seeba: „Nachdem das erwartete Schauspiel als ‚Kampfspiel' von vornherein zwischen Ernst und Spaß, Wirklichkeit und Fiktion, Tribüne und Bühne angesiedelt ist, zehrt das ganze Balladengeschehen von diesem dialektischen Wechsel." (Das wirkende Wort in Schillers Balladen, S. 311 in: Jahrbuch der deutschen Schillergesellschaft. 14 (1970).)

2 F. Piedmont, S. 107.

3 Darauf weist Piedmont überzeugend hin, ebda S. 108.

4 edba S. 110.

5 ebda S. 106.

6 Darüber referiert Piedmont zu Beginn seines Aufsatzes mit genauen Belegen, ebda S. 105.

7 ebda S. 112.

8 G. Storz: Der Dichter Friedrich Schiller, Stuttgart: Klett, 1959, S. 240.
Weitere Literatur: Chr. Bergmann: „Weltgeschichte" und „Weltgericht" in Schil-

lers Balladen, in: Weimarer Beiträge 13 (1967), S. 76—106 — E. Castle: Schillers Balladenbuch, zum 150-Jahr-Gedächtnis an den Balladenalmanach für 1798, in: Chronik des Wiener Goethe-Vereins 51 (1947), S. 1—31. — H. W. Döring: Die Ballade „Der Handschuh" als Sonderfall Schillerscher Sprachleistung. in: Der Deutschunterricht 8 (1956), Heft 4 S. 37—44. — G. Renneberg: Der Handschuh, Möglichkeiten zur Behandlung dieses Gedichts in einer Oberklasse, in: Neue Wege zur Unterrichtsgestaltung 10 (1959), S. 498—503. — St. Steffensen: Schiller und die Ballade, in: Festschrift für H. H. Borcherdt, München 1962 — Lehrerheft zu Kletts Lesebuch A 8 (Stuttgart: Klett, 1967), S. 69 f. — Hingewiesen sei auch auf die Balladenkapitel in den bekannten Schiller-Monographien von Berger, Buchwald, Burschel, Cysarz, Gerhard, Kühnemann, Minor, Staiger, Strich, Storz und v. Wiese.

[9] Nach E. Elster: Schillers Balladen, in: Jahrbuch des Freien Deutschen Hochstifts, Frankfurt a. M. 1904, S. 282 f.

[10] Zusammenfassung nach der Übertragung von Th. Braun: Geschichten aus Herodot, hrsg. von W. Reichnitz, Leipzig: Insel, o. J., abgedruckt in: Hinweise 4 zu „Wort und Sinn" (Paderborn: Schöningh, 1969), S. 31/32.

[11] G. Storz, a. a. O. S. 251.

[12] L. Voit, in: Wege zum Gedicht II, a. a. O. S. 208.

[13] B. v. Wiese: Friedrich Schiller. Stuttgart: Metzlersche Verlagsbuchh., 1959, S. 617.

[14] B. v. Wiese, ebda S. 617.

[15] Eine Auswahl geben „Hinweise 4" zu „Wort und Sinn", S. 29 ff. nach: Goethe-Schiller, Briefwechsel. (= Fischer Bücherei. Ex. Classica 41.). Frankfurt a. M.: Fischer, 1961.

[16] Vgl. B. v. Wiese: Die deutsche Lyrik I, Düsseldorf: Bagel, 1956, S. 351.

[17] Karl August Böttiger an Johannes von Müller, in Schillers Werke, Nationalausgabe, hrsg. von J. Petersen und H. Schneider, Bd. 42, Anmerkung S. 568.

[18] Nach B. v. Wiese, a. a. O. S. 352. — Das von Böttiger erwähnte Epigramm stammt von Antipater Sidonios; „in ihm findet sich der in den verschiedensten Sagen und Legenden vorkommende Glaube, daß auch noch der verborgenste Mord durch die Götter seine Sühne findet"; nach v. Wiese, ebda S. 352.

[19] Nach B. v. Wiese, ebda S. 353 und F. W. Wentzlaff-Eggebert, in: Wege zum Gedicht II, S. 213 ff. W.-E. gründet seine Ausführungen auf den Vergleich der ersten und zweiten Fassung, ein problematisches Unternehmen, da Schillers Erstfassung verlorenging und die Rekonstruktion in der Forschung nicht einheitlich festgelegt ist. Ernst Elster behauptet: „mit Sicherheit sind die Strophen 2, 3, 5, 19 und 21 nachgetragen worden, außerdem wahrscheinlich die 11." (Schillers Balladen, in: Jahrbuch des Freien Deutschen Hochstifts V 1904. Frankfurt a. M., S. 289). Goedeke bezeichnet die Strophen 2, 3, 11, 14, 22 als „Septemberzusätze" (Schillers sämtliche Werke, Historisch-kritische Ausgabe, Stuttgart: Cotta, 1867—1876, Bd. 11, Fußnote).

[20] Der Goethe des Balladenjahres wünschte in dem angeführten Brief „das Wunderbare" noch „ganz ins Natürliche" zu überführen, worauf Schiller sich beeilte, auch nur den Anschein des Wunderbaren aus der Ballade zu verbannen: „Meine Ausführung soll aber nicht ins Wunderbare gehen, auch schon bei dem ersten Conzept fiel mir das nicht ein, nur hatte ich es zu unbestimmt gelassen" (am 7. 9. 1797 an Goethe). Gegen diese Intention Goethes und Schillers von 1797 hat sich in der Balladenforschung die romantische Definition der „wunderbaren" Balladen durchsetzen können, wie sie in einem Brief A. W. Schlegels an Goethe vom 24. 9. 1797 umrissen wird: „Was wohl eine Geschichte für Beschaf-

fenheiten haben muß, um zu einer Ballade zu taugen? Denn auf die glückliche Wahl des Stoffes kommt doch hier wohl vorzüglich viel an. Ich bin mit meinen Gedanken noch nicht viel weiter gekommen, als daß diese Dichtart immer etwas wunderbares zu verlangen scheint; gerade nicht immer ein eigentliches Wunder — obgleich die alte Englische, Schottische und Dänische Ballade gar zu gern in die Geisterwelt hinüberschreitet — aber doch eine seltsame Verkettung von Umständen, oder ein wunderbares der Gesinnung." — Diesen Vorstellungen des Romantikers folgte Goethe später, wie seine berühmte Balladendefinition von 1821 verrät: „Die Ballade hat etwas Mysterioses, ohne mystisch zu sein." — Nach C. Seeba. Das wirkende Wort in Schillers Balladen, S. 300, Fußnote 79.

21 Vgl. B. v. Wiese a. a. O. S. 355.

22 Zitiert bei B. v. Wiese, ebda S. 356 f.

23 ebda S. 359.

24 Brief Schillers an Goethe vom 17. 8. 1797.

25 F. W. Wetzlaff-Eggebert: Die Kraniche des Ibykus, in: Wege zum Gedicht II, S. 222.

26 So in „Hinweise 4" zu dem Lesebuch „Wort und Sinn", S. 29.

27 B. v. Wiese: Friedrich Schiller, Stuttgart: Metzler, 1959, S. 622.

28 B. v. Wiese in: Die deutsche Lyrik I, S. 362 f. — Weitere Literatur: „Bausteine" zu Benders Lesebuch 5, (Karlsruhe: Braun, 1960), S. 143. Lehrerheft zu Kletts Lesebuch A 9, (Stuttgart: Klett 1967), S. 67 f. — K. Groß, Schillers Verständnis für das Griechentum, gezeigt an den Kranichen des Ibykus, in: Ztschft für Deutschkunde 52 (1938), S. 601—605. — B. v. Münchhausen: Meisterballaden. — H. Politzer: Szene und Tribunal, Schillers Theater der Grausamkeit, in: Das Schweigen der Sirenen, Studien zur deutschen und österreichischen Literatur, Stuttgart: Metzler, 1968, S. 243—253. — H. Rehder: Die Kraniche des Ibykus, The Genesis of a Poem, in: Journal of English and Germanic Philology 48 (1949), S. 543—567. — K. Reichert: Friedrich Schiller: „Die Kraniche des Ibykus", Zur Behandlung der Ballade im 9. Schuljahr. In: Der Deutschunterricht 7 (1955), Heft 4, S. 202—214.

29 Abgedruckt in „Hinweise 3" zum Lesebuch „Wort und Sinn" (Paderborn: Schöningh 1969), S. 31 f.

30 ebda zitiert, S. 32.

31 ebda S. 32.

32 ebda S. 32.

33 B. v. Wiese: Friedrich Schiller, S. 618.

34 ebda S. 618.

35 ebda S. 619.

36 Aufschlußreich ist eine Briefstelle, die bei dem „sentimentalischen" Dichter Schiller überrascht: „Das Musikalische eines Gedichtes schwebt mir weit öfter vor der Seele, wenn ich mich hinsetze, es zu machen, als der klare Begriff vom Inhalt, über den ich oft kaum mit mir einig bin." Schillers Briefe, Kritische Gesamtausgabe, hrsg. von F. Jonas, Stuttgart 1892/96, Bd. 3, S. 202 f.

37 Vgl. Seeba, a. a. O. S. 300.

38 B. v. Wiese, a. a. O. S. 34.

39 ebda S. 612.

40 ebda S. 619.

In einer neueren Arbeit „Das wirkende Wort in Schillers Balladen" untersucht Hinrich C. Seeba die hier behandelten Balladen unter sprachlichen Aspekten, wobei er „Wort" und „Wirklichkeit" in einem Spannungsverhältnis sieht. Den Ansatz seiner Ausführungen spiegelt eine Stelle aus der Analyse zum „Ring des

Polykrates“: „Aber weil der ägyptische König nicht sagt, was er sagen soll, bleibt das wiederholt gemeldete, aber nicht anerkannte Glück des Polykrates in der Schwebe des noch Umstrittenen, des zwischen Wort und Wirklichkeit noch Unentschiedenen. Das dramatische Widerspiel dieser Ballade ist deshalb auf eine Entscheidung zwischen Wort und Wirklichkeit angelegt“ (S. 289). — Seeba weist den beiden Begriffen ein Eigenleben zu, das ihnen in dieser Ausschließlichkeit nicht zukommt, zumal wenn man die Vieldeutigkeit der „Wirklichkeit“ bedenkt. Es geht auch in den Balladen Schillers nicht um einen Kampf von verabsolutierten Begriffen, sondern um die in den Worten zum Ausdruck kommenden Inhalte und Sachverhalte, die auf ihre Träger zurückweisen, Rückschlüsse auf ihren Charakter zulassen und ihre Weltsicht offenbaren.

Clemens von Brentano (1778–1842)
Heinrich Heine (1797–1856)

[1] E. Beutler: Der König in Thule, Zürich: Artemis, 1947, S. 54 ff.

[2] Für eine vergleichende Wertung s. den Abdruck des Gedichts in: B. v. Wiese: Die deutsche Lyrik II, S. [3]499.

[3] H. A. Korff: Geist der Goethezeit IV, Leipzig: Koehler u. Amelang, [7]1966, S. 211.

[4] In einer Zweitfassung der Ballade aus dem Besitz von Sophie Brentano — Enkelin von Christian Brentano, eines Bruders des Dichters — sind die Bezüge noch rätselhafter: Die Ritter in den Strophen XXI und XXIV werden nicht weiter erwähnt; statt dessen sind zwei andere Strophen eingeschoben:

XXIII Es fuhr mit Kreuz und Fahne
das Schifflein an das Land,
der Bischof saß im Kahne,
sie hat ihn wohl erkannt.

XXIV Daß er das Schwerd gelassen,
dem Zauber zu entgehn,
daß er zum Kreuz tät fassen,
das konnt sie nicht verstehn.

Ernst Beutler schreibt dazu: „Was die Lorelay nicht verstehen konnte, ist dies, daß der Bischof die unbedingte Heillosigkeit ihres Seins nicht erkannt hat, daß er noch glaubte, sie durch das Kloster retten zu können, statt sie zu richten und so zu erlösen, die Welt von ihr und sie von der Welt. Nun ist er selber von ihrem Zauber erfaßt und muß ihr nachfahren, ‚mit Kreuz und Fahne‘, in ihrem Bann. Ja gerade darin zeigt sich die Unbedingtheit des Fluches, der aus der Liebesuntreue erwächst, daß nicht irgendein Schiffer auf dem Rheine, sondern der hohe Fürst der Kirche, die alle irdische und himmlische Seligkeit vergibt, in die Mächtigkeit des unseligen Schicksals der Lorelay hineingezogen wird.“ E. Beutler, a. a. O. S. 51 f.

[5] E. Essen, in: Wege zum Gedicht II, S. 244.

[6] Der Anfang erinnert in Inhalt und Versmaß an die zweite Nibelungenstrophe:

Ez wuochs in burgonden
ein schöne magedin.
Daz in allen Landen
niht schöners mohte sin.

Criemhilt was sie geheizzen
unde was ein schöne wip.
Darumbe mousen degene
Vil verliesen den lip.

Damit erweckt der Dichter gleich eingangs den Eindruck, als ob es sich um uraltes Liedgut handele.

7 U. Jaspersen: Heinrich Heine, Ich weiß nicht, was soll es bedeuten ... in: Die deutsche Lyrik, hrsg. von B. v. Wiese, Bd. II, S. 131.

8 ebda S. 132.

9 E. Essen, a. a. O. S. 247 f.

10 R. Bruck: Die Lorelei, Zur Interpretation romantischer Lyrik, in: Der Deutschunterricht 2 (1950), Heft 3, S. 28.

11 W. Kayser: Das sprachliche Kunstwerk, Bern u. München: Francke, 1961, S. 354.

12 Eine erste rhythmisch-metrische Anregung zum Gedicht scheint sich Heine aus einer kurzen jüdischen Hymne mitgeteilt zu haben: Wajha bechazi ha-lajla (= Und es war um Mitternacht); so zu Ludwig Kalisch im November 1849 (Pariser Skizzen, 1881, S. 331 = Houben, Gespräche, S. 666): „... wissen Sie, was mich inspiriert hat? Ein paar Worte in der hebräischen Hymne „Bachazoz halajla" (Um Mitternacht), die man, wie Sie wissen, an den zwei Osterabenden singt". Nach: Heine, Sämtliche Schriften, Bd. 1, hrsg. von Klaus Briegleb, München: Hanser, 1968, Kommentar S. 696.

13 In seinen „Meisterballaden", a. a. O. S. 110 f.

14 W. Müller-Seidel in der Einführung zu „Wege zum Gedicht II", a. a. O. S. 60.

Weitere Literatur: K. Bräutigam: Die deutsche Ballade, S. 90—98 — H. Christmann in: Wege zum Gedicht II, S. 261—266.

Annette von Droste-Hülshoff (1797–1848)

1 O. Bohusch: Die Vergeltung, in: Wege zum Gedicht II, a. a. O. S. 305.

2 B. v. Wiese: Die Balladen der Droste, in: Jahrbuch der Droste-Gesellschaft, Band I, 1947, S. 44.

3 Alle Hinweise nach Cl. Heselhaus: Annette von Droste-Hülshoff, Werk und Leben, Düsseldorf: Bagel, 1971, S. 170.

4 Cl. Heselhaus: Die Heidebilder der Droste, in: Jahrbuch der Droste-Gesellschaft 1959, S. 153 f.

5 Cl. Heselhaus: Annette von Droste-Hülshoff, a. a. O. S. 253.

6 H. Kunisch: Annette von Droste-Hülshoff, Der Knabe im Moor, in: Wege zum Gedicht II, a. a. O. S. 329. In seiner Interpretation gibt Kunisch eine eingehende Untersuchung von Metrum und Rhythmus auf S. 315—318.

7 Cl. Heselhaus: Annette von Droste-Hülshoff, a. a. O. S. 185.

8 A. Kunisch, a. a. O. S. 344.

9 Vgl. dazu K. Bräutigam, der am Schluß seiner Interpretation in einem Vergleich mit Goethes Erlkönig schreibt: „Die Droste dagegen steht nicht wie Goethe über der Natur, sie setzt nicht Symbole, sondern lebt in ihr, erlebt sie als Gefährdung der Existenz. Dadurch verwachsen auch die realen Naturerscheinungen mit den als gegenwärtig empfundenen Geistern zu einer Erlebniseinheit. Die allgemeingültige Bedeutung von Goethes Geisterwelt und der enge Wirkungskreis der Heimatgespenster in der Dichtung der Droste geben einen Maßstab ab für den künstlerischen Gestaltungsraum der beiden Dichter." Die deutsche Ballade, a. a. O. S. 77.

Eduard Mörike (1804–1875)

[1] Vgl. G. Storz: Eduard Mörike, Stuttgart: Klett, 1967, S. 274.
[2] Vgl. G. Storz, ebda S. 275 f.
[3] Nach: Mörikes Werke in vier Teilen, hrsg. von A. Leffson, Berlin: Bong, 1908, Anmerkungen zu Teil I, S. 225.
[4] ebda S. 226, wo nach H. Maync zitiert wird.
[5] ebda S. 226 (Anmerkungen).
[6] s. dazu den Aufsatz von A. Mundhenk: Der umgestaltete Feuerreiter, in: Wirkendes Wort 1954/55, 5. Heft, S. 143—149, auch in: Sammelband IV, Düsseldorf: Schwann, 1962, S. 267—272.
[7] Chr. Winkler: Gesprochene Dichtung, Düsseldorf: Schwann, 1958, S. 87.
Weitere Literatur zum „Feuerreiter“: Kayser, W.: Geschichte der deutschen Ballade, — Lehrerheft zum Klett-Lesebuch A 8 (Stuttgart: Klett 1967) S. 74 f. — Ulshöfer, R.: Methodik des Deutschunterrichts, Mittelstufe I. Stuttgart: Klett, [7]1968. S. 184—188 — U. Wasmer, in: K. Bräutigam: Die deutsche Ballade, S. 77—89.
[8] G. Storz, a. a. O. S. 277.
[9] W. Hinck: Die deutsche Ballade von Bürger bis Brecht, S. 44 f.
[10] G. Storz, a. a. O. S. 277.
[11] nach H. Meyer: Eduard Mörike, Stuttgart: Steinkopf, 1950, S. 29 — in: Werke III, S. 309.
[12] W. Müller-Seidel: in der Einführung zu „Wege zum Gedicht II“, S. 53 f.
Weitere Literatur: J. May, Die traurige Krönung, in: Wege zum Gedicht II, S. 278—288. — F. Rahn: Mörike, Die traurige Krönung, in: Der Deutschunterricht 1 (1948/49), Heft 2/3, S. 55—65.
[13] L. Girlinger: Die Geister am Mummelsee, in: Wege zum Gedicht II, S. 294.
[14] B. v. Wiese: Eduard Mörike. Tübingen und Stuttgart: Rainer Wunderlich Verlag Hermann Leins, 1950, S. 127 f.
[15] W. Müller-Seidel a. a. O. S. 53.
[16] G. Storz, a. a. O. S. 280.
[17] B. v. Wiese, a. a. O. S. 124.
Weitere Literatur: I. Märtens: Die Mythologie bei Mörike, Marburg 1921 — R. Minder: Zu Mörikes „Schiffer- und Nixenmärchen“, Neue Rundschau 1968, Heft 3.

Theodor Fontane (1819–1898)

[1] Th. Fontane: Sämtliche Werke, hrsg. von W. Keitel, München: Hanser, 1964, Bd. 6, Anmerkungen, S. 865.
[2] An Richard Maria Werner im Januar 1893, in den Anmerkungen von Theodor Fontane: Sämtliche Werke, S. 866.
[3] W. D. Williams: Archibald Douglas, in: Wege zum Gedicht II, S. 376.
[4] Chr. Winkler: Gesprochene Dichtung, Düsseldorf: Schwann, 1958, S. 96.
[5] W. Hinck, a. a. O. S. 91.
[6] Chr. Winkler, a. a. O. S. 94.
[7] a. a. O. S. 91. — Gemeint ist die Ballade „Das Herz von Douglas“ von Strachwitz, die Hinck im wertenden Vergleich heranzieht.
[8] ebda S. 91.
[9] Zitiert nach Paul Nentwig: „Gorm Grymme“ — Eine Ballade von Th. Fontane —, in: Der Deutschunterricht 8 (1956), Heft 4, S. 52.
[10] Nach den Anmerkungen in: Theodor Fontane, Sämtliche Werke, a. a. O. Bd. 6, S. 911 f.

[11] P. Nentwig, a. a. O. S. 60.
[12] A. C. Baumgärtner: Literarische Erziehung mit dem Lesebuch „Auswahl“, Bochum: Kamp, o. J., S. 265 (= Prakt. Bd. 43/44).
[13] In den Anmerkungen von: Fontane, Sämtliche Werke, Bd. 6, S. 953 ff. — Zwei weitere Berichte aus der „Zürcherischen Freitagszeitung“, vom 2. und 9. Januar 1880 in: K. Bräutigam: Die deutsche Ballade, S. 108 f.
[14] Darauf weist zu Recht F. Martini hin in: Wege zum Gedicht II, S. 387.
[15] F. Martini, ebda S. 390.
[16] ebda S. 384 f.
[17] ebda S. 384.
[18] ebda S. 386.
[19] ebda S. 391.
[20] Fontane an Mathilde von Rohr (15. 1. 1880): „Es hat hier eine Art Sensation gemacht, vielleicht mehr als irgend was, was ich geschrieben habe!“ — Zitiert bei F. Martini, ebda S. 377.
[21] ebda S. 388.
[22] Vgl. K. Bräutigam, a. a. O. S. 115.
[23] Fontane in: Schriften zur Literatur, Zitiert bei F. Martini, a. a. O. S. 386.
[24] In den Anmerkungen zu Bd. 6, S. 956 ff.
[25] Nach H. Vogeley, in: Wege zum Gedicht II, S. 405.
[26] ebda S. 404.
[27] ebda S. 406.
[28] G. Mahlberg: Die Zeitdarstellung und das Zeiterlebnis in Fontanes „John Maynard“, in: Wirkendes Wort, Sammelband IV, S. 281.
[29] Lehrerheft zum Klettschen Lesebuch A 7, (Stuttgart: Klett o. J.) S. 42.
[30] H. Vogeley, a. a. O. S. 406 f.

Weitere Literatur: Bausteine 4 zu Benders Lesebuch, S. 193 f — W. Kayser: Geschichte der deutschen Ballade, Berlin 1936 — H. Vogeley: Balladen von der guten Tat, in: Der Deutschunterricht 8 (1956), Heft 4, S. 70—83.

Conrad Ferdinand Meyer (1825–1898)

[1] W. Kayser: Stilprobleme der Ballade — Bei Gelegenheit von C. F. Meyers „Füße im Feuer“: in: Ztschft f. dt. Bildung 8 (1932), S. 474.
[2] ebda S. 474.
[3] W. Müller-Seidel, in: Wege zum Gedicht II, S. 72.
[4] H. Breier, in: Wege zum Gedicht II, S. 425.
[5] In: Die deutsche Ballade von Bürger bis Brecht, S. 102.

Weitere Literatur: Bausteine zu Bd. 5 des „Deutschen Lesebuches“, hrsg. von Ernst Bender, Karlsruhe: Braun 1960, S. 146. — Lehrerheft zu Kletts Lesebuch A 9, (Stuttgart: Klett 1967), S. 65 f. — Hinweise zu „Wort und Sinn“, Bd. 5/6, (Paderborn: Schöningh 1968), S. 61 f. — Die Erstfassung „Der Hugenott“ ist abgedruckt in: H. Kraeger: Conrad Ferdinand Meyer, Quellen und Wandlungen seiner Gedichte, Berlin: Mager u. Müller, 1901. (= Palaestra XVI).

Agnes Miegel (1879–1964)

[1] Nach W. Kayser, Geschichte der deutschen Ballade, Berlin: Junker u. Dünnhaupt, 1936, S. 283.
[2] Nach Börries v. Münchhausen, Meister-Balladen, Ein Führer zur Freude, Berlin u. Leipzig: Dt. Verlagsanstalt, 1925, S. 105 f.
[3] Nach Mitteilung von B. v. Münchhausen dachte Agnes Miegel bei dem östlichen Land an Georgien, bei dem westlichen an Sizilien. Tamara sei eine

berühmte grusinische Königin im 13. Jh. gewesen, nach der ein Gesetzbuch ihres Landes benannt wurde. Ebda, Fußnoten auf S. 106 und 116.

[4] U. Gollwitzer, in: Wege zum Gedicht II, S. 502.

[5] ebda S. 506.

[6] Im Nachwort seiner Balladensammlung, S. 362.

[7] W. Kayser: Geschichte der deutschen Ballade, S. 283 f.

[8] In: Die deutsche Lyrik, Bd. II hrsg. von B. v. Wiese, Düsseldorf: Bagel 1956, S. 384.

[9] a. a. O. S. 508.

[10] In der Einführung zu: Wege zum Gedicht II, S. 79 f.

Bertolt Brecht (1898–1956)

[1] Anmerkungen zu den Gedichten in der werksausgabe edition suhrkamp. Bd. 10, 8*.

[2] W. Hinck: Die deutsche Ballade von Bürger bis Brecht, S. 125.

[3] ebda S. 123.

[4] V. Klotz: Berthold Brecht, Versuch über das Werk. Bad Homburg v. d. H.: Gehlen, 1957, S. 32.

[5] M. Esslin: Brecht, Das Paradox des politischen Dichters, Frankfurt a. M. und Bonn: Athenäum, 1962, S. 326.

[6] W. Hinck, a. a. O. S. 125.

[7] K. Riha: Moritat, Song, Bänkelsang, a. a. O. S. 106.

[8] M. Esslin, a. a. O. S. 167 f.

[9] ebda S. 99.

[10] K. Riha, a. a. O. S. 108.

[11] H. Jendreiek: Bertolt Brecht, Düsseldorf: Bagel, 1969, S. 164.

[12] B. Schulz, in: Wirkendes Wort, Sammelband IV, S. 403.

[13] ebda S. 403.

[14] ebda S. 403.

[15] Laotse = altehrwürdiger Meister; Lao = alt, ehrwürdig, Tse = Meister, Philosoph.

[16] Tao Te King = Buch von Weg und Tugend oder: Vom Sinn und Leben oder auch: Vom Weltgrund und seinem Wirken. — Übersetzungen mit Kommentar: Victor von Strauss, Manesse Verlag, Zürich, und von Richard Wilhelm, Eugen Diederichs, Jena 1941.

[17] nach M. Esslin, a. a. O. S. 102.

[18] Klotz a. a. O. S. 48.

[19] Hinck a. a. O. S. 143.

[20] ebda S. 142.

[21] J. Pfeiffer: Was haben wir an einem Gedicht? Hamburg: Wittig, ²1959, S. 108.

[22] W. Hinck, a. a. O. S. 133 f.

[23] H. Fromm im Nachwort seiner Anthologie „Deutsche Balladen“, S. 364.

Weitere Literatur: W. Benjamin, Kommentare zu Gedichten von Brecht. In: Interpretationen I Deutsche Lyrik von Weckherlin bis Benn, hrsg. von J. Schillemeit, Fischer Bücherei Nr. 695, S. 308—325. — K. Bräutigam, Bertolt Brecht: Ballade von des Cortez Leuten und Kinderkreuzz. In: Moderne deutsche Balladen, Frankfurt a. M. (Diesterweg) 1968, S. 29—35 und 35—49. — Lehrerheft zum Klett Lesebuch A 9, S. 69. — Lehrerheft 4 zu „Begegnungen“, Lesebuch für Gymnasien, Hannover (Schroedel) 1966. — Dialektisch-methodische Analysen (Handreichungen auf Grundlage der Texte im Lesebuch „Kompaß“ 3), Paderborn (Schöningh), S. 591—593. — H. Müller, Formen deutscher Lyrik. Wort-Werk-Gestalt, Paderborn (Schöningh) 1970. — W. Seidler, Moderne Lyrik im Deutschunterricht, Frankfurt (Hirschgraben) 1965. — ders. in: Begegnung mit Gedichten, hrsg. von W. Urbanek, Bamberg (Buchner) 1967, S. 220—224. — Kristalle, Moderne deutsche Gedichte für die Schule, hrsg. von J. Speck (Schriften des deutschen Institutes für wissenschaftliche Pädagogik, München (Kösel) [2]1968.

Erich Kästner (* 1899)

[1] Kästner entfernt sich in seiner Thematik von den Dirnen- und Diebsmoritaten, die von Wedekind bis Ringelnatz den modernen Bänkelsang beherrschten, und setzt den Typus der „Arme-Leute-Ballade" fort, der mit Arno Holz begann. — Mit seinen Texten für die „Schaubühne" und die „Kleine Freiheit" bestimmte er seit 1945 maßgebend das deutsche Nachkriegskabarett (nach Riha a. a. O. S. 89 f.).

[2] Vgl. dazu eine Glosse aus: Der SPIEGEL Nr. 29/1971, Spielzeug: Kleine Henker.

Foltern und Hinrichten ist zum beliebten Spiel in Amerikas Kinderzimmern geworden — die US-Firma „Aurora" liefert das Spielzeug dazu: Galgen und Guillotinen, Spieße und Zangen ...

dazu: eine Leserzuschrift (Der SPIEGEL, 31/1971):

Eine Gesellschaft, in der bisher 800 000 Elternpaare für ihre Kinder Henkerspielzeug kauften, um den lieben Kleinen das beliebte Spiel des Folterns und Henkens ermöglichen zu können, stellt sich damit das Zeugnis aus, daß sie Folterknechte und Killer als integrierende Bestandteile der Welt und der Erwachsenen betrachtet.

Rheinbreitbach (Rhld. Pf.) Maria Haller

[3] Riha a. a. O. S. 89.

[4] Zitiert nach K. Riha, ebda S. 89.

[5] W. Schneider: Liebe zum deutschen Gedicht, Freiburg: Herder, 1954, S. 355 (in der Analyse von Kästners „Sachliche Romanze").

[6] In: Kleines Handbuch der dt. Gegenwartsliteratur, hrsg. von H. Kunisch, München: Nymphenburger Verlagsanstalt, 1967, S. 308.

[7] z. B. auf S. 62—64.

Karl Krolow (* 1915)

[1] Hohoff, C., in: Geist und Untergang, München o. J., S. 228 — Holthusen, H. E.: Naturlyrik und Surrealismus, in: Merkur Nr. 62, 7 (1953), H. 4, wiederabgedruckt in: Ja und Nein, Neue kritische Versuche, München 1954, S. 86 ff. — Maier, R. U., Surrealistisches Inferno und schlichter Neubeginn, Moderne Lyrik im Unterricht, in: Wirkendes Wort, Sammelband IV, Düsseldorf: Schwann, 1962, S. 404—409. — Schwerte, H.: Karl Krolow, Verlassene Küste, in: Wege zum Gedicht I, hrsg. von Hirschenauer und Weber, München und Zürich: Schnell und Steiner, 1956, S. 384—391.

[2] Schwerte, a. a. O. S. 391.

[3] Krolow meint, ein Gedicht müsse „sich preisgeben" können und „offen" sein „für alle möglichen Widerfahrungen", es dürfe „sich nicht verschließen". „Für mich hat ein Gedicht porös zu sein, luft- und lichtdurchlässig. Es muß in der Lage sein, unaufhörlich an die Außenwelt abzugeben und von ihr aufzu-

nehmen. Es muß in einem unablässigen Austausch mit ihr stehen und alle Gefahren auf sich nehmen, die dadurch auf der Hand liegen." In: Mein Gedicht ist mein Messer, hrsg. von Hans Bender, List-Taschenbuch Nr. 187, S. 73.

[4] Schwerte, a. a. O. S. 385.

[5] ebda S. 385.

[6] ebda S. 386.

[7] ebda S. 386 f. — Der Wegfall des vergleichenden „Wie" ist charakteristisch für die jüngere Lyrik, bereits im Expressionismus beginnend.

[8] H. Schwerte, a. a. O. S. 388.

[9] ebda S. 388.

[10] ebda S. 389.

[11] ebda S. 389.

[12] ebda S. 389.

[13] ebda S. 389.

[14] So der Titel eines Gedichtbandes Krolows, 1949.

[15] H. Schwerte, a. a. O. S. 390.

[16] ebda S. 390.

[17] Krolow schreibt in seinem Essay „Intellektuelle Heiterkeit" (In: Mein Gedicht ist mein Messer, S. 71—75): „Ein Gedicht aktiviert sich durch seine Metaphern. In einem gewissen Sinne ‚interessiert' mich die Metapher am meisten. Sie ist Fleisch und Sensorium des Gedichts zugleich [...].

Eine Metapher hat nichts von der schönen Zufälligkeit und Unschuld der Äolsharfen, die ein Wind, ein Nichts tönen macht. Eine Metapher muß das Präziseste sein, das man sich denken kann, etwas, das ‚sitzt' und genau zutrifft. Noch in einem Gedicht von geistiger Heiterkeit und Grazie, einem Gedicht, das gleichsam spielerisch angelegt ist, hat das Bild die Aufgabe, Verbindlichkeit herzustellen. Eine Metapher, die für die zweite Zeile der ersten Strophe eines Gedichts gewählt wurde, gehört hier und nirgends sonst hin. Sie wäre schon in der nächsten absurd und unanständig. Eine Metapher entscheidet über die Ökonomie des Einzel-Gedichts. Sie ist verantwortlich für seinen ‚inneren Haushalt', für die Gewichtsverteilung, für die Balance. Nicht so sehr sein Stoff, sein Thema kann ein Gedicht aus den Fugen geraten lassen, sondern vielmehr ein paar unglücklich gewählte Bilder. Metaphern machen ein Gedicht unter Umständen zu einem Monstrum. Sie tragen aber ebenso zur Anämie eines Gedichtes bei, zur Bilder-Armut [...].

Das spielerische Element, das doch wohl dazugehört, wird leicht unterdrückt: die Freude, die man am Auffinden zutreffender Formeln und Zeichen hat, die Munterkeit und Keckheit, der Mutwille, was alles ja die heitere Seite eines ‚Wagnisses' ist, das so gern (und so berechtigt) in Hinblick auf das Schreiben von Lyrik zitiert wird."

[18] Max Frisch im „Stiller" bei der Beschreibung der Stadt Mexiko, Fischer-Bücherei Nr. 656, S. 24.

[19] H. Schwerte, a. a. O. S. 391.

Christa Reinig (geb. 1926 in Berlin, lebt seit ihrer Flucht aus der DDR 1964 in München)

[1] In: Schriftsteller der Gegenwart, Dreiundfünfzig Portäts, hrsg. von Klaus Nonnemann. Olten u. Freiburg i. B.: Walter, 1963, S. 246 f.

[2] Vgl. K. V. Riedel, a. a. O. S. 32.

[3] Abgedruckt in „Moritat, Song, Bänkelsang" von Karl Riha, S. 133 f.

[4] vgl. die Sammlung „Die Moritat vom Bänkelsang oder Das Lied der Straße" von Elisabeth Janda und Fritz Nötzold.

[5] Ein typischer Anfang ist folgender:

Leute, tretet rings heran,
Hört euch die Geschichte an,
Hört, was neulich an der Spreen
in der Hauptstadt ist geschehn.

Erste Strophe von „Das Attentat“, ebda S. 75.

[6] Die Sammlung von Janda und Nötzold bringt als Beispiel einen ähnlichen Abgesang eines Bänkelsängerpaares (S. 247):

Glaub nicht, daß wir das sangen
aus eigenem Verlangen,
geschätztes Publikum!
Wir sangen's zwar nicht grad aus Not,
doch um das liebe täglich Brot
— und reichen drum den Teller rum!
Was wir gesungen haben
paßt an dem eure Gaben —
sie werden uns schon nützen!
Sollt nichts vom Nachbar pumpen,
— es geben bloß die Lumpen
mehr als sie selbst besitzen!

[7] Bei dem Abdruck in Höllerers „Transit“ (s. Anm. 16) sind diese sieben Strophen durch die Überschriften auch als Bilderreihe hervorgehoben.

[8] K. Riha, a. a. O. S. 135.

[9] K. Bräutigam: Moderne deutsche Balladen, S. 92.

[10] Einen guten Überblick gibt Karl Veit Riedel in seiner Abhandlung: Der Bänkelsang, a. a. O.

Eine knappe Zusammenfassung bietet K. Bräutigam, a. a. O. S. 89 f.

[11] a. a. O. S. 11 f.

[12] W. Kayser, zitiert bei K. V. Riedel, a. a. O. S. 68.

[13] In der Sammlung von Janda und Nötzold ist der Monolog eines Mörders abgedruckt: „Die Folgen der rasenden Liebe“ mit dem Untertitel: „Bereut nach der Entleibung der Geliebten von ihrem Liebhaber im Kerker“ (S. 122 f). Auch K. V. Riedel weist auf das in Rollenform erschienene „Arm-Sünder-Lied“ hin, das durch reuige Selbstanklage Mitleid und Abschreckung erzielen will (S. 44).

[14] K. Riha gibt einen Hinweis für die Namensklärung: „Eine entfernte Namensähnlichkeit mit dem Delinquenten läßt an jenen trivialen Bolle erinnern, welcher ‚zu Pfingsten‘ nach Pankow reiste, um schließlich nach allerlei Abenteuern als Dörrgemüse auf den Schienen zu enden;“ a. a. O. S. 136.

Vergleiche auch das Lied um die Hauptgestalt: „Bolle reiste jüngst zu Pfingsten ...“, aufgenommen in „Der fröhliche Gesell“ und in „Die Mundorgel“.

[15] a. a. O. S. 249.

[16] Randglosse zum Abdruck der Ballade Reinigs in: Transit, Lyrikbuch der Jahrhundertmitte, Frankfurt a. M.: Suhrkamp, 1956, S. 117.

[17] a. a. O. S. 136.

[18] a. a. O. S. 93. Unklar bleibt jedoch, was Bräutigam mit seiner Schlußanmerkung meint, daß die Ballade Reinigs „eine Mahnung und Warnung, ein Aufruf zum intensiveren Leben“ sei (S. 94).

Wolf Biermann (* 1936 in Hamburg, lebt in Ostberlin)

[1] Lehrerheft zu Kletts Lesebuch A 11, (Stuttgart: Klett, 1969), S. 117.

Literaturhinweise

Literatur über die Ballade

Es wird hier nur auf einige wichtige und leicht greifbare Schriften zur Ballade hingewiesen. Literaturhinweise für die besprochenen Balladen stehen jeweils am Ende der Fußnoten. Ausführliches Quellenmaterial bieten Fromms Balladensammlung und „Wege zum Gedicht", Bd. II.

Bräutigam, K.: Die deutsche Ballade, Frankfurt a. M.: Diesterweg, [3]1968. Moderne deutsche Balladen, Frankfurt a. M.: Diesterweg, 1968.

Hinck, W.: Die deutsche Ballade von Bürger bis Brecht, Göttingen: Vandenhoek, 1968 (kleine Vandenhoek-Reihe, Bd. 273).

Hirschenauer u. Weber (Hrsg.): Wege zum Gedicht, Bd. II. Interpretationen von Balladen, München: Schnell u. Steiner, 1968. — Darin wertvoller historischer Überblick von W. Müller-Seidel.

Kayser, W.: Geschichte der deutschen Ballade, Berlin: Junker u. Dünnhaupt, 1936. Das sprachliche Kunstwerk, Bern u. München: Francke, [13]1968.

Kommerell, M.: Goethes Balladen, in: Gedanken über Gedichte, Frankfurt a. M.: Klostermann, 1943.

Merker-Stammler (Hrsg.): Reallexikon der deutschen Literaturgeschichte, 2. Auflage, bisher Bd. 1—2, Berlin: de Gruyter, 1958. 1965, darin „Kunstballade" und „Volksballade".

Münchhausen, B. v.: Meisterballaden, ein Führer zur Freude, Stuttgart: Dt. Verl.-Anst., 1958.

Neis, E.: Wir interpretieren Balladen, Materialien zum Verständnis klassischer u. moderner Balladen, Hollfeld/Ofr.: Bange, 1963.

Riedel, K.: Der Bänkelsang, Wesen und Funktion einer volkstümlichen Kunst, Hamburg: Museum für Hamburgische Geschichte, 1963.

Riha, K.: Moritat, Song, Bänkelsang, Zur Geschichte der modernen Ballade, Göttingen: Sachse u. Pohl, 1965 (= Schriften zur Literatur, hrsg. von R. Grimm, Bd. 7).

Das Heft 4/1956 von „Der Deutschunterricht" mit Beiträgen von:

Fromm, H.: Die Ballade als Art und die zeitgenössische Ballade, S. 84—99.

Kämpchen, P.: Von den Typen der deutschen Ballade, S. 5—13.

Studentkowski, K.: Möglichkeiten der Balladenbehandlung im Unterricht, S. 14—27.

Vogeley, H.: Balladen von der guten Tat, S. 70—83.

Balladensammlungen (nach 1945 erschienen):

Balladen, hrsg. mit einem Nachwort von W. Müller-Seidel, in: Klassische deutsche Dichtung, Bd. 19, hrsg. v. F. Martini u. W. Müller-Seidel, Freiburg i. B.: Herder, 1967.

Balladenbuch, hrsg. von F. Avenarius, Erneuert von Hans u. Hedwig Böhm, Stuttgart: Goverts, 1966.

Deutsche Balladen, hrsg. mit einem Nachwort über Geschichte u. Wesen der dt. Ballade von H. Fromm, München: Hanser, [4]1965.

Deutsche Balladen — ein Hausbuch, hrsg. v. L. Mackensen, Gütersloh: Bertelsmann.

Deutsche Balladen von Bürger bis Miegel, Auswahl u. Einführung von W. Flemmer, München: Goldmann, o. J. (= Goldmann Taschenbuch Nr. 700).

Deutsche Balladen, Auswahl u. Nachwort von K. Nussbächer, Stuttgart: Reclam, 1967. (= Reclams U.-B. Nr. 8501—07).

Deutsche Balladen, ausgewählt u. eingeleitet von R. Schaeffer, Berlin: Ullstein, 1966 (= Ullstein Taschenbuch Nr. 571/2).
Das große Balladenbuch für Schule u. Haus, hrsg. von R. Baumberger, Wien: Braumüller, ²1966.
Die schönsten Balladen für Schule und Heim, hrsg. von C. Stephenson, Berlin: Weiss, 1962.
Unvergängliche deutsche Balladen, hrsg. von W. Elsner, München: Langen-Müller, 1955.
Moderne Balladen, ausgewählt u. eingeleitet von Fritz Pratz, Frankfurt: Fischer, 1967 (= Fischerbücherei Nr. 850).
Neue deutsche Erzählgedichte, ausgewählt u. eingeleitet von H. Piontek, Stuttgart: Dt. Verl.-Anst., 1964.
Die Moritat vom Bänkelsang oder Das Lied von der Straße, hrsg. von E. Janda u. F. Nötzold, München: Ehrenwirth, 1959.

Schallplattenverzeichnisse:

Poesie und Drama auf Schallplatten, Polyglotte, Düsseldorf
Sprechplatten-Katalog, Gesamtverzeichnis der Literatur- und Spezial-Schallplatten, bearbeitet von Helm Hartmann, hrsg. von der Bielefelder Verlagsanstalt KG, Bielefeld.